Este libro es para cualquier persona con el sueño de empezar su propia empresa de calzado.

Estudiaremos el lanzamiento de dos empresas de calzado, cada una con su propio estilo y plan de negocio. En cada capítulo describiremos el proceso y las necesidades actuales; después, explicaremos cómo cada una de nuestras dos nuevas marcas de calzado se enfrentan al desafío.

Se tratan pasos tan importantes como: crear una identidad de marca, establecer legalmente la compañía, registrar marcas comerciales y solicitar patentes, diseñar, fabricar, pagos, y por supuesto, cómo vender tus zapatos.

También aprenderás cómo importar calzado, manejar la distribución internacional, y cómo pagar a proveedores extranjeros.

¿Qué se necesita realmente para empezar tu propia empresa de calzado?

WWW.SNEAKERFACTORY.NET
Cómo empezar tu propia empresa de calzado

Escrito y editado por Wade y Andrea Motawi

Traducido por Enrique Puente
ISBN 13: 978-0-9987070-8-2
ISBN 10: 0-9987070-8-2
Copyright © Wade Motawi 2020

ask_a_shoe_dog@sneakerfactory.net

Querido lector,

Este libro fue escrito para educar, informar e inspirar a la próxima generación de zapateros, diseñadores, y desarrolladores de calzado. Nuestro objetivo es ayudar a las personas a conseguir una profesión gratificante en la industria del calzado.

Disfrutadlo

Agradecimientos:
Andrea, Alex y Erik, Karim, Halla, mamá y papá, Dave, Alfredo, Jason, David, Lizzie, Johnson, Steve, Lenny, Bernie, Simon, Ben, Chad, The Mint Project, y a todo el equipo de Manhattan Giant Pizza.

Gracias a todos mis compañeros de trabajo en Estados Unidos, México, españa China, Hong Kong, Corea, Taiwán y Europa.

Cómo empezar tu propia empresa de calzado

WADE MOTAWI

DISEÑO - DESARROLLO - PRODUCCIÓN

MARKETING - VENTAS - DISTRIBUCIÓN

CAPÍTULO 1

TUS ZAPATOS Y TU MARCA

¿Necesita el mundo otra marca de calzado?

Hay cientos, incluso miles, de marcas de calzado actualmente. ¿Para qué crear otra? ¿Realmente deberías seguir tu sueño y comenzar tu propia compañía de calzado? La respuesta es: ¡sí, claro que deberías!.

Si tienes una nueva perspectiva y una forma de resolver un problema de un modo original, sigue leyendo. El mundo necesita nuevas firmas, ideas frescas, y nuevos estilos para enfrentarse a los desafíos actuales.

Siempre hay un lugar para que una nueva empresa empiece. Las marcas de calzado de miles de millones de dólares buscan grandes oportunidades, dejando a las marcas pequeñas vía libre para servir en algunos nichos de mercado. Puedes satisfacer una necesidad concreta, o arriesgarte en el mundo de la moda. ¡Anímate y haz algo nuevo!

¿Qué necesita una nueva firma para sobrevivir?

Para que la nueva compañía de calzado sobreviva y prospere en el competitivo mundo del calzado, se necesita algo especial. La originalidad y el carácter único son un comienzo, y se deben trabajar de manera que las personas puedan comprenderlo y apreciarlo.

¿Qué aporta tu nueva empresa?

¿Tienes una idea para mejorar la funcionalidad de un zapato para una actividad concreta? ¿Hay alguna manera mejor de hacer calzado para *running*, baile, jugar a bolos, o hacer esgrima? Si tienes una nueva visión, adelante. ¿Ves un mercado sin explotar en un país extranjero? ¿O en tu propio país? Tal vez conozcas a un comprador de calzado, o al dueño de una tienda que tiene una necesidad especial.

¿Quizá viste algo mientras viajabas que podría ser un éxito? Si ya tienes un negocio, a lo mejor estás buscando expandirse. Un canal de distribución abierto es una razón suficiente para hacer su propia línea de calzado. ¡Empecemos!

Tener una gran idea

Tener una gran idea para un nuevo zapato es una pequeña parte de lo que se necesita para hacer que una empresa de calzado sobreviva.

Es posible que queramos centrarnos en diseñar cada detalle de los modelos, pero se debe dedicar más tiempo a determinar la cadena de suministro, las ventas, el *marketing*, la distribución, y los planes financieros que convertirán la idea en un negocio que realmente funcione.

Este libro te guiará a través de estos desafíos. Cómo empezar tu propia empresa de calzado se organiza de manera ordenada, siguiendo el proceso de fabricación del calzado desde el diseño, desarrollo, producción, y ventas; pasando por el *marketing* y la distribución.

A medida que vayas leyendo, aprenderás sobre diseño, abastecimiento, comercialización, y a vender tus zapatos.

Hacer los diferentes planes

Comenzar una nueva empresa de calzado es muy complejo. Habrá que trabajar muchas horas, hasta bien entrada la noche; y habrá que enfrentarse a desafíos, y tomar decisiones difíciles.

Hemos hecho todo lo posible para explicar las necesidades empresariales, detallando los desafíos y describiendo las posibilidades. Esperamos que puedas hacer este viaje con la menor cantidad de sorpresas posibles. Si tienes un buen plan de negocio, tienes la oportunidad de tener éxito. Sin un plan real, tu compañía de calzado puede estar condenada al fracaso.

Crear un plan de negocio

Crear un plan de negocio para su nueva empresa puede parecer una tarea desalentadora, pero se puede dividir el plan en partes más manejables. Si tienes socios, es posible dividirlo según la experiencia de cada participante.

El plan de negocio perfecto debe cubrir:
Identidad de marca
Plan de producto
Cálculos financieros
Plan de ventas
Plan de distribución
Plan de *marketing*

Poco a poco, verás que estos planes son interdependientes, y cada uno apoya los objetivos del otro. Hay que ser flexible al redactar los diferentes planes. En esta etapa, hay estudiar muchas estructuras diferentes para la nueva empresa.

El *branding plan* cuenta tu historia

Ahora es el momento de tomar papel y boli, y escribir tu historia. Cuéntatelo de nuevo. Si tienes una conexión, o una experiencia especial, este es el punto de partida para la nueva empresa de calzado. Si no tienes experiencia, pero sí un gran interés, habrá que investigar las idea.

¿Qué hay ahí afuera?

Explora las ideas e investiga. Con tantas marcas, es importante asegurarse de que las ideas sean nuevas, originales, y, de alguna manera, especiales. Luchar contra una marca rival ya establecida, sin tener previa experiencia, es el primer paso en el camino hacia el fracaso.

Internet es una herramienta muy importante para esta investigación, pero no hay que olvidar que los libros y las revistas son una gran herramienta, ya que pueden mostrar cuántas empresas diferentes compiten en el mercado escogido. Echa un vistazo a *Paris Fashion*, *Skydiving Today*, o cualquier publicación que necesite profundizar en el mercado para entender lo que realmente está sucediendo.

Desarrollar las ideas

Con la idea de tu modelo de calzado en mente, es hora de sentarse y pensar en la mejor manera de ofrecer tus zapatos. Con "ofrecer", nos referimos a rodear la idea principal con un estilo y una historia, que atraerá y educará a las personas para que puedan ver lo genial que es el nuevo diseño. Esta es tu marca.

Mercados objetivos

El mercado objetivo es el grupo concreto de personas en las que se está enfocando. Pueden ser leñadores, amas de casa, *gamers*, modelos, bailarinas, o marineros. El mercado objetivo también puede ser un área específica, como por ejemplo: calzado para personas en África; ¿o hay algo que los haga especiales para Australia?

Cliente objetivo

Conocer a nuestros clientes potenciales reducirá el enfoque. Este *target* pueden ser niños de 14 a 18 años que juegan con videojuegos, o unas zapatillas especiales para mujeres embarazadas. Hay que tomarse su tiempo para describir a su cliente objetivo. También, hay que pensar cómo compran tus clientes, dónde compran, o si realmente compran. Las deportivas de un niño de 14 años, generalmente, son los padres quienes lo compran. ¿Cómo afecta esto al diseño?

Pensar en el mercado objetivo y en sus clientes ayuda a diseñar los modelos, la marca, el *marketing*, y sus estrategias de ventas.

Os presentamos a Ricardo

Ricardo es el primero de nuestros dos emprendedores. En su caso, convertirá su pasatiempo en un nuevo negocio.

Ricardo es un profesional que trabaja, un tipo normal. Por el día, es un agente de bolsa que trabaja para una gran empresa en San Diego; tiene un gran trabajo en el que le pagan bien, pero después de años de trabajar en el mercado financiero, está buscando algo más.

La buena noticia para Ricardo, es que tiene algo de dinero ahorrado para su proyecto de calzado, y una esposa con una carrera consolidada. Ya que Ricardo tiene un trabajo y dinero ahorrado, puede lanzar su empresa trabajando en ello por las noches.

La idea de Ricardo

Ricardo ha estado corriendo triatlones durante años, y mientras entrena para campeonatos de natación, ciclismo y *running*, tiene tiempo para pensar en un concepto que facilite el entrenamiento y la carrera. Ricardo se sorprende de que los triatletas gasten 15.000 dólares en una bicicleta de carrera, y 5.000 en una bicicleta de "entrenamiento".

Ricardo ve la posibilidad de una línea de calzado diseñada especialmente para estos súper triatletas. La idea es para tres modelos diferentes, relacionados entre sí, para que el triatleta pueda moverse sin problemas desde el entrenamiento hasta las carreras y la recuperación. Ricardo ha compartido su planteamiento con sus

amigos que también corren triatlones, y realmente les gusta su idea.

Con su nuevo concepto en mente, Ricardo investiga un poco en internet, echa el ojo a algunos libros y realiza una búsqueda rápida de patentes. Parece que la idea es bastante novedosa.

Ricardo sabe que los triatletas tienen dinero para gastar, y está listo para dar el paso y comenzar.

Os presentamos a Eva

Eva es estudiante de arte y cantante a tiempo parcial en una banda de música punk de Boston. Terminará la universidad pronto, y sabe que la pintura y el punk rock le gustan, pero que es posible que no paguen las facturas. Eva tiene un estilo muy personal y único: el pelo salvaje, usa chaquetas de cuero salpicadas con pintura, y botas tipo *combat boot*; le gusta destacar y llamar la atención.

La mayoría de las personas se sorprenden por su sentido de la moda y el pelo que lleva, algunos se quedan mirando sus botas customizadas. Eva siempre usa botas color negro, pero después de arruinar un par mientras pintaba, decidió ir por ello, y convertir sus botas salpicadas de pintura en otro de sus proyectos de arte.

Después de uno de sus espectáculos, alguien le preguntó de dónde había sacado esas botas tan bonitas. Pensando la situación rápidamente, explicó que las hizo ella misma, y que estaría contenta de hacer otro par. En solo unos minutos, ganó su primer cliente. Poco después, Eva hizo algunas customizaciones a sus compañeros de banda para ayudar a comercializar su talento en el diseño de calzado.

Con un estilo y actitud únicos, decide expandir sus botas customizadas y pintadas a mano de un hobby a un negocio. Eva asume el desafío extra de empezar un nuevo negocio sin ningún ahorro. Veamos cómo le va.

Identidad de marca

Antes de crear la nueva empresa de calzado, se debe pensar en la manera de compartir el mensaje y sus productos. Un aspecto muy importante de cualquier empresa, especialmente si hablamos de ropa y calzado, es la identidad de marca. Hay que pensar en la identidad de marca de la nueva empresa, y en lo que esta puede hacer por nosotros.

La identidad de marca de la empresa es cómo uno mismo quiere ser percibido por sus clientes, creando un vínculo emocional con las personas que compran tus modelos. Piensa en la marca como la voz visual de la empresa. Habrá mucho trabajo de *marketing* y venta si se hace bien, pero realmente puede hacer la vida más difícil si se falla.

Existen marcas que son reconocidas porque han sobrevivido durante siglos, y después, se crean nuevas marcas todos los días. Enfócate en ser la nueva marca que pueda llamar la atención y hacerse notar en todos los lugares correctos para hacer que el producto sea un éxito en muy poco tiempo.

¿Por qué debería pensar en la identidad de marca antes de diseñar?

La identidad de marca será tu hoja de ruta. Una vez que se haya definido la identidad de marca, cada decisión se convierte en una consecuencia. La identidad de marca es una forma de definir el negocio para uno mismo, y para los empleados, clientes, e inversores. Debe proporcionar una declaración muy clara que describa la marca y que permita concentrarse en lo que es realmente importante.

Hay que vivir y respirar la marca en todos los aspectos de la empresa.

Esta identidad permite a los compradores crear una conexión emocional con la marca. Se debe dar forma para atraer al cliente objetivo. Los valores, creencias y personalidad de la firma atraerán clientes, y reforzarán la relación con la marca.

La marca hace todo esto por uno mismo en términos de crear esa conexión con sus clientes e impulsar las ventas, pero no es fácil. Hay que tomar decisiones cruciales sobre la identidad de marca, y trabajar duro para mantener la personalidad en todo lo que hagas.

Piensa en tu marca como si fuese una persona

Pensar en tu marca como si fuese una persona puede hacerlo más fácil para establecer los objetivos. De hecho, la personalidad de la firma puede ser tu personalidad. Muchas personas comienzan un negocio porque es algo que les apasiona, y es posible que sigas un camino similar a medida que desarrolles tu propia empresa de calzado. Las diferentes cosas que te apasionan en la vida, y en relación con los zapatos, aparecerán en tus pensamientos a medida que vayas desarrollando y crees tu marca y su identidad.

Si te apasiona el diseño, utiliza esta pasión para impulsar el aspecto de tu firma; de esta forma, se verá en el logotipo, en los zapatos, en la comercialización, en el *packaging*, y en la forma en la que quieres que se vendan tus zapatos.

Si tu pasión es la calidad absoluta, el comercio justo, la ecología, el moto cross, o los tatuajes, esa esencia debe destacar en la identidad de la marca. Tu marca es la extensión de uno mismo y de sus pasiones, y con suerte, de las pasiones de tus clientes.

¿Qué nombre tiene tu marca?

El nombre de la empresa y tu firma pueden ser, o no, iguales. Es posible que quieras crear una imagen con los proveedores y con tus contactos comerciales, y una imagen de marca diferente con tus clientes. Los logotipos, la actitud, las imágenes y portavoces reflejan el aspecto visual y los valores que la compañía traerá al mercado. Aquí es donde se debe pensar cuidadosamente sobre lo que se está tratando de crear. La marca habla por ti cuando no estás presente. Formará parte de la página web, estará en motores de búsqueda como Google, en redes sociales, y las personas podrán interactuar con ella cuando no estés ahí. Es importante dejar que la firma hable de manera positiva y sólida por tu empresa.

Hay que asegurarse de poder desarrollar una identidad de marca que sea coherente y atractiva para el mercado objetivo y sus clientes. Pensar quiénes son estas personas, y cuáles son sus valores. Qué los atraerá y cómo tu firma comunicará este llamamiento. A menudo, la forma más fácil de desarrollar la identidad de marca es hacer un *moodboard* con imágenes similares a tus productos. Esto da la oportunidad de hacer una lluvia de ideas y pensar qué es lo que quieres crear. También se debe echar un vistazo a algunos de tus competidores, y a algunas marcas que admires. Mirar las ideas de otras grandes marcas ayuda a decidir qué es lo que te distingue del resto del mercado, y cuáles son los puntos de venta clave para tus clientes.

Tiempo y lugar para tu marca

Puedes crear una nueva realidad para tu firma. Definir una nueva época y lugar. ¿Tu producto se relaciona con las cajas de madera y las herramientas primitivas de una expedición polar de 1850? A lo mejor tus diseños pertenecen a la cubierta de un yate ultramoderno. Puedes recopilar fotos de webs, libros, o revistas para ayudar a crear la inspiración visual de la marca.

Esto es una manera constructiva de pensar en lo que se está creando y dónde encaja el producto en el mercado. No se puede pasar por alto la importancia de dedicar tiempo a estos detalles para que sean todo lo correcto posible, ya que estos pueden determinar el éxito o el fracaso de tu empresa. Si tu cliente no puede relacionarse con tus zapatillas, o no encuentra una razón convincente para comprarlas, tendrás un problema. Tómate el tiempo que necesites para hacerlo bien, las decisiones que tomes ahora, afectarán a lo que hagas en el futuro.

Sé tu propia marca

No permitas que la personalidad de otras marcas dicte o disuelva lo que estás haciendo. Si quieres crear tu propio nicho y ser conocido por tus propias cosas, debes preguntarte por qué somos conocidos. Esta no es una pregunta trampa, pero está directamente relacionado con tu firma. Si no puedes responder a esta simple pregunta, ¿cómo comunicarás este mensaje a todos tus clientes?. Tu marca y su mensaje deben ser únicos y aparecer en todo lo que se hace.

El mensaje que se muestra, las personas empleadas, el *packaging* que se usa, y toda la atmósfera que rodea son parte de una marca junto con la imagen que proyectas al mercado cada día. Piensa en lo que sentirá un cliente cuando vea tu anuncio, vaya a recoger las deportivas, o vea tu *feed* de Twitter. Este sentimiento es una parte clave de la empresa. Es difícil de definir, pero cuando se determina bien, las ventas irán detrás.

Una empresa, dos marcas

Una empresa puede tener diferentes marcas, cada una con diferentes identidades.

La empresa de calzado, Hi-Tec Sports®, opera dos identidades de marca totalmente separadas, y esto funciona perfectamente para ellos. Comenzaron con la marca de senderismo al aire libre Hi-Tec® que tiene seguidores fieles, y hace que sus clientes vuelvan una y otra vez. Después, crearon la marca Magnum® para vender botas tácticas y militares.

El mismo equipo de producto diseña y desarrolla el calzado para ambas marcas, y la identidad de cada marca no podría ser más diferentes. Cada firma hace su propio trabajo dirigiéndose a segmentos de mercado completamente separados. La compañía ha visto una manera de desarrollar dos marcas e ingresar a dos mercados, pensando muy bien en lo que producen, y cómo pueden atraer a clientes diferentes.

Desarrollo de la identidad de marca

Existen muchos libros y páginas web donde consultar y buscar ayuda para crear la identidad de marca. No te preocupes si no puedes resolverlo por tu cuenta; hay muchos expertos esperando ser contratados para ayudarte, al igual que siempre hay personas en las que apoyarse cuando se trata de consejos y sugerencias en situaciones como esta. Investiga todo lo que puedas. Cuando necesites inspiración, lo mejor es leer, hablar, investigar y repensar lo que estás haciendo. Esta etapa puede parecer un poco desalentadora, pero tu pasión y energía por lo que estás haciendo se mostrará en tu pensamiento, y después, en tu marca.

Cheryl Dangel Cull ha escrito algunos libros muy interesantes en relación a la identidad de marca. Contienen muchos ejemplos y excelentes debates sobre la teoría del desarrollo de un marca. Este es buen lugar para comenzar cuando se trata de lo que deseas lograr. Cuanto más aprendas y consigas hacer como propietario de un negocio, mejor será tu negocio. Si te llenas de conocimiento, hechos e inspiraciones, los resultados que surjan de este proceso serán sabios, objetivos, e infundidos.

Agencias de *branding*

Puedes considerar contratar a una agencia de *branding* para este proceso. Son profesionales que se ocupan de este tipo de problemas todos los días. Puede ser algo caro, pero pueden ayudarte a expresar algunas de tus ideas y crear una marca que realmente funcione para ti. Desde el punto de vista económico, ahorras dinero si puedes hacerlo por tu cuenta; pero puede haber momentos en el que un equipo profesional pueda ayudar a que tu empresa, tus zapatos, y tu marca reluzcan. Es un mercado competitivo, y quieres que tu firma muestre exactamente el mensaje que buscas para diferenciarse de la competencia.

En esta etapa, no necesitas una identidad visual completamente formada, pero debes tener al menos el prototipo de la idea. Tus diseñadores de calzado necesitarán algunas guías de diseño e ideas de logotipos para comenzar el *branding* de los modelos en una etapa temprana, y esto se deriva de la identidad que hayas creado.

Un apunte rápido sobre los logotipos utilizados en calzado

Suponiendo que la visión de tu marca incluya logotipos en los modelos, es importante asegurarse que el logotipo puede aplicarse perfectamente a los diseños. Muchas marcas insisten en hacer logotipos grandes, otras optan logotipos más discretos, o, directamente, no cuentan con logotipos.

El logotipo es una parte muy importante de la identidad de marca. Debe ser distintivo y decir algo sobre la personalidad de la marca.

Hay que tener cuidado al diseñar franjas o rayas en los laterales de las deportivas; las empresas han registrado 2, 3, 4, 5 y 6 franjas.

También hay que asegurarse de que el logotipo se pueda ejecutar en diferentes colores y técnicas. Si el diseño tiene muchos colores, ¿podrá hacerse en blanco y negro? ¿Cómo se verá cuando se haga el timbrado a fuego, sin color?

¿Quedará perfecto en el lateral, o en el talón de una deportiva? ¿El logotipo es fácil de agrandar y reducir?

Es posible que un diseño con un trazo fino, o detalles muy pequeños, no se lea bien cuando se haga en una etiqueta tejida, bordada, o en relieve.

En el libro Cómo se hacen los zapatos hay un extenso capítulo que explica las muchas formas en que los logotipos se pueden aplicar sobre las *sneakers*. Hay muchas opciones, pero no todas pueden ser adecuadas según el diseño del logotipo, o el estilo de la identidad de marca.

Arris

Mientras Ricardo es un tipo normal, y un poco aburrido, va a necesitar algo de ayuda e inspiración para crear la identidad de marca para su nueva firma.

Ricardo comienza haciendo una lista de palabras con algunos términos técnicos que usaría para describir su idea de calzado. Después, echa un vistazo a un libro sobre arquitectura. En un capítulo sobre arquitectura griega, descubre la palabra Arris. Le gusta cómo suena, y decide seguir adelante con ello por el momento.

Las deportivas Arris serán diseños limpios, livianos y de alto rendimiento. Con solo lo esencial, nada de lujos. En la mente de Ricardo, una deportiva Arris es futurista y elegante.

Por unos pocos dólares, Ricardo hace que un diseñador haga una serie de logotipos Arris para elegir.

De vuelta en Boston, Eva sabe exactamente cuál será la identidad de marca para sus botas... Será ella misma, Eva. Jugando con su propio nombre, decide ir con el nombre Enigma y ya sabe que cada bota tendrá la letra E en algún lugar del diseño.

Las botas Enigma serán de estilo *chunky*, pesadas y fuertes. Sabe que cada modelo tendrá un diseño especial y un estilo punk rock único.

KICKING FASHION
IN THE FACE!

Kicking Fashion in the face!

KICKING FASHION
IN THE FACE!

CAPÍTULO 2

CONSTRUIR TU EMPRESA DE CALZADO

A medida que construyes tu nueva empresa de calzado, debes considerar cuáles serán las principales funciones de la compañía. Para que te hagas una idea de lo que hará tu empresa:

1. **Diseñar y desarrollar calzado**
2. **Abastecer e importar calzado**
3. **Comercializar la marca**
4. **Vender los modelos y cobrar los pagos**
5. **Cumplir los pedidos y atender a los clientes**

Todas las funciones principales deben funcionar sin ningún tipo de problema para que la compañía prospere. La estructura de la empresa debe respaldar todas y cada una de estas funciones.

¿Cuándo debería crear la empresa?

Se debe haber creado legalmente una empresa en el momento en el que se contrata personal para proporcionar servicios y se desembolse dinero. Hasta ahora, tu empresa es solo una idea en un papel. Puede existir en tu mente, o en un cuaderno, pero una vez se empiece a invertir dinero, la empresa es real.

El dinero es el detonante. Como empresa emergente, todos los gastos se amortizan con cualquier beneficio que se obtenga. Tu compañía debe ser legal para disfrutar de este beneficio. Todo, absolutamente TODO debe documentarse a la hora de pagar los impuestos de tu empresa.

Se han escrito una infinidad de libros sobre los impuestos y las tasas. Se debe contratar a un asesor fiscal; es una necesidad, ya que podrías pasar muchas horas haciendo tus impuestos, y aún así, equivocarte. Este es el punto donde un poco de ayuda profesional es de gran ayuda. Para tu pequeña empresa, puedes contratar a un asesor fiscal para ayudarte con los impuestos personales y empresariales. Aproximadamente, te pueden cobrar por este servicio cerca de 500 dólares al año.

Tu asesor fiscal te explicará el proceso en detalle, pero hay que mantener un registro minucioso de todo el dinero que se desembolsa. Incluso el pago a tu asesor fiscal puede deducirse de los beneficios de tu empresa. Como empresa emergente, no esperes ver ningún beneficio, o impuestos de sociedades.

Tu empresa necesita un nombre

El nombre de tu empresa no tiene por qué ser el mismo nombre que utilices para la marca de tus zapatos. Puede serlo, pero no es obligatorio. Si crees que puedes tener más marcas en el futuro, es mejor elegir algo diferente.

Muy a menudo, la gente confunde el nombre de la sociedad o compañía con el nombre de la marca; y no es lo mismo. Piensa en una gran empresa como Proctor & Gamble™.

Esta compañía es propietaria de cientos de marcas diferentes: Tide™, Pampers™, Cascade™, Braun™, Dawn™, y muchas otras. Puedes llamar a tu empresa casi como quieras, a excepción de un nombre que esté en uso. Normalmente, una compañía con varias marcas cambia su nombre jurídico para pasar a ser denominada con el nombre comercial de su producto más vendido.

¿Qué tipo de empresa me conviene?

Para tu nueva compañía necesitarás crear un negocio legal y registrarte con la administración o gobierno. En Estados Unidos existen varias opciones disponibles, y es la empresa unipersonal, y la sociedad de responsabilidad limitada (SRL) las más comunes para las empresas emergentes.

Empresa unipersonal

La empresa unipersonal es la compañía más fácil de establecer. TÚ eres el único propietario. No necesitas presentar ningún documento fiscal, pero sí obtener permisos y licencias municipales para poder hacer negocios legalmente. Esta sociedad es muy sencilla, ya que solo estás tú. Tu capital personal es la economía de la empresa. Si algo malo le sucede a su empresa, te sucede a ti.

Al empezar una empresa de calzado, este tipo puede no ser la mejor opción. Mientras tu calzado tendrá un seguro de responsabilidad civil sobre el producto, no querrás que tus activos personales estén disponibles en caso de recibir una demanda. Una empresa unipersonal está bien hasta que se empiece a enviar el producto a los clientes.

Sociedad de responsabilidad limitada (SRL)

También denominada Sociedad Limitada (SL), la SRL es una mejor opción para tu nueva compañía, ya que es la estructura empresarial menos compleja. Como propietario, debes informar la parte de las ganancias y pérdidas en la declaración de impuestos. Según el estado, o país en el que formes la sociedad, se puede registrar el nombre legal y presentar el acta constitutiva de la empresa en la oficina correspondiente. Estos documentos son los que detallan cómo se ejecutará la compañía, e indicarán quiénes son los propietarios, cuál es el porcentaje de propiedad y las responsabilidades de cada propietario, los derechos de voto, la asignación de pérdidas y ganancias, y cualquier regla de administración. También deben indicar qué sucede en caso de quiebra, venta, o fallecimiento de un propietario participante.

La sociedad debe tener un nombre que sea exclusivo, y no contener la marca registrada de otra compañía. La tarifa para completar y presentar el formulario con los artículos de la empresa puede oscilar entre los 50 y, los 300 dólares. Dependiendo de las regulaciones del país o estado, es posible que haya que presentar un acuerdo de operación con los artículos de organización y obtener una licencia o permiso de venta local.

Si vives fuera de Estados Unidos, encontrarás estructuras similares para tu empresa. Lo importante es asegurarse que a tu empresa se le otorgue la responsabilidad limitada, que separa tus finanzas personales de las finanzas de la empresa.

Seguro de responsabilidad civil

Al vender calzado, necesitas una sociedad limitada para evitar cualquier tipo de complicación por la responsabilidad del producto. La SRL protege tus activos personales en caso de una demanda u otra acción que resulte en una pérdida financiera para la empresa. También se debe contratar obligatoriamente un seguro de responsabilidad civil para el producto; este seguro protege a la empresa en caso de cualquier accidente que pueda ocurrir mientras alguien utiliza tus zapatos.

El coste aproximado de este seguro de responsabilidad es de 0,25 dólares por cada 100 dólares de coste minorista. Esta cantidad puede variar dependiendo del tipo de zapato que se esté haciendo. Por ejemplo, el seguro de responsabilidad civil del producto para unas zapatillas de estar por casa es diferente al que se necesita para unas zapatillas de funambulista.

Puedes buscar *online*, o pedirle a tu agente de seguros de confianza que te ayude a encontrar una empresa aseguradora. Existen muchas empresas que cubren este servicio, solo hay que dar con la que mejor se ajuste a tu necesidad. Tu agente podrá ayudarte con los requisitos de tu país, ciudad, o estado.

El seguro de responsabilidad civil de productos es imprescindible. Todo tu trabajo para construir tu empresa puede perderse si alguien sufre una lesión mientras usa tus zapatos. Avanza al capítulo 12 para más información.

Permisos del gobierno local

Independientemente de los impuestos relacionados con la estructura empresarial escogidos, hay que registrar tu nueva empresa con tu gobierno estatal y local. En EE.UU. se necesita obtener un número de identificación fiscal, presentar un *Doing Business As* (DBA) con el nombre social de la empresa, y es posible que se necesite también un permiso de vendedor local.

Doing business as, o DBA

Todos los tipos de empresas pueden utilizar un DBA, o nombre ficticio para su razón social, ya que es el nombre comercial diferente a tu nombre personal. Una vez que se completa el registro del DBA, tu compañía puede utilizar este seudónimo para abrir cuentas bancarias, expedir cheques, firmar contratos, y cobrar dinero. El DBA requiere algunos trámites con el gobierno, y tasas de aproximadamente 100 dólares que puede incluir un cargo por publicarlo en un periódico local. Este procedimiento es bastante normal. De nuevo, este seudónimo NO tiene por qué ser igual que la marca de calzado; puede serlo, pero no es obligatorio.

Número de identificación fiscal

Para presentar impuestos legalmente y administrar la contabilidad, tu empresa necesita un NIF, o número de identificación fiscal (también denominado *Tax ID*, número de identificación del empleador, o EIN). Para obtener este número de identificación fiscal en Estados Unidos, hay presentar una solicitud al IRS, o al organismo equivalente en tu país de origen. Puedes ir al sitio web del IRS, y completar el formulario SS-4 para enviarlo. El NIF se asigna de forma gratuita, y el sitio web te asigna uno casi al instante. Guarda este número con tus ficheros importantes, ya que es como el número de la seguridad social para tu empresa.

Permisos de venta

Dependiendo de dónde crees la empresa, es posible que necesites un permiso de vendedor. En EE.UU. hay que registrarse en la Junta Estatal de Igualación (*Board of Equalization*, BOE) del estado donde se construya la empresa. Esto te permitirá cobrar y pagar los impuestos sobre tus ventas. Cuando te registres, recibirás un permiso de vendedor que te acredita y te permite vender tus productos a otros distribuidores sin cobrarles el impuesto sobre la venta que esté determinado en tu país. Si por ejemplo, vendes de manera *online* a clientes que son el usuario final, deberás recaudar el impuesto sobre las ventas y enviarlo de manera trimestral, o anual, al gobierno de tu estado o país. Las pautas para cada país, o estado, pueden ser diferentes en relación con los diferentes impuestos. Cada lugar tiene códigos ligeramente diferentes, y las tasas para un permiso de vendedor son bajas, o incluso gratuitas.

Cuentas bancarias y tarjetas de crédito

Una vez construida la empresa, es hora de abrir una cuenta bancaria. Querrás tener una cuenta corriente para tu empresa; y, seguramente, una tarjeta de crédito para ayudarte a tener controlados todos tus gastos.

Esto puede no parecer importante, pero para el propietario de una pequeña empresa, mantener los gastos personales separados de los gastos de la empresa puede hacer que ahorres mucho tiempo.

Casi todos bancos facilitan un informe anual donde pueden verse todas las transacciones realizadas, este informe servirá para organizar tus gastos, y es de gran ayuda, ya que ahorra mucho tiempo. Asegúrate de llevar la documentación de tu empresa al banco, lo necesitarás para abrir la cuenta.

Arris En la sede de Arris (la oficina en casa de Ricardo), TRIATHLETES SUPPLY CORPORATION SL está presentando los documentos en el estado de California para convertirse oficialmente en una Sociedad Limitada.

A Ricardo le gusta el nombre de Arris para sus zapatos, quiere mantener abiertas sus opciones si aparece un nuevo nombre. Ha creado su SRL ahora porque tendrá algunos gastos importantes para el diseño y desarrollo del calzado. Es posible que deba atraer algunos socios o inversores, por lo que una sociedad de responsabilidad limitada es una buena opción. Ricardo también sigue adelante con todos sus permisos correspondientes.

Eva decide esperar para crear una sociedad limitada; se quedará como una empresa unipersonal por ahora. No está segura de cuándo lanzará la marca de botas Enigma, pero seguirá adelante y presentará sus permisos de vendedor local.

Crear y proteger una marca registrada

Para asegurarte de que tu nueva idea de marca está disponible, solo tienes realizar una búsqueda de marcas registradas (*trademarks*).

Debes registrar tu firma para proteger el desarrollo de la misma. En Estados Unidos, las tarifas para el registro son relativamente bajas, entre 235 y 325 dólares por marca registrada, y categoría. En el Reino Unido, la tarifa es de 170 libras esterlinas.

En EE.UU:
www.uspto.gov

En el Reino Unido:
www.gov.uk/register-a-trademark

En Europa:
www.euipo.europa.eu/ohimportal/en/trade-marks

Listado de oficinas en todo el mundo para el registro de marcas:
www.wipo.int/directory/en/urls.jsp

Aunque no es obligatorio, antes de presentar una solicitud recomendamos buscar en la base de datos de marcas registradas de la USPTO para ver si alguna marca similar ya ha sido registrada (o ha solicitado el registro) anteriormente; hay que ver si opera con productos o servicios relacionados. Si vives en EE.UU., puedes comenzar a buscar en la base de datos TESS (*Trademark Electronic Search System*) de la oficina de patentes y marcas comerciales de Estados Unidos.

Piensa en algunas ideas para buscar. Esta labor puede llevar mucho tiempo, y es algo muy necesario. Puedes hacerlo tú mismo, o pedir ayuda. La página web en EE.UU. tiene muy buenas guías para comenzar, y un apartado de preguntas más frecuentes (FAQ) para guiarte a través del proceso.

Es importante registrar tu marca comercial para que puedas emprender acciones legales contra cualquier persona que use esta marca comercial sin tu permiso. En el mercado del calzado necesitarás una marca registrada para luchar contra las falsificaciones. Una vez hecho el proceso, puedes añadir los símbolos ® o (TM) para demostrar que está registrada, y que defenderás tu marca.

En el futuro, tu marca registrada puede tener un alto valor. Una marca registrada, debidamente registrada, puede ser vendida o licenciada.

Información extra

La Oficina de Patentes y Marcas de Estados Unidos tiene una gran cantidad de información disponible para cualquier persona. El proceso de solicitud se explica muy detalladamente, y consiguen hacerlo fácil. Hay muchas opciones para presentar la documentación *online*, y por correo.

Fuera de Estados Unidos

Si vives fuera de EE.UU., deberás registrar tu marca comercial en tu país de origen. Una simple búsqueda *online* es todo lo que necesitas para encontrar la oficina de registro de marcas más cercana. Las reglas que rigen la creación de marcas son generalmente similares, pero cada país tiene un proceso diferente.

Cuando Eva busca por primera vez en la base de datos TESS, encuentra que el nombre Enigma ya está en uso por varias compañías, y se queda muy decepcionada; pero, al mirar más detenidamente, encuentra que ninguna de las otras compañías solicitó el uso como empresa de calzado.

Eva sigue adelante con el nombre comercial Enigma; necesita ahorrar dinero, por lo que paga los cerca de 250 dólares haciendo ella misma el papeleo. No solicita categorías de productos adicionales en este momento. Quizá en el futuro solicite la categoría de ropa para Enigma.

Eva registrará y protegerá la palabra Enigma, sus dos parches con el logotipo, y la frase "*Kicking fashion in the face.*"

En la base de datos TESS, Ricardo no ve ninguna otra compañía de calzado que haya solicitado registrar la marca Arris; por lo que decide seguir adelante y solicitar el registro de la marca. Busca *online* y encuentra un servicio que le ayuda a sacarlo adelante.

Por una pequeña tarifa de menos de 100 dólares, la documentación queda lista y enviada.

Ricardo sigue adelante y registra Arris para calzado y ropa, pagando 100 dólares por el papeleo, 250 dólares por el registro de la marca, y 50 dólares más por añadir una segunda categoría de producto.

Protegerá el nombre Arris, el nuevo logotipo ARC de Arris, y la frase "*Run Race Recover*".

Dominios web

Mientras trabajas en el registro de la marca, es buena idea visitar GoDaddy.com™ u otras empresas que registren los dominios web para buscar un nombre adecuado.

Puede ser muy frustrante encontrar un dominio libre, pero sigue hasta conseguirlo. No te preocupes si alguien tiene comprado un dominio web parecido a tu idea de marca. Es el registro de la marca lo que importa.

Consejos para elegir un dominio web:

Imprescindible que sea fácil de escribir, y breve.
No utilices números ni guiones.
Debe ser fácil de recordar.
No puede ser la marca registrada de otra compañía.
Si es posible, utiliza un dominio acabado en .com.

¿Cuánto cuesta un dominio? No mucho; la mayoría de los nombres de dominio web no son caros, entre 9.99 y 29.99 dólares puedes tener el tuyo. Trata de mantenerte alejado de los dominios premium que pueden costar cientos, o incluso miles de dólares. A día de hoy, el nombre del dominio no es tan importante como solía ser. Si tienes una página web bien indexada con Google.com™, tus clientes podrán encontrarlo.

El valor de un dominio web está en la calidad del sitio, y en el tráfico que pueda generar.

¿Necesitas comprar un plan de alojamiento para el dominio de tu nueva compañía de calzado? Todavía no, puedes esperar. Por ahora, asegúrate de proteger tu dominio. Construirás tu página web más tarde.

¿Necesitas más de un dominio?
No es una mala idea registrar algunos nombres de dominio cercanos a tu selección principal. Algunas empresas de registro de dominios intentarán venderte más dominios y otras características especiales. La mayoría de lo que ofrecen no es necesario. Por ahora, registra el dominio y sigue adelante. Sin embargo, si no puedes encontrar un dominio que se acerque al nombre de tu empresa, es posible que debas considerar un nuevo nombre para tu empresa.

Hablaremos más sobre la creación de páginas web en el capítulo 7.

Eva intenta registrar el dominio enigmashoes.com, pero ya está en uso, es un sitio web sin contenido, abandonado, o en construcción.

En lugar de conformarse con enigmashoes.com o enigmashoes.net, registra enigmaboots.com. Esta es una muy buena opción para ella; es simple, está muy cerca de su marca, y es exactamente lo que diseña. Pagará 11.99 dólares por un año de registro.

Es posible que se comunique con el propietario de enigmashoes.com y le haga una oferta para comprar el dominio, pero para una empresa pequeña, puede ser una pérdida de tiempo y dinero.

Cuando Ricardo busca para registrar arris.com, encuentra que ya está en uso por una empresa de tecnología. No pasa nada que el nombre de Arris lo compartan dos compañías. Las marcas comerciales son válidas porque están registradas en categorías de productos muy diferentes.

Ricardo intenta arrisshoes.com, y está disponible. La doble "S" en el medio del dominio le parece un poco extraño, por lo que busca otras opciones. Pero sigue adelante y registra arrisshoes.com; también selecciona arrisrunning.com como su dominio web principal, y configurará ambas direcciones web para enviar a sus clientes al mismo sitio web.

Ricardo, también registra el nombre de su empresa, triathalonsupply.com, por si acaso. Sus tres dominios cuestan 11.99 dólares cada uno por un registro de 1 año.

CAPÍTULO 3

DISEÑAR LA LÍNEA DE PRODUCTO

Ahora que tienes la empresa configurada, y la identidad de marca trabajada, es hora de diseñar la línea de producto. Sí, necesitarás una línea de producto. Para crear un diseño de calzado con éxito, es posible que debas hacer varios, tal vez incluso una docena de diseños diferentes. Es posible que tengas cuadernos de dibujo llenos de ideas, pero debes asegurarse que todos tus diseños funcionen en conjunto para un plan de producto general.

Para comenzar a diseñar en buena dirección, necesitarás un plan de producto para la línea de productos, y un *briefing* de diseño de calzado que siga un plan de compras.

¿Qué es un plan de compras de producto?
Es un documento que explica la estructura de la oferta de productos. Puede ser tan simple como una lista de tus modelos junto con el precio, e incluir las características, los colores, y los materiales para cada modelo. El plan también debe detallar cuándo se espera entregar la mercancía; y puede ser considerado el pilar básico que establecerá los objetivos para el diseño y desarrollo de tus modelos. Este plan puede llamarse de muchas maneras, como por ejemplo: plan de producto, línea de producto, planteamiento de compra, listado de SKU, etc.

¿Qué es un *briefing* de diseño de producto?
El *briefing* es una hoja de instrucciones donde se explica todo con detalle; el equipo de producto deberá seguirlo mientras trabajan para crear los diferentes modelos de calzado. Este documento detalla todo lo que el zapato necesita para ser funcional y visualmente atractivo. El *briefing* también explica para quién está diseñado el zapato, cómo debe verse, y cualquier otro detalle que puedas imaginar.

Crear un plan de compras

Antes de contratar a un diseñador, deberás pensar en tus planes de venta o comercialización de productos. Puede que tengas una gran idea para un modelo, pero no es suficiente para empezar.

Para lograr un impacto y mostrar algo de profundidad, debes ofrecer a tus clientes, y lo que es más importante, a tus distribuidores, algunas opciones diferentes.

Tu primera idea puede ser muy buena, o ser un fracaso. Si tienes varios modelos hechos, tendrás más posibilidades de éxito; y si tienes cinco modelos, y tres fallan, todavía tienes dos modelos que puedes usar como pilar mientras trabajas para mejorar y ampliar tu oferta de productos.

Si vas a crear más de un diseño, deberás tener en cuenta cómo se relacionarán entre sí. Este es el arte de la comercialización.

Conceptos básicos de compra de calzado

Tu plan de compras cobrará vida dependiendo del tipo de calzado que hagas, y tu estrategia general como marca. Una línea de producto bien creada evita que se duplique el producto, cubre puntos de precio clave, ofrece opciones diferentes, y le da a cada artículo una razón para existir dentro de la línea de producto.

El plan de compra se verá afectado por el tipo de calzado que plantees hacer, y por la imagen de tu marca. Antes de comenzar a diseñar tu línea de producto, debes tener una idea de cuál será el plan de compras y la imagen de marca.

Estrategias de venta de calzado

Calzado tipo casual: puedes ofrecer el mismo diseño, al mismo precio, en muchos colores o materiales diferentes. Si tienes un modelo muy bueno, puedes ofrecerlo en muchos colores sin canibalizar o dividir las ventas de un artículo a otro. Seguir esta estrategia de producto puede atraer a clientes interesados en los colores diferentes.

Las zapatillas Converse™ All-Star™ es un ejemplo perfecto de esta estrategia de venta. Consiste en ofrecer una zapatilla muy simple en cientos, o incluso miles de opciones de color diferentes.

Sandalias tipo *flip-flop*: esta sandalia básica de goma se puede hacer en cientos de colores, en muchos estilos de tiras diferentes, y con una infinidad de opciones de diseños en serigrafía. Sin embargo, el precio de este tipo de artículo es casi siempre fijo.

Calzado de moda: puedes ofrecer zapatos a la moda para mujeres a precios similares, con estilos y diseño muy diferentes. Por ejemplo, los zapatos de tacón alto para mujer se encuentran en una gran variedad de colores y tipos diferentes, por lo que el precio puede ser menos importante. El plan de compras se basa más en los diferentes modelos, que en el precio.

Calzado de senderismo: para zapatos con funciones similares, puedes ofrecer modelos a diferentes precios con diferentes características y materiales. Los zapatos para exteriores pueden ser impermeables, o con materiales más resistentes y duraderos. Una línea de productos de senderismo puede tener tan solo unas pocas opciones de color; pero tendrá muchos puntos diferentes de precio según los materiales o los requisitos del rendimiento.

Botas de servicio: aunque las botas tácticas de servicio militar y policial solo se pueden ofrecer en color negro, hay muchas características diferentes, como la altura, la puntera de acero, la impermeabilización, tratamiento antisangre, antimagnetismo, etc. Cada bota es del mismo color, pero habrá un precio diferente dependiendo de las características especiales.

Estrategias de calce: para las zapatillas deportivas de alto rendimiento, el aspecto exterior es muy importante para atraer clientes, pero el calce y la talla pueden ser aún más importantes. Si ofreces una gama de tallas amplia, con diferentes anchuras, puedes tener un segmento del mercado de calzado con pocos competidores.

Efecto halo: para seguir una estrategia de producto halo, debes crear un producto de gama alta que tenga varias características, o una nueva tecnología. El producto halo puede tener coste, pero se debe hacer innovador para que pueda tener un gran impacto visual. No pasa nada si el volumen de venta es bajo; puedes adaptar las mejores características a los modelos con un precio más económico y un mayor volumen de ventas.

El producto halo trata de impulsar la imagen general de marca haciendo que los otros productos se vean mejor a los ojos de los clientes.

Estrategia de enfoque: Dependiendo de tu estrategia de producto, puedes abandonar algunos segmentos de mercado para enfocarte en un solo mercado objetivo. Puedes centrar tu empresa en hacer una cosa concreta muy bien. Si eres el mejor en una categoría de producto muy específica, puedes tener éxito.

El plan de compras de Eva es muy simple. La gama de productos Enigma comenzará con solo unos pocos modelos, cada uno se ofrecerá en uno o dos colores; y planea introducir un zapato de estilo *oxford*, de corte bajo, con una suela de bota; también, una bota de cuero con una altura de caña normal, otra igual con inserciones en tejidos estampados; y un diseño de bota, en piel, con la caña muy alta. Todos los modelos compartirán un mismo diseño de suela, y los precios de venta se establecerán de menor a mayor según las alturas de las botas.

El plan inicial de Enigma es vender solo para mujeres, aunque más tarde puede incluir botas para hombres, pero su objetivo es hacer botas con estilo para mujeres. Eva ha creado una lista muy sencilla, y una línea de producto visual.

El plan de compras de Enigma es una combinación de varias estrategias. Aunque algunos modelos tienen un precio que destaca y son opciones más arriesgadas; otros modelos mantienen el mismo precio, y es el estilo gráfico el principal punto de diferencia.

Enigma

Nombre del modelo	Color	Material	A.p.M.$	Retail $	Previsión	Previsión venta
Somerset	Black	Plena flor grano	$ 75,00	$ 150,00	300	$ 22.500
Somerset	Brown	Plena flor grano	$ 75,00	$ 150,00	200	$ 15.000
Brattle	Mahogoney	Laser plena flor	$ 75,00	$ 150,00	400	$ 30.000
Brattle	Black	Laser plena flor	$ 75,00	$ 150,00	300	$ 22.500
Tremont	Black	Plena flor liso	$ 57,50	$ 115,00	200	$ 11.500
Tremont	Brown	Plena flor liso	$ 57,50	$ 115,00	400	$ 23.000
Beacon	Black	Subl-Action Leather	$ 57,50	$ 115,00	300	$ 17.250
Beacon	White China	Action Leather	$ 57,50	$ 115,00	200	$ 11.500
Revere	Black	Plena flor grano	$ 47,50	$ 95,00	400	$ 19.000
Union	Pink Roses	Action Leather	$ 42,50	$ 85,00	300	$ 12.750
Hanover	Spiked Flowers	Action Leather	$ 42,50	$ 85,00	200	$ 8.500
Haymarket	Black Rose	Subl-Action Leather	$ 42,50	$ 85,00	400	$ 17.000
Bowdoin	Black Floral	Subl-Action Leather	$ 42,50	$ 85,00	200	$ 8.500

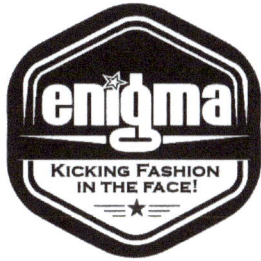

Colección de otoño

Cuero plena flor 11"
$150,00

"Somerset"

FG - Grano

"Brattle"

FG - Grano encaje a láser

Cuero plena flor 8"
$115,00

"Tremont"

FG - Grano

"Beacon"

Action leather - Sublimación

Cuero plena flor bajas
$95,00

"Revere"

FG - Grano

Cuero impreso 11"
$85,00

"Union"

Action leather - Sublimación

Cuero impreso 14"
$85,00

"Hanover"

Action leather - Sublimación

Cuero impreso 11"
$85,00

"Haymarket"

FG Cuero
Action leather - Sublimación

Cuero impreso 11"
$85,00

"Bowdoin"

Action leather - Sublimación

Arris

La línea de producto de Ricardo para la marca Arris es un poco más complejo debido a su idea de diseño. Inicialmente ofrecerá 4 modelos diferentes: un modelo para entrenar, dos opciones de zapatillas de carreras y un modelo de recuperación, posterior a la carrera.

Ricardo sabe que de los millones de personas que corren triatlones cada año, el 37% son mujeres, con lo cual, planea abrir moldes para tallas de mujer más tarde.

La investigación en el mercado del calzado orientado al triatlón muestra que hay muchos modelos con colores vivos. Necesita decidir si los diseños de Arris seguirán esta tendencia, o si prefiere ir en otra dirección opuesta que pueda separar sus zapatillas de los demás. Ese será el desafío que le planteará a su diseñador.

Es una gama de productos bastante amplia para una nueva empresa. Veremos si Ricardo puede seguir con el desarrollo.

Introducir mucho producto en el mercado es difícil, pero le dará a Ricardo más oportunidades de éxito. Si Arris comienza con una o dos zapatillas, y ambas fallan, tardaría cerca de un año en volver con modelos nuevos... ¿Puede una nueva marca como Arris sobrevivir un año sin vender?

Línea de producto Arris

Modelo	Color	Material	Tallas	A.p.M.$	Retail	Pares	Previsión venta
Endro X	Silver	Malla / PU	7,8,8.5,9,9.5,10,10.5,11,11.5,12,13	$ 60,00	$ 120,00	300	$ 18.000
Endro X	Green	Malla / PU	7,8,8.5,9,9.5,10,10.5,11,11.5,12,13	$ 60,00	$ 120,00	300	$ 18.000
Endro X	Red	Malla / PU	7,8,8.5,9,9.5,10,10.5,11,11.5,12,13	$ 60,00	$ 120,00	300	$ 18.000
Phantom	Silver	Malla / PU	7,8,8.5,9,9.5,10,10.5,11,11.5,12,13	$ 65,00	$ 130,00	200	$ 13.000
Lightning	Yellow	Malla / PU	7,8,8.5,9,9.5,10,10.5,11,11.5,12,13	$ 55,00	$ 110,00	200	$ 11.000
Revo	Yellow	Malla / PU	7,8,8.5,9,9.5,10,10.5,11,11.5,12,13	$ 45,00	$ 90,00	300	$ 13.500
							$ 91.500

ARRIS FOOTWEAR - CARRERA

ARRIS FOOTWEAR - RECUPERACIÓN

Crear un *briefing* diseño de producto

El *briefing* puede ser un documento de una página, un informe de veinte páginas, o un *moodboard* conceptual. No hay una forma correcta o incorrecta de hacerlo siempre y cuando se pueda definir y comunicar el diseño. Estos informes los suele hacer el director de producto, el jefe de diseño, el propietario, o los encargados de *marketing*. Hay dos tipos de *briefing* más utilizados, cada uno con su propio propósito:

1. Informe demográfico
2. *Briefing* visual

El informe demográfico

Este informe detalla los hechos concretos que describirán el zapato terminado; y contiene datos demográficos, donde se cubre el precio objetivo, la demografía de los usuarios, los competidores del mercado, y los detalles técnicos y canales de venta. También, responde las preguntas: para quién va dirigido, qué se debe hacer, y dónde lo comprará el cliente. Una vez que puedas responder estas preguntas, es hora de profundizar; cuanto más detalles, mejor.

¿Cuál es la función de este modelo?
¿Es para correr, baloncesto, *snowboard*, tenis, jugar a los bolos, talar árboles, de calle, o ir a la moda?

¿Cuenta el modelo con alguna característica especial?
¿Incluirá entresuela? ¿Será normal, gruesa, o delgada?

¿Para quién es este modelo?
¿Es para hombre, mujer, un nuevo atleta profesional, o para quienes compran en los centros comerciales?

¿Cual es la edad del consumidor?
¿Niños pequeños, adolescentes, universitarios, mediana edad, jubilados?

¿Cuál es el precio de venta planeado para el modelo una vez terminado?
¿Precio económico, gama media, lujo, o de alta gama?

¿Cuándo llegará a las tiendas?
¿Se venderá en primavera, verano, otoño, invierno, o durante las navidades?

¿Cómo es la silueta?
¿Ultra baja, corte bajo, corte medio, o alto? ¿Sin relleno, o acolchado?

¿Cuál es el entorno objetivo para este diseño?
¿Es para su uso en bosques, en la ciudad, desierto, pista cerrada, para la universidad, o montaña?

¿Qué tendencias están por venir?
¿Neones, tonos tierra, transparente, tartán?

¿En qué países se venderá este modelo?
¿Estados Unidos, Canadá, China, Europa, o Australia?

¿Qué materiales deben utilizarse?
¿Materiales sintéticos de alta tecnología, loneta, o cuero?

¿Cuántas combinaciones diferentes de color se necesitan?

¿Existe algún artículo de la competencia que esté funcionando bien?

¿Existe alguna nueva tecnología, o característica en la que estés trabajando?

¿Hay algún plan para gestionar los derechos de importación?

Briefing visual

El segundo *briefing* es más visual. Detalla la dirección del estilo que se dará a los diseños de calzado. La parte visual incluye fotos de otras zapatillas, automóviles, ropa o cualquier cosa que el director de producto, y el diseñador puedan pensar para ayudar a establecer el estilo o, explicar detalles de diseño concretos.

Por ejemplo, si el modelo es para un atleta profesional, puede que uno se sienta inspirado por el estilo personal del atleta, o algo que les guste. A este *briefing* visual también se le denomina *moodboard*, y puede ser un collage hecho por ordenador, o en una plancha de cartón pluma con recortes de papel y muestras de tejido pegadas. Se deben incluir fotos de los productos, usuarios y entorno de uso.

Toda esta información debe estar en la mente del diseñador cuando el bolígrafo toca el papel.

El *briefing* de Enigma

Eva es una artista con mucho talento, y ahora diseñadora de calzado. ¿Necesita hacer un *briefing* de diseño? La respuesta es sí.

Le ayudará a mantener el rumbo, y a ser crítica con su propio trabajo. Necesita tener un ojo práctico y comercial en sus diseños; los nuevos zapatos que diseñará para Enigma no son solo para ella, debe pensar en sus clientes.

Briefing demográfico de producto Arris:

¿Cuál es las función principal de estas zapatillas? Correr

¿Los modelos tienen características especiales? El calzado de Arris está diseñado para trabajar conjuntamente. Un pack completo de zapatillas Arris incluye un entrenador a larga distancia, un modelo de _running_ de día, y un modelo de recuperación posterior a la carrera.

Cada zapatilla está diseñada para su propósito especial. Comparten similitudes en el diseño del corte, y la horma.

Zapatilla de entrenamiento: el corte tiene mejor soporte, calce natural, la entresuela es firme y con mejor apoyo, la suela es más gruesa y ligeramente pesada.

El modelo de día para correr: el calce es un poco más ajustado, el corte es más ligero, y con un poco menos de soporte.

La suela es de goma ultra fina, la entresuela es más delgada, ligera y un poco más firme. El corredor sentirá que tiene alas

Zapatilla de recuperación: calce más suelto para los pies hinchados, mejor flujo sanguíneo; un corte con menos soporte, una entresuela blanda con apoyo en las paredes. Caucho de densidad media para mayor durabilidad, y una marcha muy suave.

¿Para quién son las zapatillas? Triatletas de alto nivel.

¿Hombres, mujeres, o niños? Hombres y mujeres, niños no.

¿Cuál es el precio de venta? Mismo precio de 100 dólares, con opción a comprarlo junto con un descuento.

¿Cuándo llegarán a las tiendas? Primavera (enero) 2025.

¿Cómo es la silueta? Estilo _jogger_ bajo con una hendidura, o muesca, en el talón.

¿Cuál es el entorno objetivo para estas zapatillas? Corriendo en carretera.

¿Qué tendencias habrá? Estudiar el mercado del triatlón. Colores vivos.

¿En qué países se venderán estos modelos? Estados Unidos, Canadá, Europa, y Australia.

¿Qué materiales deben utilizarse? Sintéticos, de alta tecnología.

¿Le está yendo bien al artículo de un competidor similar? Pearl Izumi EM Tri 2™ se vende muy rápido

¿Cuántos colores diferentes se requieren? Quizá 3

¿Hay alguna tecnología nueva en la que estén trabajando tus ingenieros? Tal vez.

¿Existe un plan para los aranceles de importación? No estoy seguro, las zapatillas serán 100% sintéticas.

¿Existen moldes de suelas existentes que puedan o deban utilizarse? No

¿Hay algún elemento de diseño o material nuevo para probar estos nuevos modelos?

Se pueden requerir tres hormas diferentes para ajustar el calce desde el entrenamiento hasta la carrera, y la recuperación.

¿Dónde se venderán estos diseños? En tiendas especializadas de _running_ y minoristas _online_.

Arris

En realidad, Ricardo no tiene talento como diseñador de calzado, y no tiene experiencia como desarrollador; por lo que necesitará ayuda profesional para diseñar su línea de zapatillas.

El *briefing* es muy detallado, con mucha información técnica para el diseñador. El tiempo extra dedicado a organizar sus pensamientos valdrán la pena.

El tiempo de un diseñador de calzado cuesta dinero. Unas ideas bien plasmadas pueden absorberse rápidamente, mientras que un *briefing* incompleto puede requerir una llamada de teléfono de tres horas para aclarar algunos detalles. Esto puede ser una pérdida de tiempo para el diseñador, y una pérdida de dinero para ti.

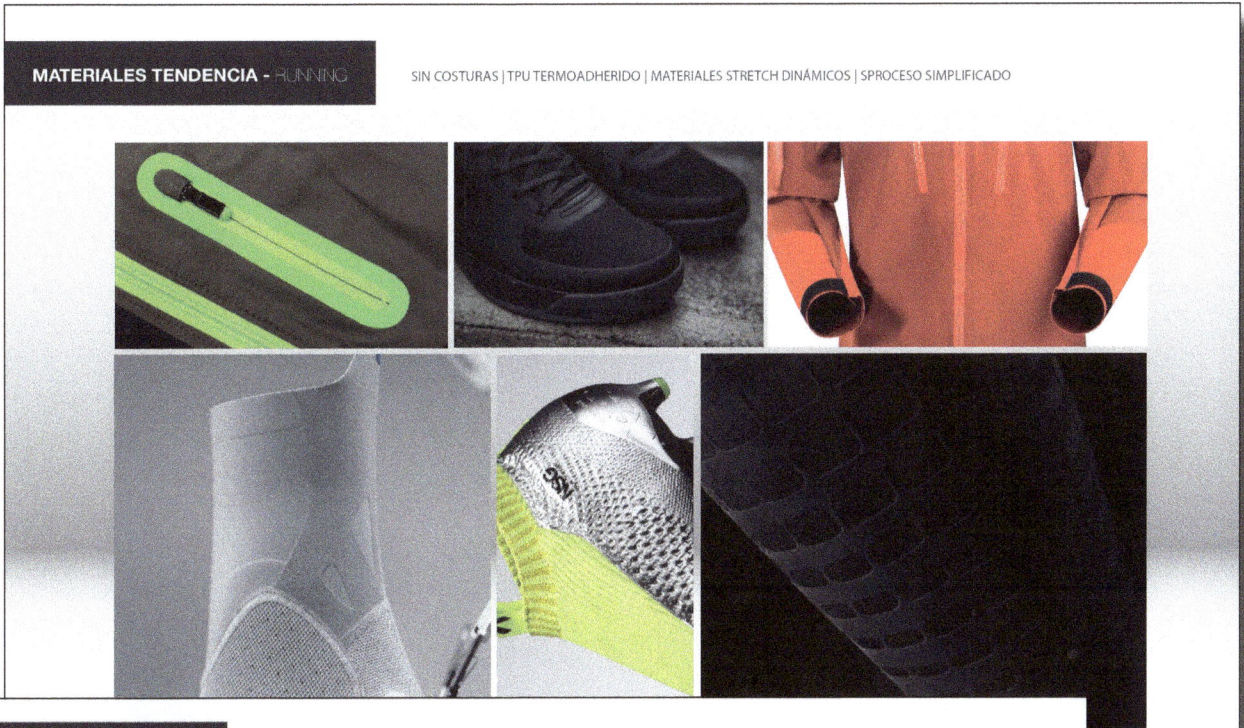

MATERIALES TENDENCIA - RUNNING SIN COSTURAS | TPU TERMOADHERIDO | MATERIALES STRETCH DINÁMICOS | SPROCESO SIMPLIFICADO

3◉

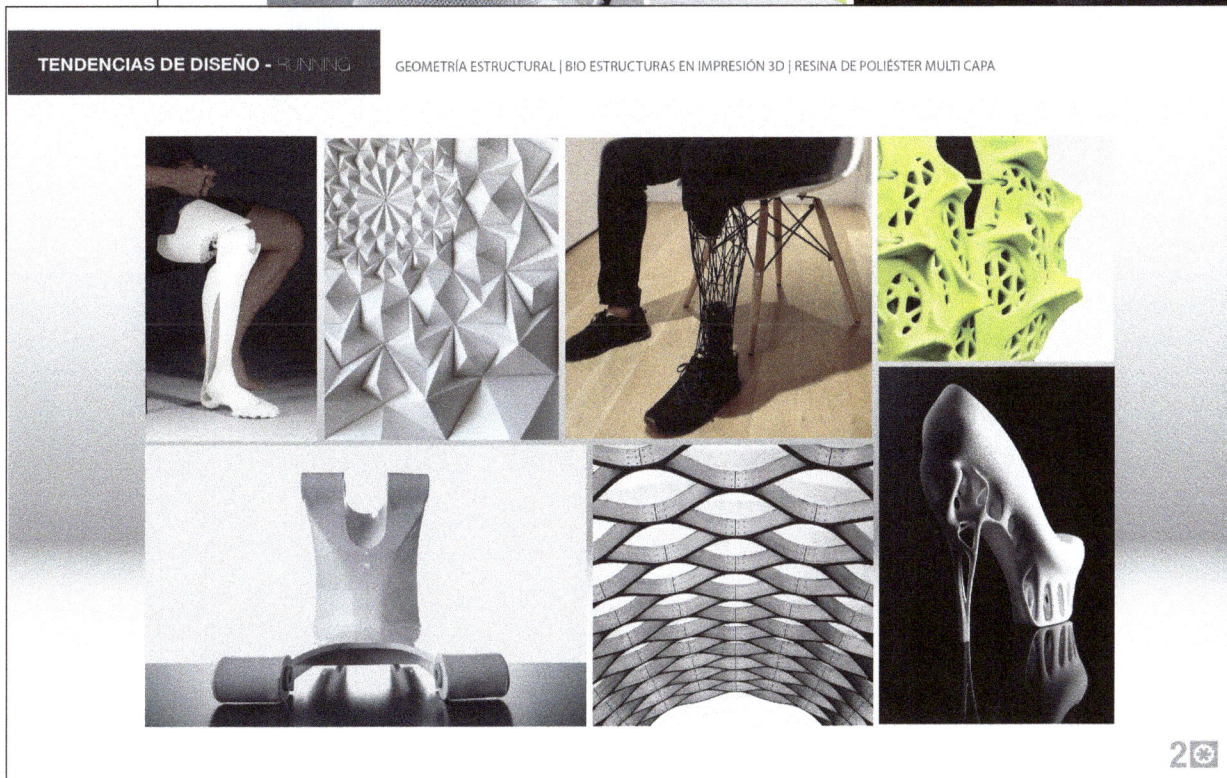

TENDENCIAS DE DISEÑO - RUNNING GEOMETRÍA ESTRUCTURAL | BIO ESTRUCTURAS EN IMPRESIÓN 3D | RESINA DE POLIÉSTER MULTI CAPA

2◉

Diseñar calzado

Si no estás cualificado como diseñador de calzado, necesitarás ayuda, es posible que tengas una gran idea para un nuevo diseño, pero alguien necesita hacer los dibujos para comunicar tus ideas de manera favorable e impactante.

Estos dibujos traducen tu visión del producto a la fábrica de calzado, clientes potenciales, inversores, e incluso posibles empleados; y es muy importante. Si no puedes compartir tu visión, nadie entenderá lo que estás tratando de hacer.

No tengas miedo a contratar. El mundo del calzado tiene mucho talento *freelance* que pueden convertir tus ideas en diseños reales de manera factible. Sin buenos diseños, tu nueva empresa de calzado no va a ninguna parte. Es muy importante que la presentación a la fábrica sea completa y profesional. Si tus documentos están incompletos, son difíciles de entender o están descuidados, las fábricas no aceptarán trabajar contigo.

Contratar diseñadores de calzado

No te preocupes si necesitas ayuda con el diseño. Hay muchos, y muy buenos, diseñadores *freelance*, y firmas de moda que pueden ayudarte. Los servicios de webs como Coroflot.com™, LinkedIn.com™ y, por supuesto, Google.com™ pueden ayudarte a encontrar asistencia para el diseño. Verás que hay cientos de opciones: grandes empresas, pequeñas empresas y diseñadores *freelance*.

Ámbito del proyecto

Antes de hablar con un diseñador de calzado, necesitarás detallar el ámbito del proyecto. Simplemente una lista de lo que necesitará ser diseñado, y lo esperado en relación al producto final. Es posible que quieras ver diez conceptos o *moods* de diseño diferentes, o puede que prefieras ver cuatro diseños terminados; quizá dos fichas técnicas para fábrica. ¿Necesitas cinco diseños del corte y tres suelas? ¿O una suela y tres cortes?

Dependiendo del plan de compras, es posible que prefieras un diseño en veinte colores, o cinco diseños y trabajar los colores. Hay muchas otras cosas que puedes añadir al proyecto, como por ejemplo, un nuevo diseño del logotipo, o el *packaging* que acompañará a las zapatillas.

Es recomendable terminar el diseño del logotipo antes de que el diseñador de calzado empiece a trabajar.

Arris El ámbito del proyecto de Ricardo son solo unas pocas líneas. El *briefing* debe ser muy detallado, mientras que este documento es solo la descripción de lo que el diseñador entregará.

Arris: ámbito del proyecto

Cuatro modelos diferentes: 3 colores cada uno

Una zapatilla deportiva para lluvia.

Dos opciones de zapatillas de carreras:
Con buen apoyo o ultra rápidas.

Un modelo de recuperación.

Dos suelas:
Entrenamiento y recuperación pueden compartirla.
Carrera necesitará su propio diseño.
Todos tendrán elementos en común.

Entrenamiento: más complejo (de cordones)
Carreras: básica (de cordones).
Recuperación: quizá la lengüeta acolchada (con pocos cordones, o tipo *slip-on*).

Qué encontrar en un diseñador de calzado

Como nueva empresa, necesitarás un diseñador de calzado con algo de experiencia. Mientras una persona joven, recién salida de la escuela de arte, puede volverte loco, vas a necesitar a alguien que pueda diseñar en base al *briefing* de tu producto, y diseñar una zapatilla que realmente se pueda hacer. Un diseñador con experiencia podrá diseñar según tus objetivos económicos, y especificará los materiales con el contacto de los proveedores en las fichas técnicas.

Un diseñador con experiencia también tendrá contactos en la industria, habrá trabajado con muchas fábricas, y tendrá contacto personal con desarrolladores, gente encargada del aprovisionamiento, e incluso propietarios de fábricas.

Si sabes que tus zapatillas van a fabricarse en China, debes preguntarle a tu diseñador sobre el abastecimiento en China. Si tus diseños se van a fabricar en Italia, vale la pena asegurarse de que tu diseñador tenga experiencia trabajando con fábricas europeas. Una ficha técnica con materiales italianos en manos de una fábrica en China puede no ser productivo; igual que un zapato diseñado con materiales chinos no es apropiado para una fábrica italiana.

Cuándo contratar a una persona joven

Si puedes asociarse con un diseñador joven, y con un desarrollador con experiencia, o un diseñador senior, adelante. Puedes tener lo mejor de los dos mundos. El diseñador novel puede llevar tus diseños a lugares nuevos, únicos y maravillosos. Mientras que los profesionales con experiencia pueden preparar la producción de tus nuevos diseños de calzado.

¿Cuánto cuesta un diseñador de calzado?

Debes esperar una remuneración entre 50 y 150 dólares por hora. Te costará más si vas por una persona con renombre. Cuando te sientes con un diseñador, o con una empresa de diseño, debes tener en mente tu lista de resultados, o lo que esperas.

Por ejemplo: me gustaría ver diez conceptos de botas de senderismo livianas, con un precio de alrededor de 150 dólares al por menor. O, puedes pedirle al diseñador que haga realidad tu concepto de calzado inflable para caminar en el agua.

Algunos diseñadores pueden no facturar en términos de horas, y darán un precio por todo el proyecto. Las horas requeridas no son importantes. Lo importante es que recibas un buen producto por el precio del diseño.

Cómo funcionan las fases en el diseño

El trabajo de diseño del calzado suele distribuirse en cuatro fases:

1º   Conceptos básicos en forma de boceto.
2º   Filtrar los mejores conceptos.
3º   Elegir conceptos para los diseños finales.
4º   Hacer las fichas técnicas (detalladas).

Siempre debes dividir el tiempo de diseño en fases con pausas regulares para actualizaciones y revisiones. Esto te permitirá realizar correcciones y propuestas en el momento. También te permitirá detener o acelerar el proceso si ves algo que te gusta o te desagrada.

Deberías esperar pagar un par de miles de dólares, pero no te preocupes, un gran diseño puede valer millones de dólares al final. También es muy normal adelantar parte del pago, ya que un diseñador necesitará la garantía para asegurarse que el cliente no se quedará con los bocetos nada más presentarlos. No te ofendas, un adelanto es muy común.

Propuesta de diseño

Una vez que hayas encontrado a un diseñador que te guste y le hayas enseñado el *briefing* y el ámbito del proyecto, puedes pedirle al diseñador que responda con una propuesta de diseño, que incluirá el servicio, las horas estimadas y la lista de lo que entregará. No tengas miedo de mirar varias opciones y mandar el *briefing* a varios diseñadores. Los precios pueden variar mucho dependiendo de si el diseñador está ocupado, o no.

¿Cuánto tiempo lleva diseñar un zapato?

Un verdadero profesional del calzado puede dibujar hasta diez modelos nuevos en solo unas horas, pero solo serán ideas. Un diseño completo, preparado para la fábrica, puede demorar entre diez y veinte horas de principio a fin. Una suela complicada puede llevar un poco más de tiempo.

En total, debes calcular aproximadamente cuatro semanas para el diseño. El tiempo exacto dependerá del ámbito de tu proyecto, y de los otros proyectos en los que esté trabajando el diseñador en ese momento.

Arris

El desafío de Ricardo es encontrar y contratar a un diseñador de calzado que pueda convertir sus ideas en una línea de producto viable. Busca empresas de diseño en San Diego y Los Ángeles. Sabe que es mejor encontrar a alguien cercano con quien pueda reunirse; también, busca *portfolios* en webs como Coroflot.com™, y encuentra varios diseñadores con calzado de producción en sus trabajos, los contacta por email y por teléfono para discutir el proyecto Arris.

Después de reunirse con tres diseñadores diferentes, encuentra un diseñador cerca de su oficina en el sur de California. El diseñador tiene experiencia con zapatillas de *running*, y ha trabajado para una importante marca de atletismo.

Con el *briefing* y el plan de ventas en mano, Ricardo se reúne con el diseñador. Después de discutir el proyecto con Mike, Ricardo decide seguir adelante. Mike prepara una propuesta donde detalla los costes, y acepta reunirse con Ricardo en un triatlón de la zona para estudiar a su cliente objetivo.

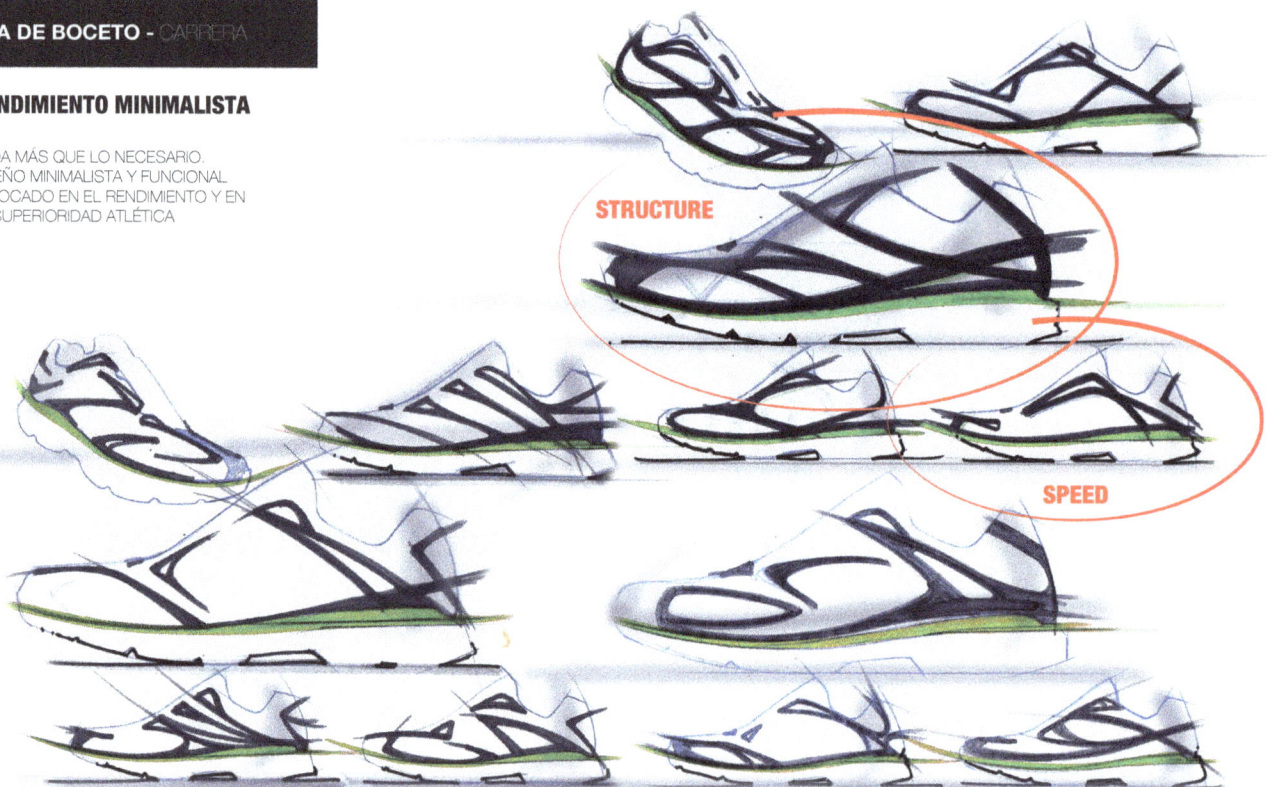

IDEA DE BOCETO - CARRERA

RENDIMIENTO MINIMALISTA

NADA MÁS QUE LO NECESARIO.
DISEÑO MINIMALISTA Y FUNCIONAL
ENFOCADO EN EL RENDIMIENTO Y EN
LA SUPERIORIDAD ATLÉTICA

STRUCTURE

SPEED

4

Estimación de diseño para: Ricardo
Marca: Arris Run Race Recover

Ámbito del proyecto:
Diseñar dos siluetas de calzado deportivo (de entrenamiento) de alta gama.
El diseño incluirá el corte y la suela exterior de los conceptos aprobados.
Conceptos para el modelo liviano de "carrera" y el modelo de "recuperación", más cómodos.

Fase 1
Trazar los primeros conceptos: 8 horas.
Mike entregará a Ricardo fotos o escaneos de los bocetos conceptuales hechos a mano, con patrones, detalles de los diseños, y posibles aplicaciones de logotipos.
Ricardo revisará los diseños y dará comentarios para que los diseños puedan finalizarse.

Terminar los conceptos de diseño: 6 horas.
Mike entregará a Ricardo los dibujos de los conceptos finales en formato .ai y/o PDF para su aprobación.

Fase 2
Los diseños aprobados se dejarán listos para la producción: 3-4 horas por modelo seleccionado.
Mike entregará a Ricardo los dibujos completos, fichas técnicas, y todas las especificaciones completas, todo preparado para las primeras muestras.

Fase 3
Primera fase del desarrollo: 3 a 8 horas (en China).
Asignar la sala de muestras de una fábrica para el desarrollo del muestrario.
Construir los *pull-over* de los patrones.
Trabajar las muestras de color correctas.
Mike entregará a Ricardo las muestras para estudiarlas.
Arris Running será responsable de los cargos de las muestras por parte de la fábrica, los cargos del material, y gastos de envío.
(Cuando sea posible, Mike proporcionará por adelantado un borrador con los cambios).

Tarifas:
Tarifa de diseño: 150 dólares por hora.
Tasa de desarrollo: 150 dólares por hora + gastos de viaje por determinar.
Tasa de diseño CAD 3D: 150 dólares por hora.

RECUPERACIÓN GEOMÉTRICA

APOYO ESTRUCTURAL
GOMA ELÁSTICA CRUZADA
PANELES ELÁSTICOS QUE PERMITEN
LA RECUPERACIÓN DEL PIE
AUMENTANDO LA CIRCULACIÓN

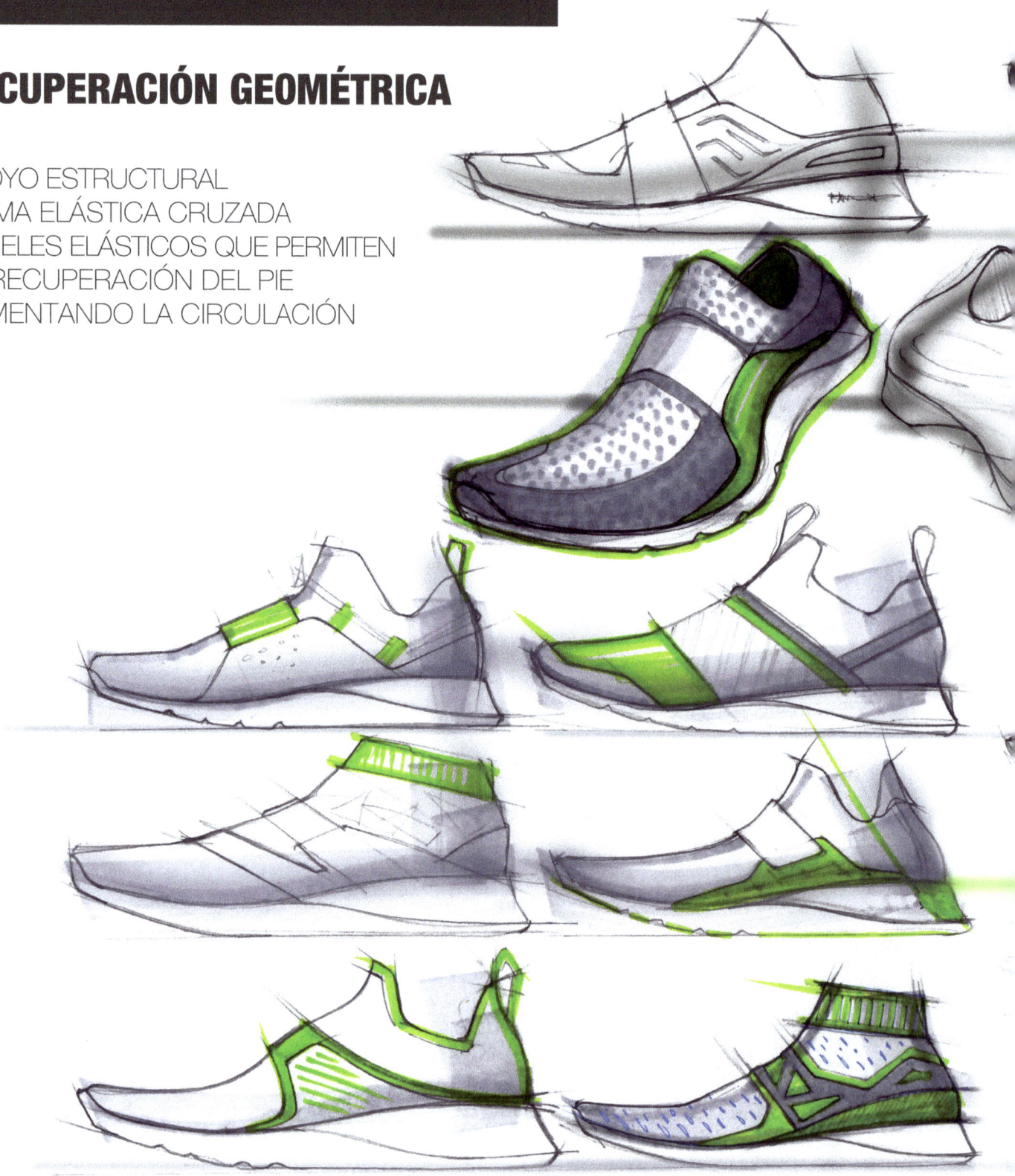

PLATAFORMA ESTRUCTURADA

DISEÑADO ESPECÍFICAMENTE PARA MEJORAR Y PROTEGER
EL RENDIMIENTO MUSCULAR EN
PERÍODOS DE ENTRENAMIENTO

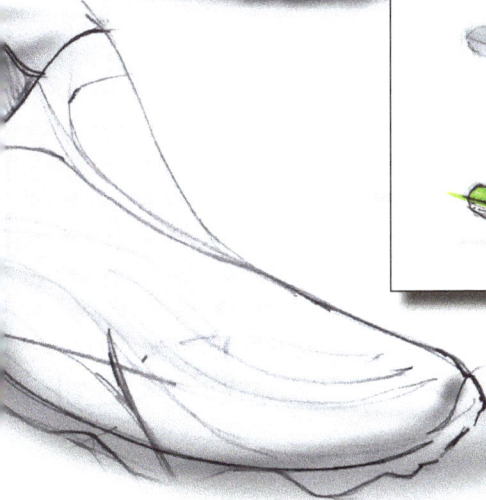

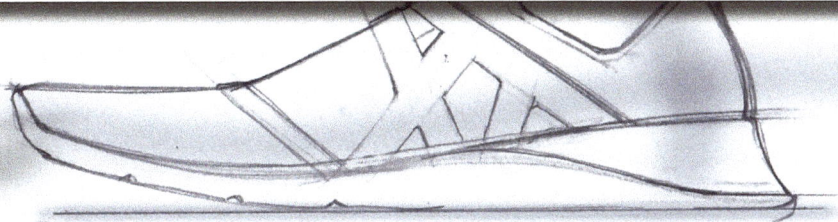

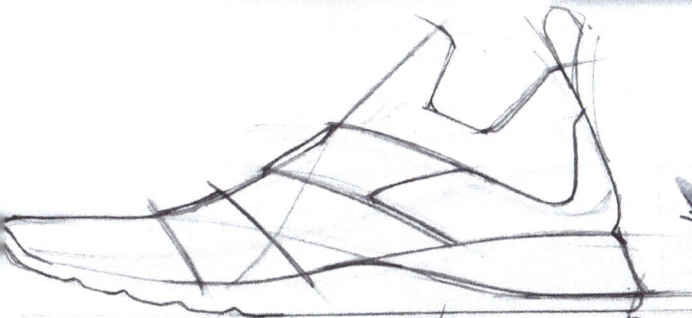

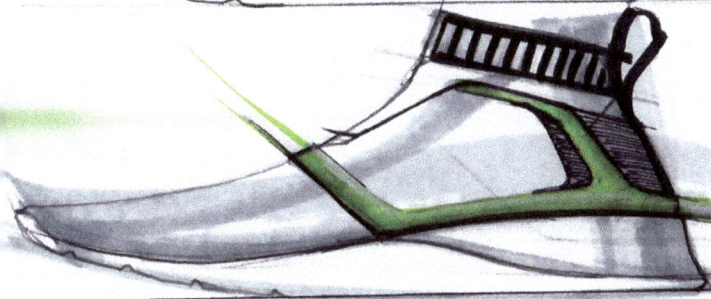

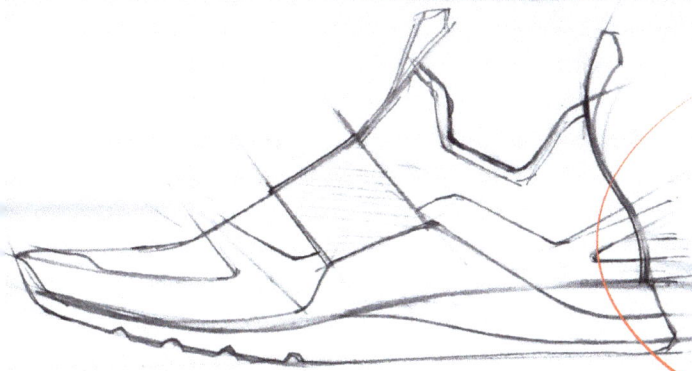

4

SLIP-ON DE RECUPERACIÓN- RETAIL $85,00
HOMBRE | MUJER

PANEL GORE ELÁSTICO 55 MM - FLOTANTE
SOPORTE ADICIONAL AL PIE

ESTRUCTURA DE MALLA 4 WAY STRETCH
EXTERIOR Y FORRO DOBLE CAPA
ESTRUCTURA DE MALLA 100% TRANSPIRABLE

OPTIONAL KNITTED VERSION IF POSSIBLE BY FACTORY

ENTRESUELA DE INYECCIÓN EVA EXPANDIDA
DETALLES MOLDEADOS

MATERIAL TPU ADHESIVO - VISUALMENTE AHUMADO TRANSLÚCIDO
15% - 20% ELASTICIDAD- SE NECESITA ELASTICIDAD

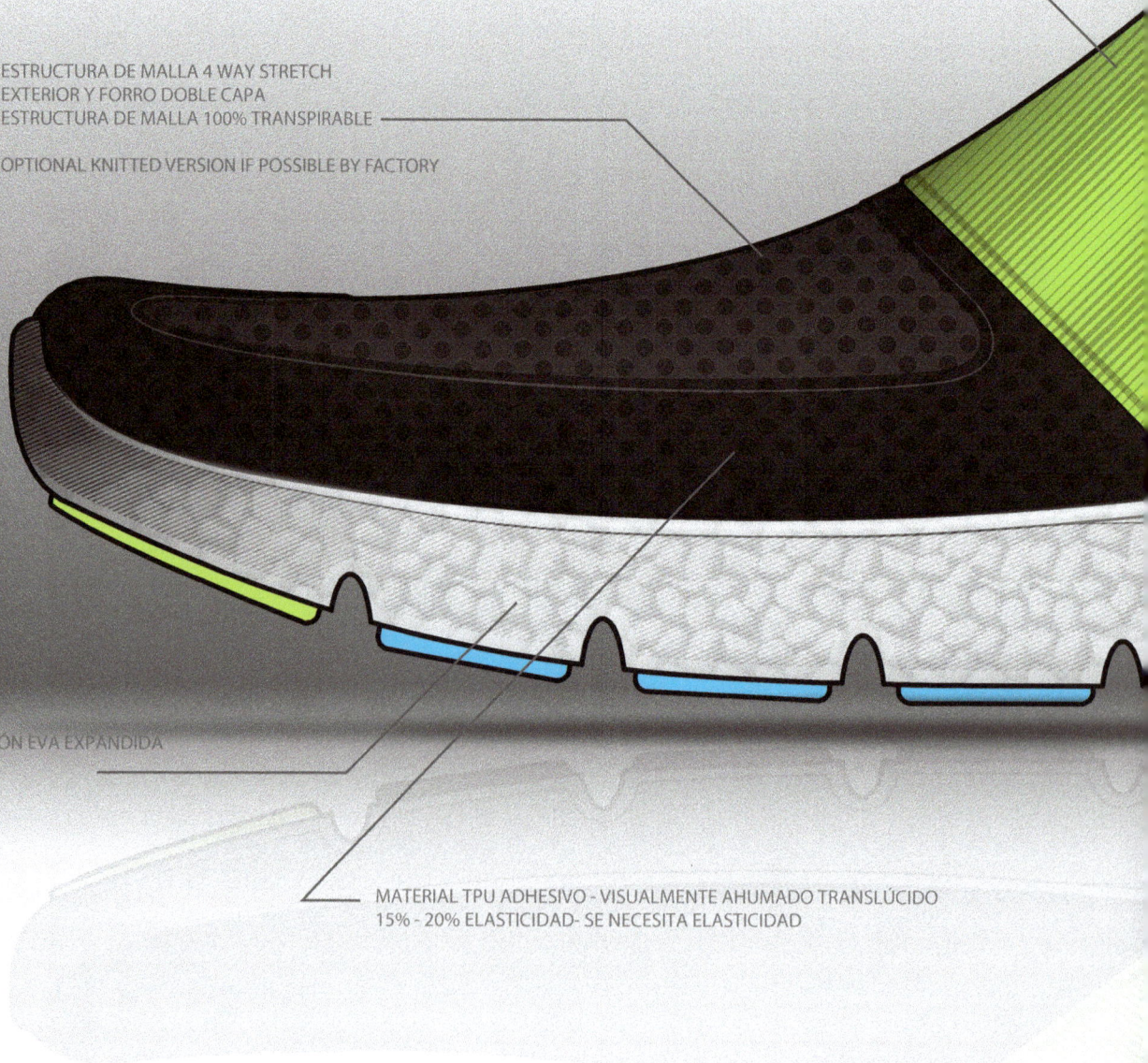

CORREA TIRADOR 20 MM

FORRO DEL HUECO/COLLAR 4 WAY STRETCH BÁSICO
SOLO EN EL HUECO Y EL CORTE DE LA PALA

STRETCH GORE EN EL HUECO
PIEZA DEL TALÓN CON TENSIÓN
PARA RETENCIÓN DEL TALÓN

CORREA TIRADOR 20 MM

LOGOTIPO TPU TERMOCORTADO
DOS COLORES

Arris

MATERIAL TPU ADHESIVO - VISUALMENTE AHUMADO TRANSLÚCIDO
15% - 20% ELASTICIDAD- SE NECESITA ELASTICIDAD

COLOR: BLACK | CITRINE

HOMBRE - RECUPERACIÓN

COLOR: CARBON | BLACK
COLOR UNISEX

COLOR: LIGHT GREY | ROSSO RED

COLOR: ROSSO RED

MUJER - RECUPERACIÓN

COLOR: WHITE | PALE BLUE

COLOR: BLACK | PEACOCK

COLOR: LT GREY | ROSEBLOOM

Eva está haciendo su propio trabajo como diseñadora. Está emocionada de tener el *briefing* y el plan de compras delante. Las botas Enigma están muy de moda, y se lo está pasando muy bien creando los diseños. Su plan es hacer cincuenta conceptos para mostrárselos a sus amigos, familiares, compañeros de clase, y al jefe de una tienda de ropa alternativa cercana.

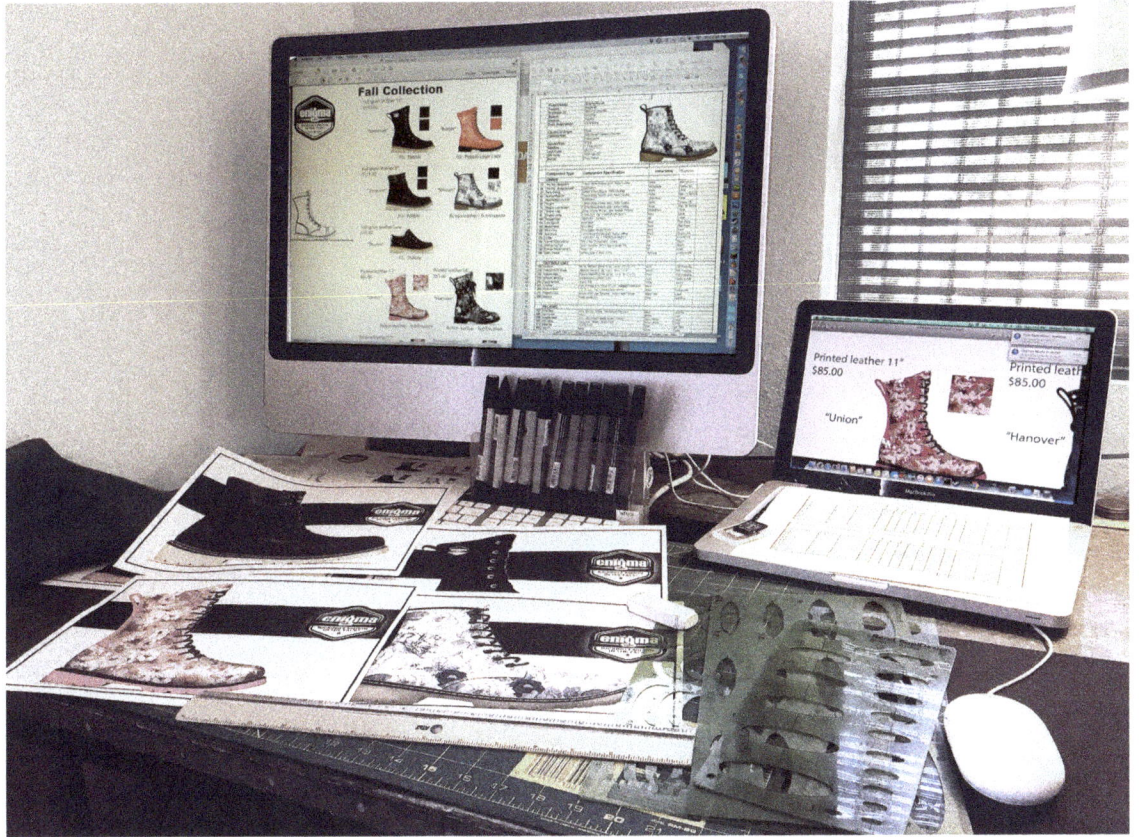

Ficha técnica de desarrollo

Nombre del proyecto:	Enigma Beacon
Fábrica:	Houjie #1
Prototipo:	ENG- Fall 2018-004
Temporada:	Otoño 2018
División:	Moda
Descripción de color:	China White
País de origen:	China
Construcción:	Montado pegado frío / Cerco falso
	Montado palmilla
Sexo/talla:	Mujer T7
Tallas:	7, 7.5,8,8.5,9,10
Código de horma:	ENG721
Código O/S:	IRON-Age-006
Estado:	Muestra de fotos

	Componentes	Especificación componentes	China White	Proveedor
	UPPER			
10	Puntera / Bandeleta	Action Leather 1,8mm grano fino blanco	White	Nan-Ya Tanning
20	Puntera / Bandeleta artwork	Sublimación	White/Blue	Cosmo HK
30	Forro de la pala	Cosmo Dream Spacer 100% poliéster	Black	Local
40	Pared / Carrillera	Action Leather 1.8mm grano fino blanco	White	Nan-Ya Tanning
50	Pared / Carrillera artwork	Sublimación	White/Blue	Local
60	Lengüeta	Action Leather 1,8mm grano fino blanco	White	Cosmo HK
70	Presilla de la lengüeta	Action Leather 1,8mm grano fino blanco	White	Nan-Ya Tanning
80	Logo de la lengüeta	32mm x 32mm etiqueta tejida montada"Enigma"	White/Black	Local
90	Forro de la lengüeta	1,0mm Sin - Cerdo + 4MMKF329+24GT/C	Black	Local
100	Foam de la lengüeta	10mm KFF foam de PU	NA	Local
110	Ojetes para los cordones	8mm Acero	Black	Dae-Sung
120	Ojetes ventilación lado medial	8mm Acero	Black	Dae-Sung
130	Cordones	5mm Redondo algodón encerado	Black	Pahio
140	Tira de la talonera	Action Leather 1.8mm grano fino negro	Black	Cosmo HK
150	Forro	1.0mm Sin - Cerdo + 4MMKF329+24GT/C	NA	Cosmo HK
160	Contrafuerte interno	Texon Rite termoplástico 1.4mm	NA	Texon
170	Tope interno	Texon Sportflex 0,35mm capa termoplástica	NA	Texon
180	Refuerzo ojetes	Super Tuff	NA	Local
190	Hilo para el corte	Nylon reforzado 6 250D 3 cabos	Matching	Coats o A&E
	SUELA			
200	Suela	#1-44 NBS400 Shore "A" 65 ±3 SG 1.1 +1.4	Gum	CW Pressing
210	Outsole Color Break	NBS400 Shore "A" 65 ±3 SG 1.1 +1.4	Black	CW Pressing
220	Cerco de la suela	Caucho NBS400 Shore "A" 65 ±3 SG 1.1 +1.4	Black	CW Pressing
230	Cosido de la suela	Nylon reforzado 6 850D 3 cabos	Gum	Coats or A&E
240	Plantilla strobel	Texon T28	White	Texon
250	Plantilla anatómica	EVA prensado en frío Asker "C" 45 Molde abierto estándar	Black	Local
260	Plantilla	1.0mm Sin - Cerdo+ 4MMKF329+24GT/C	White	Cosmo HK
270	Logotipo de la plantilla	Serigrafía logo "Enigma" 65mm termoadhesivo	Black / Red	Local
280	Cemento (pegamento)	PU con base de agua	Clear	Nan-Pou
	EMBALAJE			
330	Caja interna	2016 Box art E-Flue - White Back lámina PVC	Black	Lai-Wah
340	Cartón exterior	Marrón	Brown	Local
350	Etiqueta de la lengüeta	3cm x 3cm Blanco + Impresión negro + fundido	Black / White	Local
360	Etiquetado EEC	2cm x 2cm Blanco + Impresión negro	Black / White	Local
370	HangTag	Impresión a 4 colores	Color	Lai-Wah
380	Tag pin	Blanco	White	Local
390	Papel de seda	10 gramos 2 pliegos	White	Local
400	Papel interior	10 gramos 2 pliegos	White	Local

¿Necesitas una patente?

Si tu nueva idea de calzado es algo muy especial y único, debes trabajar para protegerla. Solicitar una patente puede ofrecerte protección de hasta dieciocho años. Hay tres tipos de patentes: diseño, utilidad y provisional.

Patentes de diseño

La patente de diseño se utiliza para proteger un fundamento concreto, o un elemento estético de diseño. Esto SOLO protege la apariencia del artículo, y la patente debe ser específica. Solo te protege de tener el aspecto de tu modelo copiado. Puedes ver estas dos patentes de diseño de Nike en google.com: "Suela de calzado USD329536 S" y "Corte de calzado US D333032 S." Verá que el alcance de la patente de diseño es muy limitado. Estas patentes no hacen ningún reclamo de función. Si sigues el enlace dentro de las patentes, verás que Nike tiene miles de estas patentes de diseño de calzado.

Las patentes no son muy difíciles de obtener. Puedes presentar y obtener una patente de diseño por alrededor de 5.000 dólares. ¿Merece la pena el coste y el esfuerzo de una patente? Para una pequeña empresa tal vez no. Para una gran empresa como Nike, con empresas que intentan copiar sus diseños, sí.

Recuerda: el diseño del logotipo está protegido al registrar la marca comercial.

Patentes de utilidad

Una patente de utilidad se utiliza para proteger ideas verdaderamente únicas para la construcción, o la función de un modelo. *Online*, puedes ver que Nike tiene miles de patentes de utilidad. Mira este para un "Sistema de cordones automático US 8769844 B2".

Una patente de utilidad puede ser muy valiosa; y bien escrita puede valer millones de dólares, si tienes el dinero para defenderte contra los competidores infractores. Una patente de utilidad puede costar 15.000 dólares, o más, dependiendo del coste de la investigación, y la redacción de las reclamaciones. Si tu nueva empresa se basa en una idea nueva y sorprendente, debes hacer una búsqueda de patentes para asegurarte de no violar ninguna patente ya existente. Puedes comenzar por tu cuenta, pero un abogado de patentes tendrá que hacer la búsqueda final.

Las patentes de utilidad no son baratas, pero si tienes una buena idea, debes protegerla.

Puedes solicitar una patente de diseño tú mismo, pero para una patente de utilidad deberás contratar a un abogado experto en patentes para que te ayude a presentar la solicitud de la patente.

Una vez que se emite tu patente, puedes incluir el número de patente en el producto para que la gente sepa que tu diseño está protegido.

Cuando revisas una patente, hay algunas cosas importantes que debes buscar.

1º La fecha de emisión: si la patente tiene más de 20 años, puedes ignorarla.

2º ¿La patente es de diseño, o de utilidad?
3º Investiga al inventor y a los dueños. Utilízalos como búsqueda para encontrar otras patentes.

4º Échale un vistazo al extracto o resumen para tener una idea general.

5º Los reclamos son la parte más importante de la patente, y son la descripción legal de la invención. Hay dos tipos de reclamos: independientes y dependientes. Los reclamos independientes son los más importantes.

Patentes provisionales

También debes investigar la patente provisional. La patente provisional es una forma económica de mantener tu lugar en la fila. Esto permite obtener la protección "pendiente de patente" en tu diseño. La patente provisional fija una fecha de presentación temprana, pero no se convierte en una patente emitida a menos que se presente una solicitud de patente no provisional regular en el período de un año.

La patente provisional no requiere reclamaciones escritas profesionalmente. Después de leer algunas patentes, verás que el lenguaje utilizado es muy denso y específico.

Mientras esperas a que se emita tu patente provisional, puedes usar el término pendiente de patente en el producto para que las personas sepan que tu diseño estará protegido.

Preparar la idea para una patente

Al describir el invento, deberás responder algunas preguntas:

¿Cuál es el nombre de tu invento?

¿Quién lo diseñó, o lo imaginó?

¿Se creó bajo un contrato?

¿Tienes los derechos del invento?

¿Cuál es el propósito, o la función del invento?

¿Tienes los dibujos necesarios para explicar el invento?

¿Cuáles son las partes del invento?

¿Cómo interactúan los componentes entre sí?

¿Cómo funciona el invento?

¿Has enumerado todas las formas de construir el invento?

Arris ¿Necesita el concepto Arris una patente? Sí, Ricardo necesitará patente para su sistema de 3 zapatillas. Le preocupa que alguien copie su idea; hay grandes compañías de calzado que podrían usar el concepto de Arris, con lo cual, necesita protegerlo. Ricardo también quiere llevar a cabo la patente para poder usar el número de patente en sus campañas de *marketing*.

Empieza investigando patentes *online*, hay muchos sitios web que tienen el registro de la base de datos de la oficina de patentes del gobierno de Estados Unidos; después de algunas horas de búsqueda, encuentra algunos artículos relacionados, pero nada similar a su idea. Toma nota de todas las patentes relacionadas, porque sabe que es buena idea darle al abogado de patentes un sitio por dónde empezar, y espera que esto le ahorre el coste de unas pocas horas de tiempo de investigación.

Antes de reunirse con un abogado de patentes, se asegura de tener algunos dibujos para describir los detalles del concepto Arris. Su diseñador puede hacerlos rápidamente, ya que está familiarizado con el diseño. Ricardo, también escribe la idea y los principales reclamos que quiere incluir.

Los reclamos son el corazón de una patente. Definen exactamente lo que la patente cubre y no cubre. Una patente puede tener solamente uno o dos reclamos, o puede tener varias páginas. La patente de Arris es compleja, y tomará algún tiempo completarla. Ricardo presenta rápidamente una patente provisional, solo para estar seguro.

enigma KICKING FASHION IN THE FACE! Eva no necesita ninguna patente. Sus diseños no incluyen ninguna utilidad nueva, o única. Puede solicitar patentes de diseño, pero para una pequeña empresa de diseño de moda, no vale la pena el esfuerzo y el gasto. Si encuentra algún detalle de diseño que quede bien, y se refleje en las ventas, puede que presente una patente de diseño, registre un diseño gráfico, o el patrón para ese momento.

CAPÍTULO 4

PLANIFICAR TU EMPRESA DE CALZADO

En este capítulo, revisaremos el lanzamiento de tu nueva línea de calzado, y crearemos modelos de coste de calzado. Debes asegurarte de que tus botas de invierno lleguen a tiempo para la temporada de ventas de invierno, y hacer los cálculos para asegurarte de que puedan ser entregados de manera rentable.

Cuándo y cómo lanzar los modelos al mercado

Todo tu trabajo para diseñar y fabricar los modelos está en riesgo si el momento de la distribución de mercado es incorrecto. El mercado del calzado tiene ciclos o temporadas de compra y venta.

Las temporadas más comunes de venta en tienda son: otoño, navidad, primavera, abril y verano. La temporada *cruise*, o crucero, también es una pequeña ventana de entrega para algunos artículos de moda, pero no para calzado. Para calzado: otoño, primavera, y verano son generalmente las ventanas de entrega más grandes. Las entregas de temporada de navidad, y abril son más pequeñas pero aun así, muy importantes.

Para asegurarte de que los zapatos estén disponibles en las tiendas para estos plazos de entrega, deberás de atrasar el cronograma varios meses. Dependiendo de tu plan de venta y de distribución, es posible que necesites que los representantes de ventas vendan de siete a ocho meses antes de la fecha de entrega planificada.

Temporadas de entrega

Otoño

También se le puede llamar *"back to school"*. Es una gran ventana de entrega para muchos tipos de calzado. Esta entrega es muy importante para el calzado de fútbol, de carreras de campo a través, baloncesto y cualquier otro calzado que necesiten los estudiantes que vuelven a la escuela o universidad. Las botas de invierno, y la ropa de lluvia también estarán en la altura de otoño.

Debe estar disponible en tiendas a partir de finales de junio para que estén completamente abastecidas de cara a las compras. Tus distribuidores querrán cambiar el producto de verano a mediados o finales de julio. Los pedidos de otoño deben enviarse a la fábrica de calzado el 1 de febrero, para que salgan el 1 de mayo, y deben estar disponibles para que los minoristas los soliciten a finales de junio.

Navidad

Esta temporada equivale del 25% al 45% de las ventas anuales; es importante tener productos nuevos para los distribuidores. El producto suele ser una puesta a punto de los más vendidos, y un buen momento para utilizar colores especiales, o introducir nuevos artículos que no cumplieron con el calendario de presentación de otoño.

Estos pedidos deben enviarse a la fábrica el 1 de junio, para que salgan el 1 de septiembre y estén disponibles para octubre. El precio del envío marítimo durante este período puede ser algo más caro de lo habitual, ya que para esta época, todo el mundo se abastece de producto.

Primavera

Primavera también es una entrega importante. Es la temporada clave para el calzado deportivo de verano, y los artículos para los viajes de vacaciones de invierno. Este producto es con lo que los distribuidores van a reabastecer sus tiendas despúes las compras navideñas.

Los pedidos deben realizarse a la fábrica de calzado el 1 de septiembre para salir de la fábrica el 1 de diciembre y estar disponibles para la venta de enero.

Verano, o abril

Esta entrega suele ser la más pequeña. Los minoristas utilizarán la venta de productos en abril de cara a recargar su inventario para la temporada de venta de verano. La temporada de verano es una oportunidad para que las compañías de calzado puedan ofrecer nuevos colores de los modelos más vendidos.

Distribuidores y el calendario de reserva previa

Para cumplir con estas ventanas estacionales del calendario de reserva previa, los equipos de desarrollo y producción, y el agente comercial necesita tener el muestrario entre dos y tres meses antes de la fecha límite del pedido. Si tus representantes pueden cubrir sus cuentas más rápido, podrás reducir la ventana de reserva.

Con un tiempo de producción normal de entre noventa y ciento veinte días, más el tiempo de envío, se entiende ahora la demora de seis meses para que un modelo esté en la tienda desde que el comprador dio el sí.

Calendario de venta directa al consumidor

Muchas compañías tienen un modelo directo al consumidor que puede reducir significativamente el tiempo de llegada a la venta, pero con el riesgo de tener mercancía no deseada.

Si estás vendiendo directamente al consumidor, la producción de las muestras de ventas, y las ventana de reserva previa se eliminan del cronograma. Tan rápido como se hayan confirmado los diseños de calzado para la producción, puedes realizar los pedidos a la fábrica, ahorrando muchos meses.

De nuevo, con un tiempo de producción normal de noventa a ciento veinte días para los pedidos, más el tiempo de envío, se ve que incluso el modelo de venta directa al consumidor requiere que se confirme la producción del modelo cuatro meses antes de la fecha de lanzamiento prevista.

En el capítulo 5 revisaremos todos los pasos del proceso de desarrollo, y explicaremos los plazos necesarios con más detalle.

Arris

Ricardo quiere llegar a la temporada de compra de primavera/verano de triatlón en Estados Unidos. Las zapatillas Arris necesitarán estar listas para que los distribuidores lo reciban en enero. Ricardo sigue el modelo de reserva previa del agente de ventas para asegurarse que pide los modelos correctos.

Como la gama de productos Arris es amplia, es importante separar a los que mejor se vendan (*top sellers*) de los que menos (*slow sellers*).

Ricardo debe pedir a la fábrica las muestras de venta el 15 de marzo. Es un pedido pequeño, por lo que se enviará por aire. Los pedidos grandes se suelen enviar por barco, siempre que se cumpla con el calendario.

Ventana de reserva del departamento comercial de Arris:
15 de mayo al 31 de agosto
Para una región grande, ocho semanas es tiempo suficiente para enseñar y hacer un seguimiento de los pedidos.

Ricardo hace su primer pedido de producción:
5 de agosto
La producción del calzado puede llevar de 90 a 120 días.

La producción de Arris está a bordo del barco:
1 de diciembre

El barco llega al puerto de Long Beach:
1 de enero

Entrega a distribuidores:
15 de enero

Entrega de primavera | Entrega de otoño

Entrega de primavera (mes · semana)	Actividad	Entrega de otoño (mes · semana)
MAY 1, 2, 3, 4	**DISEÑO** (naranja)	OCT 1, 2, 3, 4
JUN 1 · JUN 2	Entrega de fichas técnicas (amarillo)	NOV 1 · NOV 2
JUN 3, 4 — JUL 1, 2, 3, 4	FICHA -1 (gris)	NOV 3, 4 — DIC 1, 2, 3, 4
AGO 1	ENVÍO	ENE 1
AGO 2	Cambios de diseño (amarillo)	ENE 2
AGO 3, 4 — SEP 1, 2	FICHA -2 (gris)	ENE 3, 4 — FEB 1, 2
SEP 3	ENVÍO	FEB 3
SEP 4 · OCT 1	Cambios de diseño (amarillo)	FEB 4 · MAR 1
OCT 2, 3, 4	FICHA -3 (gris)	MAR 2, 3, 4
NOV 1	ENVÍO	ABR 1
NOV 2, 3, 4	MUESTRAS PARA FOTOGRAFIAR — GRUPO FOCAL (amarillo)	ABR 2, 3, 4
DIC 1, 2, 3, 4	Producción de las muestras para fotografiar (verde)	MAY 1, 2, 3, 4
ENE 1	ENVÍO	JUN 1
ENE 2, 3, 4	¡LÍNEA FINAL TERMINADA! (amarillo)	JUN 2, 3, 4
FEB 1, 2, 3, 4 — MAR 1, 2	Producción de las muestras de venta (azul)	JUL 1, 2, 3, 4 — AGO 1, 2

Eva es un poco más flexible, pero necesita estar lista para la temporada de venta de otoño. Plantea tener una tienda *online* directa al consumidor; y, al mismo tiempo, ofrecer sus botas a diferentes tiendas con pedidos de ciclo corto. Entregará a su cartera de tiendas de su propio stock inmediatamente después los pedidos. Comprar los modelos sin pedidos previos puede ser arriesgado, pero Eva confía en poder vender todas sus botas.

Eva hace su primer pedido de producción:
1 de febrero

Fecha de envío de la producción de botas Enigma:
1 de mayo

El barco llega al puerto de Boston:
1 de junio

En stock, y listo para la venta *online*:
15 de junio

Cronograma

Meses (columna superior): AGO, SEP, OCT, NOV, DIC, ENE, FEB, MAR, ABR, MAY, JUN (cada uno con semanas 1, 2, 3, 4)

Meses (columna inferior): MAR, ABR, MAY, JUN, JUL, AGO, SEP, OCT, NOV, DIC, ENE (cada uno con semanas 1, 2, 3, 4)

Actividades:
- Producción de las muestras de venta
- ENVÍO
- Ventana de reserva de ventas
- Deadline del pedido
- 90 días de producción
- Sale de fábrica
- Envío
- En almacén
- Check in - Envío a clientes

Modelo financiero

También denominado modelamiento financiero. Antes de enviar cualquier pedido a la fábrica, y antes de enseñar las muestras a los clientes potenciales, debes construir el modelo financiero para ver si realmente ganas dinero. Puede parecer complicado, pero una vez que entiendes los conceptos básicos, es fácil.

Aunque que tu nueva empresa no de beneficios en su primer año debido a los gastos iniciales, es fundamental que comprendas venta por venta tu negocio de calzado ANTES de lanzar el producto.

Para construir tus modelos financieros, primero deberás calcular cuánto costará comprar tus modelos, e importarlos al mercado. Esto se llama *landing*, o precio puesto en almacén.

Por supuesto, todavía no tendrás un precio FOB (*free on board* en inglés, franco a bordo en español) para tus zapatillas, pero utilizarás los modelos para trabajar al revés. Deberás darle a la fábrica un precio objetivo realista para las zapatillas.

Una vez que determines el coste de importar tus modelos, deberás seleccionar el modelo comercial de venta y distribución. Nos vamos a centrar en los dos modelos comerciales más comunes: distribución al por mayor (o mayorista), y *marketing* directo al consumidor.

Encontrarás los modelos de venta y distribución de calzado explicados más detenidamente en el Capítulo 8 de este libro.

Los derechos de importación de calzado se detallan en el capítulo 5.

Cálculos de costes del producto

Para construir el modelo financiero por completo, necesitarás calcular los costes reales de tu producto. Cuando negocias el precio de compra de un modelo, debes establecer los términos de compra con la fábrica. Por lo general, el precio se cotizará como FOB. El precio FOB incluye el coste de crear, empaquetar y entregar la mercancía en un camión con contenedor al puerto de contenedores. FOB significa que se trabajará con el itinerario de envío internacional para mover el contenedor, y no con una compañía local de camiones. Deja las negociaciones de los precios de transporte local a la fábrica.

Otro término común para la compra de calzado es *ex-works*, (precio de fábrica) lo que significa que tú, o tu agente de carga, sois los responsables de recoger la mercancía en la fábrica. Puedes comprar tus zapatos a precio de fábrica si estás cargando un contenedor con otros productos.

Raramente comprarás tus zapatos a precio puesto en almacén; estos incluyen la importación y el envío a tu almacén. Los encargados de la gestión pueden ofrecerte el precio puesto almacén de la mercancía, ya que así sacarán beneficio del envío. La mayoría de las veces comprarás los zapatos FOB.

CÁLCULOS DE PRECIO EN ALMACÉN

Una vez que tengas el precio de fábrica, debes considerar precio de la mercancía puesta en tu almacén. El *landing*, o precio final puesto en almacén, incluye todo los costes relacionados con llevar tus zapatos de la fábrica a tu almacén, o a tu proveedor de logística. Debes añadir el coste del flete, o los portes marítimos, transporte terrestre, tarifas portuarias, el seguro, los aranceles de importación, las tarifas de los documentos, etc. Es fundamental comprender estos costes, ya que te ayudará a retroceder desde el precio de venta de tus zapatos hasta el *target price* de fábrica.

Este sería un ejemplo de los cálculos del *landing*

	FOB	Tasas transp. y seguros	Unidades por contenedor	Tarifa del contenedor	Coste del transporte	Tipo impositivo	Tasas	Precio en almacén
Arris	$15	0,9%	5.000	$4.400	$1,02	9%	$1,44	$17,46
	A	**B**	**C**	**D**	**E**	**F**	**G**	**H**

A. El precio del zapato por par es de 15 dólares FOB, con caja, y listo para el envío desde la fábrica.
B. El seguro y las tarifas portuarias son el 0.9% del valor del zapato: 15 X 0.009 = 0,135 dólares/par.
C. Un contenedor estándar de 40 pies da para 5.000 pares de zapatos, con 10-12 pares/caja grande.
D. El coste del porte desde China a EE.UU., con el transporte terrestre es de 4.400 dólares.
E. La tarifa del contenedor, dividido entre la carga del contenedor 4.400/5.000 = 1,02 dólares.
F. El tipo impositivo de importación para el calzado de cuero es del 9%.
G. Añade el FOB y los portes a la vez; después, multiplícalo por la tasa arancelaria = 1,44 dólares.
H. Añade el valor del arancel, portes, seguros y el FOB. El coste en almacén es de 17,46 dólares.

En este caso, un modelo que inicialmente cuesta 15 dólares, tendrá un coste de 17,46 dólares con el envío e importación a EE.UU. La carga interior adicional dentro de tu país de origen podría ser de 0,10 a 0,50 dólares por par, dependiendo de la proximidad de tu centro de distribución al puerto de desembarque. También hay tarifas por la espera de los conductores cuando se descarga o se entrega el contenedor.

Si estás utilizando a un agente, es posible que debas pagar los impuestos sobre los honorarios del agente. Es mejor consultar las regulaciones de importación de tu país de origen. Las regulaciones de EE.UU. exigen que se paguen derechos de importación sobre cualquier molde o maquinaria utilizada.

Si compraste maquinaria para fabricar los zapatos, el valor debe amortizarse en el precio por par y el arancel de importación pagado a la misma tasa que la mercancía. Esto se llama *"assist"*. Si El coste de las herramientas ya se está amortizando como parte del precio de fábrica, no se requieres ningún *assist*.

Este es el cálculo más básico para el coste de la mercancía puesta en tu almacén. Una vez que empieces, tu agente de carga puede ayudarte a detallar otras tasas más pequeñas. Algunos de los costes de los componentes están bajo su control, y otros no.

A. FOB: puedes controlar el coste FOB de tus modelo ajustando los requisitos.
B. Seguros y tarifas portuarias: no se tiene control sobre estas tarifas.
C. Carga del contenedor: el *packaging* puede aumentar la cantidad de carga de contenedor.
D. Tarifas de envío: puedes echar un vistazo y comparar tarifas y descuentos. FCL es el más barato.
E. Transporte interior: compara precios para obtener mejores tarifas de transporte interno en tu área.
F. Tasas arancelarias: el diseño será lo determinante para establecer las tasas arancelarias. El impuesto puede ser de 0% al 9%, o hasta 37.5%. En muchos casos, un modelo más caro puede tener una tasa de impuestos más baja, el efecto neto es tener un mejor zapato a un precio más bajo (Ver el capítulo 5 sobre las regulaciones de los derechos de importación).

Cálculos generales

Una vez que tus zapatos hayan aterrizado y estén dentro del almacén, tendrás algunos gastos generales. Puede ser complejo dividir el coste indirecto en un cálculo para cada par de zapatos, pero hay que intentarlo. Conocerás la mayoría de los costes si estás utilizando un proveedor de logística externo (3PL en inglés) para cumplir con los pedidos. Sabrás cuánto será el coste de alquiler del espacio y el procesamiento de los pedidos. Para un 3PL, debes esperar pagar entre 3 y 4 dólares por cada par.

Si tuviste que pedir prestado dinero para comprar los zapatos, deberás agregar el gasto de los intereses a tus gastos generales. Una tasa de interés cercana 7% suele ser lo más habitual si pides dinero prestado para la compra de tus modelos.

El alquiler de tu oficina, los salarios de los empleados, y los gastos del equipamiento se suman. Cuanto más precisos sean los cálculos de los gastos generales, más precisos serán los cálculos del margen de beneficio final.

Cada empresa calcula los gastos generales de sus productos de manera diferente. Algunas empresas no calculan los gastos generales en absoluto, mientras que otras calculan una tasa porcentual en función de la experiencia. Este porcentaje suele ser superior al 5% e inferior al 15%.

Los gastos de *marketing* son decisivos para una marca nueva y en expansión. Como regla general, debes esperar gastos de entre el 10% y el 20% de tus ventas brutas proyectadas. Esto puede ser una buena parte de tus gastos generales, por lo que debes incluirlo.

Deberás agregar el coste indirecto al coste de desembarque antes de realizar los cálculos finales de venta.

Si planteas pagar derechos (*royalty*) a un atleta, o te exigen el pago de una tasa por explotar una patente, también deberás añadirlo al coste del producto puesto en almacén (*landing*).

No olvides añadir también el coste de diseño y desarrollo a los cálculos generales.

Una vez que hayas agregado los gastos generales y cualquier otra cuantía, el precio en almacén que sale, también puede ser denominado como coste fijo del producto.

Cálculos de venta

Cómo se plantea la venta y distribución de tus modelos es fundamental para la forma en que se trabaja el modelo financiero.

Modelo de margen de distribución al por mayor

Este es el modelo tradicional seguido por la mayoría de las grandes empresas de calzado. Los zapatos se diseñan, y se pide la muestra en una sola talla para utilizarse por el equipo de ventas interno, o por agentes de ventas independientes (cobrando una comisión), para recoger pedidos o reservas de manera anticipada. Con estos pedidos anticipados en mano, la compañía de calzado colocará los pedidos de producción en la fábrica. Una vez que llegan los zapatos, se venden a los distribuidores, y los agentes de ventas cobran su comisión.

Modelo de margen directo al consumidor

Con internet a mano para ayudarnos a la comercialización del calzado, el modelo directo al consumidor para vender zapatos puede funcionar. En lugar de recoger pedidos anticipados, los zapatos se compran en la fábrica al por mayor, y después se venden directamente al usuario final. Este modelo evita a los minoristas, y a los distribuidores tradicionales.

Por supuesto, también se puede usar una combinación de los dos modelos de negocio. Algunos modelos de calzado se venden en la cadena minorista, y otros solo por Internet. Algunas marcas pueden vender en tienda y *online* sin que los minoristas se quejen. Hay que tener cuidado, ya que algunos distribuidores pueden dejar tu marca si creen que están compitiendo con la tienda *online*.

MODELO DE DISTRIBUCIÓN AL POR MAYOR

Si sigues el modelo de distribución mayorista, los zapatos son almacenados por la compañía de calzado, y después vendidos a las zapaterías con los agentes de ventas cobrando una comisión.

En el modelo de distribución mayorista se establece el precio de venta sugerido por el fabricante (*Manufacturer's Suggested Retail Price*, MSRP); o el precio mínimo de venta (*Minimum Advertised Price*, MAP) para el minorista. Una vez definido el precio minorista, puedes establecer el precio mayorista. El 50% de margen es lo normal. El objetivo de la mayoría de los minoristas es hacer "*keystone*" del producto, que significa aumentar el 100% del precio mayorista al minorista, con una ganancia del 50%. No siempre es posible, pero muy pocos minoristas trabajan obteniendo menos del 40% de beneficio cuando venden tus zapatos.

Cuando un minorista reduce el precio de venta en un 50%, está vendiendo el producto con una ganancia del 0%, o incluso con pérdidas.

Un ejemplo de un cálculo de ventas básico que no tiene en cuenta ningún descuento o comisión de ventas:

Precio en alm.	Precio fijo	Al por mayor	Retail	Beneficio	Margen	Previsto	Ventas	Beneficio
$17,46	$18,68	$40	$80	$21,32	53,3%	5.000	$200.000	$106.600
A	B	C	D	E	F	G	H	I

A   El coste FOB o en almacén del zapato, $17,46.
B   Coste de *landing* multiplicado por 7% de gastos generales, $17,46 x 1,07 = $18,68 de coste fijo.
C   El precio de venta al por mayor a los distribuidores es de $40.
D   Minorista (MSRP o MAP) es de $80. El aumento del 100% se llama *keystone*.
E   Precio al por mayor menos el coste fijo, $40 - $18,68 = $21,32 de beneficio.
F   Beneficio dividido entre el coste mayorista, $21,32 / 40 = 53,3% de margen.
G   ¿Cuántos pares se planean vender? 5.000.
H   Pares de venta multiplicado por coste al por mayor, 5.000 x $40 = $200.000 de ventas.
I   Beneficio multiplicado por los pares vendidos, $21,32 x 5.000 = $106.600 de beneficio total.

Los márgenes analizados a continuación se calculan a partir de un promedio del precio mayorista a los distribuidores. Con un 10% en comisiones y descuentos, pasa a ser un cálculo más realista. Puedes ver lo que sucede con el margen de beneficio.

FOB	Precio fijo	Al por mayor	Media. Por mayor	Retail	Beneficio	Margen	Previsto	Ventas	Beneficio
$17,46	$18,68	$40,00	$36.00	$80,00	$17,32	48,11%	5.000	$150.000	$86.600
A	B	C	D	E	F	G	H	I	J

A   El coste FOB o *landing* del zapato, $17,46.
B   Coste de *landing* multiplicado por 7% de gastos generales, $17,46 x 1,07 = $18,68 coste fijo.
C   El precio de venta al por mayor a los distribuidores es de $40.
D   Precio al por mayor, - 10% (5% comisión y 5% descuento)= $36 promedio de venta al por mayor.
E   *retail* (MSRP o MAP) es de $80.
F   Promedio del precio mayorista menos los costes fijos, $36 - $18,68 = $17,32 de beneficio.
G   Beneficio dividido entre el coste mayorista, $17,32 / 36 = 48,11% de margen.
H   ¿Cuántos pares se planean vender? 5.000.
I   Pares de venta multiplicado por coste al por mayor, 5.000 x $36 = $180.000 de ventas.
J   Beneficio multiplicado por los pares vendidos, $17,32 x 5.000 = $86.600 de beneficio total.

MODELO DIRECTO AL CONSUMIDOR

En el modelo directo al consumidor, tendrás el control del precio minorista. Puedes hacer un cálculo rápido y pensar que vas a ser rico.

Precio en alm.	Fijo	Retail	Beneficio	Margen	Previsto	Ventas	Beneficio
$17,46	$18,68	$80,00	$61,32	76,65%	5.000	$400.000	$306.600
A	**B**	**C**	**D**	**E**	**F**	**G**	**H**

A   El coste FOB o *landing* del zapato, $17,46.

B   Coste de *landing* multiplicado por 7% de gastos generales, $17,46 x 1,07 = $18.68 coste fijo.

C   Minorista (MSRP o MAP) es $80.

D   Precio minorista menos el coste fijo, $80 - $18,68 = $61,32 de beneficio.

E   Beneficio dividido entre el coste minorista, $61,32 / 80 = 76,65% de margen.

F   ¿Cuántos pares se planean vender? 5.000.

G   Pares de venta multiplicado por coste al minorista, 5.000 x $80 = $400.000 en ventas.

H   Beneficio multiplicado por los pares vendidos, $61,32 x 5.000 = $306.600 de beneficio total.

Cuidado, a estos cálculos les faltan algunos detalles muy importantes. En el modelo de venta directa al consumidor todavía necesitas una tienda. Tu tienda web es económica, pero no gratuita. Para competir en el mercado de calzado *online*, necesitarás publicidad *online* pagada, como anuncios en los motores de búsqueda. También, puede necesitar un almacén o un 3PL para cumplir con los pedidos a tus clientes.

Otro tema a considerar, es que serás el dueño de los zapatos hasta que los vendas. Esto significa que necesitarás encontrar el capital para invertir en tu inventario. En el modelo de distribución con venta anticipada, muchos de los zapatos que se compran a la fábrica se venden antes de comprarlos.

FOB	Fijo	Retail	Crédito 7%	Envío	Conv. web	3PL	Beneficio	Margen	Previsto	Ventas	Beneficio
$17,46	$18,68	$80	$1,31	$1,00	$5	$18,13	$35,88	44,85%	5.000	$400.000	$179.400
A	**B**	**C**	**D**	**E**	**F**	**G**	**H**	**I**	**J**	**K**	**L**

A   El coste FOB o *landing* del zapato, $17,46.

B   Coste de *landing* multiplicado por 7% de gastos generales, $17,46 x 1,07 = $18,68 coste fijo.

C   Minorista (MSRP o MAP) es $80.

D   Coste fijo x por la tasa de interés del 7% sobre el préstamo, $18,63 x 0,07 = $1,31 de interés/par.

E   Transporte a 3PL, $1,00 por par.

F   Coste de publicidad *online* por conversión, $5,00 por par.

G   Gastos de 3PL (AMAZON FBA™) incluyendo tarifa del registro, $18,13 por par.

H   Precio minorista menos el coste fijo, interés, transporte, web, 3PL, = $35,88 de beneficio.

I   Beneficio dividido entre el coste minorista, $35,88 / 80 = 44,85% de margen.

J   ¿Cuántos pares se planean vender? 5.000.

K   Pares de venta multiplicado por coste al minorista, 5000 x $80 = $400.000 de ventas.

L   Beneficio multiplicado por los pares vendidos, $35,88 x 5.000 = $179.400 de beneficio total.

¿Planteas ofrecer algún descuento? ¿Qué pasa con el envío gratis? Un descuento del 20% sobre su precio de venta, o una oferta de envío gratis podría reducir tus ganancias en 15 dólares, y el margen se reduce rápidamente a un arriesgado 24%.

¿Cuánto es un margen razonable?

Los objetivos del margen de beneficios varía para cada empresa de calzado. Los objetivos variarán según los planes de distribución, posición de marca en el mercado, y el punto de precio.

No hay una respuesta correcta, o incorrecta. El margen más alto no siempre es la mejor opción. Hay muchas razones para tener un margen alto, y otras tantas para establecer un margen bajo.

¿Cuál es el margen estándar? A partir del 50% es lo más adecuado. Del 40 al 50% sigue siendo bueno. Por debajo del 40% puede no ser tan bueno, pero de nuevo, esto depende del mercado en el que te encuentres.

¿Tienes grandes planes para campañas de *marketing* y publicidad? Si es así, es posible que debas establecer tu margen muy por encima del 50% para pagarlo.

Las marcas de lujo pueden tener márgenes muy altos, lo necesitan; las grandes campañas de publicidad internacionales y los contratos de los personajes famosos son muy caros.

Nike™ puede tener margen altos para los modelos Jordan™, pero menor para calzado infantil.

¿Está tu marca de moda en el mercado minorista? ¿Estás creciendo muy rápido? ¿Tienes dificultades para satisfacer la demanda?. Si tu empresa crece demasiado rápido, o se está descontrolando, los objetivos de mayor margen pueden generar mayores ganancias al tiempo que ralentizan el crecimiento a un nivel que puedas administrar.

¿Tienes una tecnología nueva que nadie puede copiar, o un nuevo material exclusivo? Si es así, puedes mantener tus márgenes altos.

Los productos de gama alta con características afines, pueden obtener márgenes más altos de los clientes de alto nivel adquisitivo.

La tasa de margen también dependerá del minorista de tus modelos. ¿Te diriges a tiendas *outlet*, o a minoristas especializados? Estos modelos pueden tener márgenes más altos que los zapatos normales en las tiendas *outlet*.

Si tus zapatos se venden bien, y tienen mucha demanda, puedes obtener márgenes más altos sin ofrecer descuentos a los minoristas. Las mejores marcas de lujo nunca hacen descuento y ofrecen al minorista un margen más alto.

Si te encuentras en un mercado competitivo, es posible que debas ofrecer descuentos.

¿Cuándo se puede tener un margen bajo?

Hay momentos en que un margen más bajo es admisible, incluso se recomienda. Por supuesto, a veces la compañía de calzado no tiene otra opción y debe reducir los márgenes.

Un buen momento para aceptar un margen más bajo es al tratar de aumentar su participación de mercado de manera agresiva. Los compradores y los clientes perciben un buen precio cuando lo ven. Un distribuidor puede dar un buen precio a sus clientes, o conservar el margen adicional para ellos. También está bien, un minorista feliz siempre compra más.

¿Estás buscando crear clientes para toda la vida? No es una mala idea tener precios agresivos en calzado infantil. Si puedes hacer que un niño conecte con la marca a una edad temprana, es posible que hayas hecho un cliente de por vida.

Al principio, es muy habitual tener un margen más bajo para productos especiales (SMU) o hechos a medida (MTO). Este tipo de calzado se vende incluso antes de realizar el pedido a fábrica. Si estás vendiendo al por mayor, y directo de fábrica al tu cliente, es preciso tener un margen inferior. Es posible que necesites hacerlo si quieres hacer una gran venta.

Puedes prever márgenes más bajos a precios más bajos. Este es un hecho del comercio del calzado; los clientes de tiendas con descuento, u *outlet* exigen más valor que los consumidores de alto nivel.

Ten en cuenta que un clima con lluvia ralentizará las ventas de las sandalias, mientras que los días soleados harán que las botas de invierno sean difíciles de vender a *full price*.

Las empresas de calzado, a menudo se ven obligadas a aceptar márgenes más bajos. A veces, el modelo es viejo o está obsoleto; o un competidor está ofreciendo un producto superior al mismo precio. Los modelos con dificultades de venta deben ser rebajados. Esto incluye: tallas sueltas desparejadas, modelos descontinuados, o calzado servido al final de la temporada de venta que debe venderse rápidamente.

Muchas compañías han adoptado estrategias agresivas de descuentos. Han aprendido que es mejor ofrecer mejor precio durante la temporada de ventas para mover el producto más rápido. Una sandalia de verano puede venderse bien a final de julio con un descuento del 25%, pero será imposible de vender en septiembre, incluso con una rebaja del 60%.

Eva plantea tener su propia tienda *online* como la principal tienda de botas Enigma; ofrecerá a los minoristas grandes descuentos cuando compren Botas Enigma al por mayor. Necesitará dos cálculos de márgenes diferentes para planificar ambos planes de distribución.

Eva no ha enumerado ninguno de sus gastos de investigación, desarrollo, *marketing*, o ventas en sus cálculos. Su gasto en I+D es bajo, y planea comenzar poco a poco con sus planes de *marketing*, que aumentará una vez que tenga algunos beneficios.

Distribución al por mayor

Modelo	Color	Material	FOB	Tarif. port.	FCL	Tasa FCL	Envío	Tipo imp. %	Tasas
Somerset	Black	Plena flor grano	$35,00	$0,35	4.000	$4.400,00	$1,45	8,5%	$2,98
Somerset	Brown	Plena flor grano	$35,00	$0,35	4.000	$4.400,00	$1,45	8,5%	$2,98
Brattle	Mahogany	Laser plena flor	$35,00	$0,35	4.000	$4.400,00	$1,45	8,5%	$2,98
Brattle	Black	Laser plena flor	$35,00	$0,35	4.000	$4.400,00	$1,45	8,5%	$2,98
Tremont	Black	Plena flor liso	$30,00	$0,35	4.000	$4.400,00	$1,45	8,5%	$2,55
Tremont	Brown	Plena flor liso	$30,00	$0,35	4.000	$4.400,00	$1,45	8,5%	$2,55
Beacon	Black	Subl-Action Leather	$30,00	$0,35	4.000	$4.400,00	$1,45	8,5%	$2,55
Beacon	White China	Action Leather	$30,00	$0,35	4.000	$4.400,00	$1,45	8,5%	$2,55
Revere	Black	Plena flor grano	$22,00	$0,35	4.000	$4.400,00	$1,45	8,5%	$1,87
Union	Pink Roses	Action Leather	$18,00	$0,35	4.000	$4.400,00	$1,45	8,5%	$1,53
Hanover	Spiked Flowers	Action Leather	$18,00	$0,35	4.000	$4.400,00	$1,45	8,5%	$1,53
Haymarket	Black Rose	Subl-Action Leather	$18,00	$0,35	4.000	$4.400,00	$1,45	8,5%	$1,53
Bowdoin	Black Floral	Subl-Action Leather	$18,00	$0,35	4.000	$4.400,00	$1,45	8,5%	$1,53

Distribución por internet

Modelo	Color	Material	FOB	Tarif. port.	FCL	Tasa FCL	Envío	Tipo imp. %	Tasas
Somerset	Black	Plena flor grano	$35,00	$0,35	4.000	$4,400.00	$1,45	8,5%	$2,98
Somerset	Brown	Plena flor grano	$35,00	$0,35	4.000	$4,400.00	$1,45	8,5%	$2,98
Brattle	Mahogany	Laser plena flor	$35,00	$0,35	4.000	$4,400.00	$1,45	8,5%	$2,98
Brattle	Black	Laser plena flor	$35,00	$0,35	4.000	$4,400.00	$1,45	8,5%	$2,98
Tremont	Black	Plena flor liso	$30,00	$0,35	4.000	$4,400.00	$1,45	8,5%	$2,55
Tremont	Brown	Plena flor liso	$30,00	$0,35	4.000	$4,400.00	$1,45	8,5%	$2,55
Beacon	Black	Subl-Action Leather	$30,00	$0,35	4.000	$4,400.00	$1,45	8,5%	$2,55
Beacon	White China	Action Leather	$30,00	$0,35	4.000	$4,400.00	$1,45	8,5%	$2,55
Revere	Black	Plena flor grano	$22,00	$0,35	4.000	$4,400.00	$1,45	8,5%	$1,87
Union	Pink Roses	Action Leather	$18,00	$0,35	4.000	$4,400.00	$1,45	8,5%	$1,53
Hanover	Spiked Flowers	Action Leather	$18,00	$0,35	4.000	$4,400.00	$1,45	8,5%	$1,53
Haymarket	Black Rose	Subl-Action Leather	$18,00	$0,35	4.000	$4,400.00	$1,45	8,5%	$1,53
Bowdoin	Black Floral	Subl-Action Leather	$18,00	$0,35	4.000	$4,400.00	$1,45	8,5%	$1,53

P. en alm	Retail	Al por mayor	L/V -7% Comis.	Beneficio	Margen	Previsión	Ventas	Beneficio
$39,78	$150,00	$75,00	$69,75	$29,98	42,97%	250	$37.500,00	$7.493,75
$39,78	$150,00	$75.00	$69,75	$29,98	42,97%	250	$37.500,00	$7.493,75
$39,78	$150,00	$75,00	$69,75	$29,98	42,97%	250	$37.500,00	$7.493,75
$39,78	$150,00	$75,00	$69,75	$29,98	42,97%	250	$37.500,00	$7.493,75
$34,35	$115,00	$57,50	$53,48	$19,13	35,76%	250	$28.750,00	$4.781,25
$34,35	$115,00	$57,50	$53,48	$19,13	35,76%	250	$28.750,00	$4.781,25
$34,35	$115,00	$57,50	$53,48	$19,13	35,76%	250	$28.750,00	$4.781,25
$34,35	$115,00	$57,50	$53,48	$19,13	35,76%	250	$28.750,00	$4.781,25
$25,67	$95,00	$47,50	$44,18	$18,51	41,89%	250	$23.750,00	$4.626,25
$21,33	$85,00	$42,50	$39,53	$18,20	46,03%	250	$21.250,00	$4.548,75
$21,33	$85,00	$42,50	$39,53	$18,20	46,03%	250	$21.250,00	$4.548,75
$21,33	$85,00	$42,50	$39,53	$18,20	46,03%	250	$21.250,00	$4.548,75
$21,33	$85,00	$42,50	$39,53	$18,20	46,03%	250	$21.250,00	$4.548,75
						3.250	$373.750,00	$71.921,25

P. en alm	Retail	Beneficio	Margen	Previsión	Ventas	Beneficio
$39,78	$150,00	$110,23	73,48%	250	$37.500,00	$27.556,25
$39,78	$150,00	$110,23	73,48%	250	$37.500,00	$27.556,25
$39,78	$150,00	$110,23	73,48%	250	$37.500,00	$27.556,25
$39,78	$150,00	$110,23	73,48%	250	$37.500,00	$27.556,25
$34,35	$115,00	$80,65	70,13%	250	$28.750,00	$20.162,50
$34,35	$115,00	$80,65	70,13%	250	$28.750,00	$20.162,50
$34,35	$115,00	$80,65	70,13%	250	$28.750,00	$20.162,50
$34,35	$115,00	$80,65	70,13%	250	$28.750,00	$20.162,50
$25,67	$95,00	$69,33	72,98%	250	$23.750,00	$17.332,50
$21,33	$85,00	$63,67	74,91%	250	$21.250,00	$15.917,50
$21,33	$85,00	$63,67	74,91%	250	$21.250,00	$15.917,50
$21,33	$85,00	$63,67	74,91%	250	$21.250,00	$15.917,50
$21,33	$85,00	$63,67	74,91%	250	$21.250,00	$15.917,50
				3.250	$373.750,00	$271.877,50

Arris Ricardo planea vender las zapatillas Arris a minoristas y a comerciantes especializados en triatlones. También establecerá su propia tienda *online* llamada TriathalonSupply.com.

Ricardo mantendrá su tienda *online* separada de ArrisRunning.com. Planea este modelo de distribución mixta para que pueda hacer un beneficio adicional vendiendo el calzado él mismo, sin competir contra sus minoristas especializados en triatlón y running.

Necesita hacer dos cálculos de margen diferentes. Con un 3PL trabajando la logística, y agentes independientes que cobran una comisión de ventas del 7%, Ricardo puede tener un margen de beneficio de entre 36% y 53% para sus zapatillas.

Este no es un gran margen, pero sí que incluye los gastos generales operativos de Arris, los gastos de marketing y las comisiones del agente de ventas.

Para una marca nueva, Ricardo también debe planificar el 10% de FOB para investigación y desarrollo, el 7% del coste mayorista para las comisiones de las ventas, y el 10% de las ventas brutas para gastos de marketing.

Distribución al por mayor con 3PL

Modelo	Color	Material	FOB	Cálculo del envío						Gastos generales		
				Tarif. port.	FCL	Tasa FCL	Coste	T. imp.%	Tasas	I+D	Marketing	3PL
Endro X Entren.	Silver	Malla / PU	$17,00	$0,35	5.000	$ 4.400,00	$1,23	20%	$3,40	$1,70	$2,81	$4,00
Endro X Entren.	Green	Malla / PU	$17,00	$0,35	5.000	$ 4.400,00	$1,23	20%	$3,40	$1,70	$2,81	$4,00
Endro X Entren.	Grey	Malla / PU	$17,00	$0,35	5.000	$ 4.400,00	$1,23	20%	$3,40	$1,70	$2,81	$4,00
Phantom Carrera	Silver	Malla / PU	$15,00	$0,35	5.000	$ 4.400,00	$1,23	20%	$3,00	$1,50	$2,81	$4,00
Lightning Carrera	Yellow	Malla / PU	$15,00	$0,35	5.000	$ 4.400,00	$1,23	20%	$3,00	$1,50	$2,81	$4,00
Revo Recup.	Yellow	Malla / PU	$14,00	$0,35	5.000	$ 4.400,00	$1,23	20%	$2,80	$1,40	$2,81	$4,00

Distribución directa en internet con 3PL

Modelo	Color	Material	FOB	Cálculo del envío						Gastos generales		
				Tarif. port.	FCL	Tasa FCL	Coste	T. imp.%	Tasas	I+D	Marketing	3PL/Web
Endro X Entren.	Silver	Malla / PU	$17,00	$0,35	5.000	$ 4.400,00	$1,23	20%	$3,40	$1,70	$5,63	$4,50
Endro X Entren.	Green	Malla / PU	$17,00	$0,35	5.000	$ 4.400,00	$1,23	20%	$3,40	$1,70	$5,63	$4,50
Endro X Entren.	Grey	Malla / PU	$17,00	$0,35	5.000	$ 4.400,00	$1,23	20%	$3,40	$1,70	$5,63	$4,50
Phantom Carrera	Silver	Malla / PU	$15,00	$0,35	5.000	$ 4.400,00	$1,23	20%	$3,00	$1,50	$5,63	$4,50
Lightning Carrera	Yellow	Malla / PU	$15,00	$0,35	5.000	$ 4.400,00	$1,23	20%	$3,00	$1,50	$5,63	$4,50
Revo Recup.	Yellow	Malla / PU	$14,00	$0,35	5.000	$ 4.400,00	$1,23	20%	$2,80	$1,40	$5,63	$4,50

Para el plan de ventas directas en Internet, necesita hacer algunos ajustes. El gasto en I+D sigue siendo el mismo, pero Ricardo calcula que el gasto de *marketing* y operaciones del sitio web será del 20% de las ganancias brutas. Con el 3PL encargado de la logística, tendrá que cubrir el coste de procesar las transacciones con tarjeta de crédito, por lo que agrega 0,50 dólares.

Ahora, los márgenes se ven muy buenos. Ricardo podrá ofrecer envío gratuito y descuentos. También, deberá reservar un presupuesto para devoluciones y envíos.

Necesita planificar una tasa de devolución del 20% de sus clientes para las ventas *online*.

P. en alm.	Retail	Al por mayor	L/V -7% Comis.	Beneficio	Margen	Previsión	Ventas	Beneficio
$30,49	$120,00	$60,00	$55,80	$25,31	45,35%	300	$36.000,00	$7.592,25
$30,49	$120,00	$60,00	$55,80	$25,31	45,35%	300	$36.000,00	$7.592,25
$30,49	$120,00	$60,00	$55,80	$25,31	45,35%	300	$36.000,00	$7.592,25
$27,89	$130,00	$65,00	$60,45	$32,56	53,86%	200	$26.000,00	$6.511,50
$27,89	$110,00	$55,00	$51,15	$23,26	45,47%	200	$22.000,00	$4.651,50
$26,59	$90,00	$45,00	$41,85	$15,26	36,46%	300	$27.000,00	$4.577,25
						1.600	$183.000,00	$38.517,00

P. en alm.	Retail web	Beneficio	Margen	Previsión	Ventas	Beneficio
$33.81	$120.00	$86,20	71,83%	300	$36.000,00	$25.858,50
$33.81	$120.00	$86,20	71,83%	300	$36.000,00	$25.858,50
$33.81	$120.00	$86,20	71,83%	300	$36.000,00	$25.858,50
$31.21	$130.00	$98,80	76,00%	200	$26.000,00	$19.759,00
$31.21	$110.00	$78,80	71,63%	200	$22.000,00	$15.759,00
$29.91	$90.00	$60,10	66,77%	300	$27.000,00	$18.028,50
					1.600	$183.000,00	$131.122,00

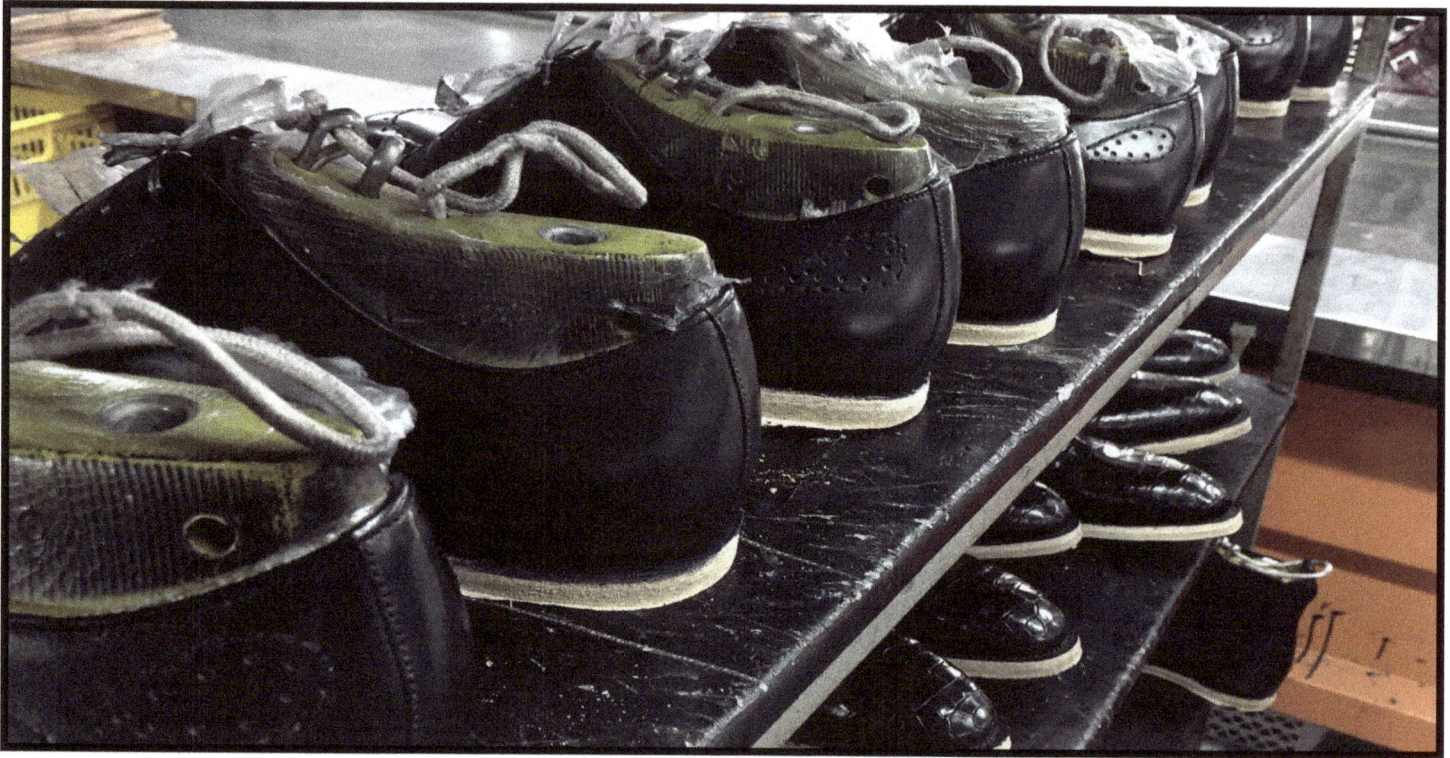

CAPÍTULO 5

MANUFACTURA E IMPORTACIÓN

Con los diseños en mano, ahora es el momento de encontrar una fábrica... ¿Verdad? Pues no. Con tus nuevos diseños de calzado en mano, tómate un tiempo para ENSEÑARLOS. Deja que tus amigos y familiares echen un vistazo, enséñaselo a tus vecinos; pueden darte una nueva visión y confianza para seguir adelante. Sobre todo, cuando muestres tus diseños, estarás practicando tu argumento de venta. Es un buen momento para que algunas personas de la industria echen un vistazo. Prueba con un agente de ventas de una tienda de calzado de tu zona. Si tiene contactos en el negocio del calzado, habla con ellos.

Una vez que hayas pulido tu argumento de venta, necesitarás capital para comenzar. Las fábricas, los agentes, las tiendas de maquinaria, las aerolíneas, los proveedores de materiales, y las compañías de envío requerirán el pago, y en algunos casos será antes del servicio. Asegúrate de tener capital disponible. Revisaremos los requisitos de capital un poco más tarde, pero debes estar preparado para aumentarlos. Crear un plan de negocio detallado para demostrar que estás listo para construir y operar una empresa.

¿Estás preparado para buscar una fábrica de calzado?
El personal de ventas de la fábrica de calzado trabajará arduamente para ver que cumplas con los requisitos. Querrán asegurarse de que seas una persona seria, y que tanto el proyecto como tú, tengáis potencial. Asegúrate de tener un argumento de venta, y que tus planes comerciales estén completos antes de comenzar a reunirte con las fábricas.

Checklist para reunirse con fábricas
Entrar a una reunión con confianza en ti mismo, y un plan de negocio trabajado, te ayudará a presentar la imagen profesional que deseas proyectar para tu empresa. Asegúrate de tener la siguiente información:

1. *Briefing* **del proyecto:** una lista con exactamente lo que quieres lograr. Modelos y colores, etc.
2. **Diseños:** Dibujos completos y detallados, con todos los colores, materiales y construcciones.
3. **Diseños de suelas:** completos, en dibujo 2D.
4. **Precios:** se debe calcular el precio objetivo (*target price*) FOB, mayorista y minoristas.
5. **Calendario:** fechas de lanzamiento *retail*.
6. **Capital:** una estimación real, y el plan para conseguirlo.

Encontrar la fábrica para tus zapatos

Encontrar una fábrica para un nuevo proyecto de calzado puede ser muy difícil. Si eres nuevo en el comercio de calzado y no tienes ningún vínculo personal, será difícil encontrar una fábrica que acepte tu proyecto. Pero no te preocupes, hay algunas estrategias que puedes seguir para colocar tu proyecto en la fábrica correcta.

Contactos del diseñador

Si escogiste a un diseñador, o a un desarrollador de calzado con experiencia, esta es la persona que tendrá los contactos. En solo unos años trabajando en la industria, un diseñador de calzado puede haber trabajado para varias marcas, y con una docena de fábricas de calzado diferentes.

Los diseñadores y desarrolladores con cierta experiencia en el extranjero conocerán a los intermediarios, empresas comerciales, o a personas que conocen a personas. El mundo del calzado se basa en relaciones y contactos personales. Las fábricas de calzado y los proveedores de materiales siempre están trabajando juntos, y un contacto puede llevarte a otros contactos.

Búsqueda en internet

Google no es un mal sitio para empezar la búsqueda de tu fábrica de calzado. Sin embargo, las fábricas de calzado de China o Italia pueden no tener una página web fácil de encontrar. Si estás buscando una fábrica en China, debes dirigirte directamente a Alibaba.com™. Alibaba tiene listados con miles de fábricas; puedes buscar por producto, condado, y provincia.

Encontrarás muchos listados, pero ten cuidado, ya que muchos no son realmente fábricas, sino empresas comerciales o agentes. Estas empresas no son necesariamente irrelevantes, pero debes profundizar en la lista para asegurarte de lo que estás indagando.

Redes de negocios, y redes sociales

Páginas web como LinkedIn.com™, Coroflot. com™, Malakye.com™, o incluso Facebook.com™ pueden proporcionarte oportunidades de venta para fábricas de calzado, o representantes de abastecimiento de calzado.

La industria de la fabricación de calzado es una red enorme de amigos, compañeros de trabajo, asociados, y conocidos. Un contacto en la industria, puede llevarte a otro. Sigue buscando.

Agentes de calzado y empresas comerciales

Otra forma de encontrar una fábrica es no buscar una fábrica, y buscar un agente de calzado, o una empresa comercial que presente tu proyecto y te ayude a encontrar la fábrica de calzado adecuada.

La investigación en motores de búsqueda no es un mal sitio para empezar a buscar un agente. De nuevo, Alibaba.com™ es muy buen lugar para comenzar la búsqueda. Verás que hay muchas empresas que se enumeran a sí mismas como "comerciales" o "de abastecimiento". Estas empresas tendrán muchos contactos. También, pueden ofrecer ayuda en el control de la calidad, o hacer una evaluación de una fábrica que hayas encontrado *online*. Lo más importante es que te asegures de que tengan experiencia en calzado. Vale la pena pedir referencias al contratar a un agente.

Trabajar con un agente

Hay algunas cláusulas básicas que debes tener en cuenta al trabajar con agentes.

Se firmarán acuerdos de confidencialidad. Tu agente protegerá tu proyecto de los ojos de los competidores. Un intermediario puede estar trabajando con varias marcas de calzado, incluso con tus competidores.

Los gastos de envío de las muestra son tu responsabilidad. Las facturas de FedEx y UPS no son baratas para el envío de calzado desde Asia a Europa, o EE.UU. Tenlo en cuenta.

Tanto el coste de los moldes de las suelas, como el de las piezas del corte, son caros y deben pagarse por adelantado.

El coste de las muestras debe pagarse antes ser enviado desde la fábrica.

Es posible que tengas que pagar mensualmente el salario a tu agente por el servicio de desarrollo de producto. Los costes del desarrollo pueden variar mucho, mira diferentes opciones.

El MOQ (cantidad mínima de pedido) para producción varía de 500 a 6.000 pares por modelo, y de 500 a 1.000 pares por cada combinación de color.

Los plazos de producción suelen ser de 90 a 120 días, más tiempo del envío.

Para cualquier cliente nuevo, el pedido de producción deben pagarse en su totalidad antes del envío.

La mejor fábrica para tu proyecto

Al igual que necesitas encontrar al diseñador adecuado para el proyecto, necesitarás encontrar la fábrica perfecta. La mayoría de las fábricas tienen una experiencia concreta. Las habilidades y el equipo necesario para fabricar calzado deportivo son muy diferentes de lo necesario para zapatos de tacón, o botas de cuero laborales.

Tanto la línea de montaje como el equipo de una fábrica, se preparan para el montado, o el vulcanizado, pero rara vez para ambos. Una fábrica de botas de senderismo tendrá el equipamiento adecuado para cortar cuero grueso, y sellar a prueba de agua, mientras que una fábrica de botas de *snowboard* tendrá una línea de montaje de gran tamaño con maquinaria adecuada.

Hay fábricas que se especializan en zapatos para mujer, sandalias y zapatos de vestir para hombre. Cada fábrica mantiene relación con proveedores de materiales y fábricas de moldes específicas para sus necesidades.

El modelo de calzado que quieras hacer te ayudará a determinar en qué parte del mundo se harán tus zapatos. Las zapatillas, casi siempre se fabrican en Asia. Las fábricas de calzado de China, Vietnam, Indonesia, Corea, Taiwán y Tailandia tienen fácil acceso a la mano de obra, y a los materiales de alta tecnología necesarios para el calzado deportivo moderno. Normalmente, este tipo de calzado no se fabrica en Europa.

En Asia se puede hacer calzado de piel de alto nivel, pero los zapatos de alta gama, con buena apariencia y calidad, se fabrican en Europa.

Las fábricas de calzado de América del Sur son muy capaces de hacer zapatos de cuero de estilo casual y de moda. El cuero sudamericano se exporta a Asia, y a Europa para su uso.

Existen fábricas de todos los tamaños, desde solo una o dos líneas apretujadas en un edificio de un solo piso, hasta enormes fábricas de veinte o treinta líneas, más parecidas a una pequeña ciudad. En China hay fábricas de calzado con más de veinte mil trabajadores en un solo centro.

¿Cuál es el mejor tamaño de fábrica?

Las fábricas pequeñas pueden tener ansia de pedidos, pero pueden carecer de la experiencia en el desarrollo de productos para hacer calzado complicado. Seguramente tampoco tenga todas la maquinaria tan cara que tienen las grandes fábricas; pero una fábrica pequeña tendrá un propietario al que podrás conocer. Si logras construir una relación personal con el propietario, podrás colocar tu proyecto.

Puedes pensar que las grandes fábricas de calzado ignoran a las marcas pequeñas, pero no siempre es así. Aunque es posible que nunca conozcas a los propietarios, y no coloquen a los mejores a trabajar en tu proyecto, pueden aceptan a algunas marcas pequeñas y ser atendidos por miembros más junior, y puede que tengas que aceptar que te sirvan el producto fuera de temporada, pero compartirás espacio de producción con Nike™ u otra súper marca.

Comprar con calidad

La calidad del producto que sale de una fábrica de calzado no suele variar. Si estás en una gran fábrica con zapatillas de Nike™, genial. Podrás disfrutar de los mismos estándares de alta calidad. ¿Estás en una fábrica con marcas sin nombre y de precios reducidos? Cuidado.

Cuando selecciones una fábrica, una de las primeras preguntas debe ser: ¿para quién más fabrica calzado? Si no tienes la oportunidad de visitar la fábrica en persona, o no puedes enviar a un agente para echar un vistazo a la línea de producción, entonces tu próxima jugada es mirar lo que fabrican para otras marcas.

Si no pueden enviarte una foto, o no te dicen ninguna otra marca, es mejor que busques una fábrica diferente.

¿Las fábricas ayudan a marcas nuevas?

Las fábricas necesitan volumen para ganar dinero. Los pedidos pequeños no cubren el tiempo y el gasto de desarrollo. El desarrollo de un pedido de 500 pares es el mismo que para uno de 25.000.

Pero, cada cliente tiene la oportunidad de ser el próximo Nike™, o el próximo fracaso. El director de ventas de la fábrica tiene la tarea de averiguar cuál de las dos serás. A lo mejor eres una empresa nueva; o, por el contrario, perteneces a una compañía ya existente y con experiencia.

Las fábricas prefieren hacer negocios con compañías ya establecidas, pero se puede obtener el servicio si te diriges a la fábrica correctamente.

Las fábricas siempre buscan pedidos. Con una campaña de Kickstarter™, puedes tener pedidos en mano cuando vayas a una fábrica, 1.000 o 2.000 pares no es un gran pedido, pero te pondrán por delante de la mayoría de las nuevas empresas de calzado. Más adelante entraremos en detalle sobre las campañas de Kickstarter™.

Arris

El diseñador de Ricardo tiene muchos años de experiencia en la industria, y puede ayudarle con la presentación a la fábrica de calzado. Ya que Arris es una marca de calzado deportivo de alto rendimiento, las zapatillas deberán fabricarse en algún lugar de Asia.

Ricardo puede reunirse con 2 agentes, y un representante de la fábrica de calzado en Los Ángeles. También, asiste a una feria de material de calzado en Portland, Oregón, con su diseñador, y tiene suerte con la presentación a una fábrica de calzado chino que puede fabricar las zapatillas Arris.

Ricardo está muy preparado para esta presentación, tiene los diseños al completo, un plan de negocio detallado, y un cronograma razonable para el lanzamiento de su producto. También ha preparado un presupuesto aproximado con los requisitos de capital ya planeados. No lo enseñó a la fábrica, pero es bueno tenerlo a mano.

Cuando Ricardo y su diseñador se reúnen con el director de la fábrica, causan buena impresión y la fábrica acepta asumir su proyecto.

El diseñador ya ha trabajado anteriormente con esta fábrica, por lo que el equipo de Arris puede continuar con el desarrollo sin tener que visitar la fábrica.

Aunque a Ricardo le gustaría visitar la fábrica, está demasiado ocupado construyendo la empresa. Ha decidido contratar a un desarrollador de calzado independiente que ayudará a poner en marcha el proyecto Arris en China.

El nuevo hogar para las zapatillas Arris en China será una fábrica mediana de diez líneas de trabajo llamada Very Well Shoes Inc., ubicada en el sur de China, cerca de la ciudad de Humen. Very Well Shoes Inc. está en el centro de la industria del calzado, rodeado de proveedores de materiales, y subcontratistas de componentes de calzado.

Eva tiene dificultades para encontrar a un agente, o una fábrica que la tome en serio. Su alocado cabello, los brutales diseños de Enigma, y falta de respaldo financiero son todos riesgos que los agentes y las fábricas no están dispuestos a asumir. Tendrá que encontrar otro camino.

Intenta un *crowdfunding*, pero incluso con un gran videoclip con sus botas y su banda de punk rock, su proyecto no se financia.

Eva no quiere renunciar a su sueño. Si no puede encontrar una fábrica de calzado, tal vez pueda encontrar una compañía de calzado existente que pueda ayudarla.

Vuelve a Internet y busca empresas que fabriquen botas militares. Comienza a contactar a sus departamentos de *marketing* con la esperanza de hacer una colaboración de diseño.

Después de otro duro mes con muchos rechazos, se pone en contacto con un joven director de *marketing* de Iron Age Boots a quien le gusta la idea. El departamento de *marketing* de Iron Age Boots ve el potencial de expandir su marca con un nuevo giro en el mundo del punk rock militar.

¿Podrán las Iron Age Boots llegar a ser las próximas Doc. Martens con un estilo más duro?

Iron Age Boots le manda a Eva algunas muestras para que trabaje. En solo unas semanas está lista para hacer una presentación a los propietarios.

Eva no es tonta y lleva a la reunión más cosas a parte de los diseños. Puede presentar todo el plan de negocios de Enigma; es bueno que lo haga. Después de conocerla y de ver su trabajo, los propietarios de Iron Age Boots acuerdan apoyar el proyecto de colaboración, presentarle a Eva su fábrica, y ayudar a lanzar Enigma.

Proceso de desarrollo del calzado

El proceso de desarrollo del calzado es la transformación de los dibujos del diseñador en el zapato completo. Esto incluye la comercialización, que es la creación del escalado de todas las tallas de producción una vez que se ha confirmado el diseño del prototipo.

¿Necesitas un desarrollador de calzado?

¿Qué es un desarrollador de calzado? Es un técnico de fabricación que guía tu modelo a través del proceso de desarrollo con la fábrica.

El diseñador es el responsable del diseño exterior del modelo, y el desarrollador es responsable de todos los detalles técnicos de la fabricación. Un desarrollador comunicará la visión del diseñador a la fábrica, y se asegurará de que el modelo esté bien construido, calce adecuadamente, cumpla con el precio objetivo, y se produzca a tiempo.

Las marcas de calzado hacen que los desarrolladores trabajen con los diseñadores para después comunicarse con el personal de desarrollo interno de las fábricas de calzado.

Tu diseñador de calzado puede ofrecerte este servicio de desarrollo. La fábrica, o el agente intermediario que contrates, también pueden tener desarrolladores disponibles para el proyecto.

Los grandes fabricantes tendrán diseñadores y desarrolladores divididos por equipos. Por lo general, el diseñador se habrá movido a un nuevo proyecto, mientras que el desarrollador trabaja en el proyecto actual. A menudo, el desarrollador hace magia transformando el dibujo imposible de un diseñador en un modelo real.

El trabajo de los desarrolladores es permitir que el diseñador siga haciendo nuevos diseños, lejos del trabajo técnico, y de los viajes a las fábricas que tanto tiempo requieren.

Arris La línea de producto Arris es complicada y muy técnica. Las zapatillas de *running* de alto rendimiento no son fáciles de hacer, y ganarse a la tan exigente comunidad de triatletas es un desafío complicado para Arris.

Para asegurarse de que el desarrollo de Arris funcione sin problemas, Ricardo contratará a un desarrollador con sede en EE.UU. para que trabaje directamente con la fábrica. Ricardo quiere involucrarse, pero no es un experto en la fabricación de calzado. Para tener éxito, necesita profesionales con experiencia específica en *running* para que los zapatos Arris se lleven a cabo.

El desarrollador trabajará en estrecha colaboración con el diseñador de Arris para hacer las fichas técnicas, y con Ricardo para asegurarse de que las zapatillas sigan el *briefing* de producto, tengan el precio adecuado, y cumplan con las clasificaciones de las tasas de importación.

El desarrollo de Arris llevará mucho tiempo, y requerirá muchas muestras y varios viajes a China. Ricardo necesita asegurarse de tener el capital necesario para un largo proceso de desarrollo.

Eva hará las muestras en China para su colaboración. Iron Age Boots no es dueña de la fábrica, pero han tenido una relación de trabajo estable con varias fábricas durante muchos años.

Trabajará con el personal interno de Iron Age Boots en Estados Unidos para preparar los diseños para la fábrica. Una vez que los diseños estén listos, invitarán a Eva a trabajar en el desarrollo dentro de la fábrica de botas en China, y comenzará a trabajar en sus productos de la marca Enigma para mujeres.

Mandar hacer el muestrario

Una marca de calzado sólida no tendrá problemas para mandar hacer el desarrollo de los patrones y las muestras de manera gratuita. Las fábricas ven a las empresas de calzado con bajo riesgo, y con una posible gran retribución. Saben que es un negocio real con clientes reales.

Las herramientas de desarrollo de las suelas casi siempre se facturarán; un solo molde puede costar 1.500 dólares por una suela de goma, hasta 3.500 dólares por una entresuela de goma y EVA. Si se requieren hormas nuevas, se facturarán a la marca de calzado. El coste de las herramientas y las hormas deben facturarse, ya que se preparan fuera de la fábrica de calzado.

Un cliente nuevo en una fábrica puede que tenga que pagar las muestras. Cada fábrica tiene una política diferente. Muchas veces se paga el 200% del precio FOB, más los gastos de envío. Con lo cual, si un modelo básico cuesta 15 dólares, la muestra costaría 30 dólares, y el envío desde China podría costar otros 30 dólares, o más.

Quizá es mejor idea para una persona nueva encontrar a un agente con contactos en la fábrica. El intermediario gestionará la relación, y te ayudará a evitar futuros problemas con la fábrica.

Una fábrica grande puede hacer pedidos pequeños para un cliente importante. Hemos trabajado para empresas que producen cinco millones de pares al año, y si le pidiéramos a la fábrica un pedido pequeño, lo harían como favor. En general, buscan evitar los pedidos pequeños.

Hay algunas fábricas que pueden aceptar pedidos pequeños. Tienen recursos más limitados, y cobrarán más por este servicio. Los materiales deberán comprarse en el mercado local, y las diferentes herramientas deberán escogerse de entre lo que ya tengan hecho y disponible. No siempre tendrás una gran selección.

El calendario de desarrollo del calzado

¿Cuánto tiempo lleva el desarrollo? Una vez que comience la fábrica, deberías ver los nuevos *pullovers* de los patrones en tan solo una o dos semanas. Un modelo completo, con el color correcto, y con los moldes de la suela correctos, tomará de seis a ocho semanas. Las siguientes revisiones pueden ser dos o tres semanas después, dependiendo si las herramientas necesitan ajustes, o si se necesita pedir nuevos materiales.

Si tienes que desarrollar una línea, o una gama de productos completa, lo normal es que el proceso tarde cerca de seis meses en tener todas las muestras listas para las fotografías finales.

Fase de desarrollo técnico

Esta fase es la primera etapa posterior al ciclo de diseño, y da al diseñador la oportunidad de ver los diseños físicamente. La fase técnica normalmente toma de seis a ocho semanas para poder crear un nuevo modelo a partir de los bocetos.

Puede parecer mucho tiempo, pero hay que tener en cuenta que el equipo de I+D puede estar desarrollando muchos modelos a la vez. La primera fase conlleva producir una muestra de cada nuevo diseño.

Una deportiva básica puede tener un prototipo del molde de la suela, o una suela prestada de un modelo existente. Esto da al desarrollador una idea de cómo serán las zapatillas.

En seis u ocho semanas, se pueden ver las pruebas de los patrones, los dibujos técnicos, y las muestras de los materiales. Tanto diseñadores como desarrolladores pueden visitar la fábrica para revisar el progreso y acelerar el desarrollo. Después de muchas semanas, el fabricante puede traer las muestras, o enviarlas por mensajería a los diseñadores.

Este es un momento muy divertido, ya que, cuando llegan las muestras, se desempaqueta todo con emoción. Algunas muestras se verán muy bien, otras pueden ser un fracaso. Por lo general, el equipo de diseño tiene una semana para revisar las nuevas muestras, indicar cambios, y prepararse para la fase de fotografías.

Con las nuevas muestras de las zapatillas en la mano, el equipo de diseño se reunirá con los equipos de ventas y *marketing* para decidir cuáles serán los nuevos diseños que seguirán el proceso de desarrollo. El resultado de esta fase será una línea de calzado completa, lista para ser fotografiada e incluirse en el catálogo de venta.
Desde la primera fase, solo el 30% de los nuevos modelos se mantienen. Se cambiarán, eliminarán y combinarán unos elementos con otros hasta que solo las mejores ideas sean las que sigan adelante.

Colección de otoño

"Somerset" — Cuero plena flor 11" — $150,00 — FG - Grano

"Brattle" — FG - Grano encaje a láser

"Tremont" — Cuero plena flor 8" — $115,00 — FG - Grano

"Beacon" — Action leather - Sublimación

"Revere" — Cuero plena flor bajas — $95,00 — FG - Grano

"Union" — Cuero impreso 11" — $85,00 — Action leather - Sublimación

"Hanover" — Cuero impreso 14" — $85,00 — Action leather - Sublimación

"Haymarket" — Cuero impreso 11" — $85,00 — FG Cuero / Action leather - Sublimación

"Bowdoin" — Cuero impreso 11" — $85,00 — Action leather - Sublimación

Fase de las muestras para fotografiar

Esta fase lleva de seis a ocho semanas de trabajo adicional. El objetivo consiste en mejorar los nuevos diseños, y tomar todas las decisiones sobre el color y los materiales. El diseñador y el director de producto trabajan en conjunto para comercializar la línea de producto; esto se produce cuando los nuevos diseños se organizan con los productos existentes para garantizar un reparto de color, materiales, diseños y precios equilibrados.

Para esta fase, el equipo podrá crear seis colores nuevos a revisar, de los que se seleccionarán los tres o cuatro mejores.

De nuevo, se ajustan los patrones, y se abren los moldes para las suelas, se volverán a cortar desde cero, o se repararán. Los desarrolladores suelen viajar a la fábrica para verificar todos los detalles. Normalmente, los desarrolladores envían las nuevas colecciones a la fábrica, y suelen llegar entre cuatro y cinco semanas más tarde para revisar el progreso. Esto le da a la fábrica el tiempo suficiente para hacer los patrones, y encontrar los materiales con el color correcto para elaborar las muestras. Los desarrolladores revisarán las materias primas y los prototipos antes de dar luz verde a la fábrica para que hagan las muestras.

Las muestras para las fotografías se hacen para que las revise el equipo de I+D; los materiales y logotipos suelen pintarse, o se simulan sin tener que pedir cientos de metros del material personalizado. Los desarrolladores, a menudo trabajan en la fábrica para supervisar el montaje final.

Este es un buen momento para pedir el coste de los modelos. Con el diseño, los materiales, y las construcciones casi terminado, la fábrica puede crear un escandallo u hoja de coste más precisa. Antes de que se pueda añadir un modelo a tu línea de producto, necesitarás que se estudien los costos y los cálculos de los impuestos.

Con las fotografías de las muestras en el color correcto, ya puedes mostrar los modelos reales a inversores, o puedes tener una vista preliminar de las muestras con posibles compradores. También puedes utilizar estas muestras para lanzar una campaña de *crowdfunding*.

La construcción de la línea final

Con las muestras de vuelta en la oficina donde se diseña, se trabaja la línea final del producto. Los nuevos, junto con los viejos modelos, se colocan en la pared. Aquí, puede haber un centenar de modelos diferentes, y más de doscientos rechazados o pospuestos en el suelo.

Una vez que se configure la línea, ventas y *marketing* darán su opinión. Después de largas horas de discusiones, tanto el ego como el orgullo pueden verse afectados, pero se llegará a una decisión final.

Los modelos que sobreviven se revisarán para hacer cualquier cambio en el diseño; después, se organizarán para que el fotógrafo empiece su trabajo. Una vez establecida la línea, es el momento de ordenar las muestras para los vendedores.

Dependiendo del tamaño de la red de distribución de la empresa, se pueden pedir desde diez unidades, hasta varios cientos de pares de cada nuevo modelo. Siempre se piden las tallas 9 americano para hombre, y 7 americano para mujer.

Producción de las muestras de ventas

Dependiendo de la cantidad de muestras a producir, esta fase puede tardar aproximadamente nueve o diez semanas. Después de crear la línea de producto, los desarrolladores envían los últimos cambios en los modelos. Con suerte, serán pequeños, y la fábrica podrá empezar a pedir los materiales. A diferencia de las muestras fotografiadas anteriormente, que pueden incluir materiales pintados o cambiados, las muestras finales deben ser las mejores, con todos los colores y materiales correctos.

Al cabo de una semana de recibir el pedido, la fábrica pide los materiales. Este es un punto clave para el seguimiento, ya que la espera para algunos materiales puede ser de cinco semanas. Mientras tanto, se revisan y se confirman los últimos ajustes en los patrones. La fábrica realizará un juego de troqueles de metal para las muestras; por otro lado, la fábrica de moldes hará modificaciones en las suelas. Esta es la primera vez que el modelo se fabrica fuera de la sala de muestras. Algunos problemas solo se detectan una vez que los aparadores se ponen a producir las muestras a gran escala.

Al igual que con la fase de muestras para fotografiar, los desarrolladores pueden visitar la fábrica para confirmar los materiales que se utilizarán para las últimas muestras antes de que empiecen. El desarrollador también puede solicitar a la sala de muestras que haga una muestra adicional para revisar los detalles antes de producir el muestrario de venta. Este es un momento importante para revisar el avance, ya que cualquier error o demora, puede afectar las posibilidades del éxito de las nuevas zapatillas.

Solo los mejores, y los aparadores con más experiencia, son elegidos para trabajar en la sala de muestras. Se suele trabajar muy rápido, ya que los clientes siempre tienen prisa. ¿Están las muestras hechas a mano? Sí, al igual que la producción.

La fase final del desarrollo

La comercialización es la última fase en el desarrollo del producto antes de que el calzado entre en producción. Hasta ahora, tu nuevo diseño solo se ha fabricado en una talla. Una vez que se ha realizado el pedido, es hora de hacer o escalar las demás tallas. El escalado de un modelo requiere tiempo, esfuerzo, y dinero. La fábrica no hará la escala de tallas hasta que no se haya realizado el pedido.

El escalado casi siempre se realiza con prisa; mientras que el desarrollo del diseño final puede tardar de seis a nueve meses, el escalado final se completará de treinta a cuarenta y cinco días; y requiere que se realicen todos los patrones y suelas, y se compruebe el calce. Todos los detalles de diseño deben examinarse para cada talla. La fábrica también se asegurará de que no haya problemas en el aparado.

Este también es el momento en el que la fábrica requerirá el pago de las nuevas herramientas para las suelas, los troqueles de corte y las hormas para cada talla.

Conserva las muestras, y las muestras de confirmación

Deberás confirmar el calce de las muestras para cada talla, y verificar las proporciones visuales del diseño. Algunos diseños de calzado pueden verse bien cuando se hacen en la talla 7, pero se ven desproporcionadas cuando se escalan hasta la talla 12. Se deben comprobar todas las tallas.

Cuando finalmente el diseño esté listo, tendrás un juego de muestras de confirmación completo. La mitad del par es la muestra que debes guardar en tu oficina, y la otra mitad del par correspondiente permanecerá en la fábrica.

Este modelo es la guía para la fábrica de cara a tus expectativas de cómo se verá el modelo de producción. Las muestras de confirmación deben etiquetarse, firmarse y almacenarse en un lugar seguro. La fábrica puede producir pares adicionales para que los firmes, estos serán utilizados por el equipo encargado de la compra de materiales, el departamento de aparado, la línea de montaje, y por el personal de inspección de control de calidad.

Arris

Los productos Arris necesitarán muchas pruebas de calce, pruebas de fricción, durabilidad, y algunas pruebas en laboratorio. No es fácil de producir una zapatilla técnica para correr, pero la fábrica que Ricardo eligió para los productos Arris tiene experiencia en la fabricación de este tipo de calzado deportivo de alto rendimiento.

El desarrollo de estos productos llevará muchos meses. Ha creado tres diseños de zapatillas diferentes, y necesita asegurarse de que cada uno de los tres modelos funcione según lo planeado. Ricardo tiene una lista de detalles que pulir, y necesitará un nuevo equipo para las suelas de cara a hacer las zapatillas Arris.

Las nuevas hormas requerirán muchas pruebas de calce para que sean perfectas. Estos ajustes, solo será agregar o quitar material a la horma para mejorar el calce. Los cambios importantes, como los contornos de la planta, o la anchura, pueden necesitar también cambios en los moldes de las suelas. Cada fase de ajuste en el desarrollo costará más dinero, y requerirá más tiempo.

Dependiendo de los cambios que se necesiten, una nueva muestra puede llevar una semana, o un mes. Varias rondas de muestras pueden añadir fácilmente hasta seis o nueve meses.

Para ayudar a progresar rápidamente en el proceso de desarrollo, Ricardo ha aprobado un presupuesto de viaje para su desarrollador. Los viajes a Asia pueden ser caros pero valen la pena.

Tarifa aérea de ida y vuelta estimada para el 2017 desde California a China 1.200 dólares (*economy*).
$100 transporte al aeropuerto, o *parking*.
$100 por noche de hotel en China.
$50 de dietas diarias.
$100 al día de transporte (si es necesario).
$100 servicio de traducción/ día (si es necesario).

Un viaje de desarrollo de dos semanas puede costar de 3.500 a 4.500 dólares. Es caro, pero las herramientas incorrectas, o el retraso de las muestras pueden costarle mucho más a Ricardo.

A Eva le será más fácil desarrollar su línea de producto. El proyecto de Enigma llegó en una fábrica que se especializa en la fabricación de botas de trabajo, y es capaz de utilizar las hormas que la fábrica tiene disponibles. Esto le ahorrará una gran cantidad de tiempo y dinero. Aunque las hormas no son perfectas, puede empezar su marca. Eva sabe que tendrá que hacer un modelo con una horma más elegante y con tacón alto, pero por ahora puede empezar. También ha decidido que puede usar un molde ya abierto para las suelas.

La fábrica de botas tiene unos moldes para suelas con la placa del logotipo extraíble, que permite insertar el logotipo en las herramientas sin el coste de comprar un set completo de moldes.

Eva se encuentra con algunos problemas de desarrollo. Nunca se le ha pedido a la fábrica que haga modelos coloridos con estampados y bordados, por lo que será un poco difícil llegar al resultado final que desea.

Investiga un poco en Alibaba.com para encontrar una compañía que pueda ayudar a la fábrica de botas con los detalles del diseño. Necesita que las botas Enigma sean especiales.

Incluso una fábrica de calzado muy profesional puede necesitar ayuda con la búsqueda de materiales. Si estás buscando algo fuera de lo normal, prepárate para buscarlo tú mismo.

Enviar tu producción

Una vez que termina la producción, los zapatos se embalan y se colocan en un contenedor de carga marítima. Ya has visto estas cajas gigantes; son exactamente del tamaño de un remolque de cuarenta pies de un camión. El tamaño estándar es de 40 x 8 x 8 pies, y alberga alrededor de 5.000 pares. Existe un tamaño mediano de 20 pies, y el tamaño extra grande de 40 pies de alto (aproximadamente 1 pie más alto que el estándar). Es mejor enviar una carga de contenedor completo (FCL), que una carga de contenedor parcial (LCL) o la carga suelta. Intenta evitar el LCL, ya que es más costoso, lleva más tiempo y la mercancía no está tan protegida como cuando va sellada en un contenedor de metal.

¿Qué es el transporte de mercancías?

Una vez que los zapatos estén en el contenedor, serán transportados en camiones hasta el puerto de carga. Este proceso lo controla un agente de carga, o el agente de carga de la fábrica. El agente de carga es la compañía que organiza el envío y elabora la documentación de exportación e importación. Son responsables de pasar los documentos de envío a los funcionarios de aduanas de los países exportadores e importadores. El transportista contacta con las líneas de envío, y programa el contenedor para que vaya en el barco que viaja a tu puerto de importación.

¿Por qué necesitas una empresa de transporte?

El envío implica dirigir la carga paletizada entre el remitente inicial y el destinatario final. En la mayoría de los casos, el destinatario final será el comprador. Una empresa de transporte organiza todo lo que necesitas para un almacenamiento seguro, y una entrega eficiente de tu stock. Esto incluye todo, desde el almacenamiento de los productos de una empresa hasta el envío de dichos productos a las diferentes ubicaciones.

Hay muchas opciones a la hora de elegir la empresa con la que se asociarse. Quieres que este proceso sea lo más sencillo posible, por lo que debes ver qué puede ofrecerte un agente de carga en términos de servicio. Por ejemplo, los agentes de carga como ProPack se encargan de los trámites importantes relacionados con el envío, agilizan los envíos transfronterizos, localizan los envíos, y mantienen a sus clientes informados sobre el estado de sus productos a lo largo del proceso. Esto significa que tendrás una buena visión general de lo que está pasando con tus productos, y puedes mantener informadas a las demás partes interesadas, como el cliente final.

Cómo encontrar transportista

Hay compañías en todo el mundo que se llaman a sí mismas transportistas. Echar un vistazo en internet puede darte una gran lista de posibilidades cuando se trate de cuidar tus zapatos, y llevarlos a su destino final. Querrás saber un poco más antes de escoger a la compañía que aparece en la parte superior de la lista. La fábrica de calzado puede ayudarte. Tienen experiencia en la fabricación de productos para exportar, y tendrá relaciones de trabajo con diferentes empresas de transporte de mercancías. Debes preguntar por todas las referencias y recomendaciones como sea posible. Si la fábrica de calzado conoce al transportista, facilitará la transición de los productos de la fábrica al agente de carga.

Cómo elegir la empresa de transporte

El mejor precio y la menor complicación son razones para elegir a un transportista frente a otro. Te ahorrarán tiempo y dinero, y harán que tu negocio avance más rápido. Además de esto, querrás saber si la compañía con la que trabajas tiene un buen servicio con el cliente. Habrá momentos en los que quieras saber lo que está pasando, o que necesites pedir asesoramiento y asistencia.

La empresa transportista con el que estés trabajando tiene que dar un excelente servicio de atención al cliente, y ayudarte cuando más lo necesites. Pide referencias que puedas contrastar para ver cómo funcionaron en el pasado.

Tanto el desarrollador, como la fábrica de Eva, tienen una relación de trabajo con una empresa de transporte de mercancía. Así que irá con esa empresa. Las botas se enviarán en las dos cargas; la de carga completa (FCL) y la de carga parcial (LCL). El envío de LCL tiene mayor coste, y tomará más tiempo para llegar a Boston, por lo que Eva hará todo lo posible para evitarlo si es posible.

Sus botas se envían directamente a su espacio alquilado. Necesitará asegurarse de tener personas disponibles para ayudar a descargar. La compañía de transporte entregará el contenedor e incluirá dos horas de espera del conductor mientras Eva y sus ayudantes descargan el contenedor de carga. Después de 2 horas de espera, tendrá que pagar 60 dólares por hora para que el conductor espere en el lugar.

La empresa de camiones puede dejar los contenedores, pero tendrá que pagar un extra por el viaje de regreso, y por la recogida.

Arris Ricardo lo mandará directamente a su 3PL contratado. Ha escogido una empresa de transporte con una oficina en Los Ángeles, cerca de su casa, y del puerto de contenedores de Long Beach. Su 3PL ya hace negocios con esta empresa, por lo que recibir los contenedores de las zapatillas debería ser sencillo. Ricardo debe tener mucho cuidado para asegurarse de que sus zapatillas estén correctamente etiquetadas para recibirlos en el 3PL. Aunque tiene que pagar un cargo por la recepción de la mercancía, sabe que su logística está siendo bien llevada.

Códigos de barras UPC

Antes de que tus zapatos se envíen desde la fábrica, las cajas necesitarán códigos de barras UPC. El UPC es el Código Universal de Producto. Las tiendas minoristas necesitan códigos de barras UPC para tus productos. Cada modelo, color y talla necesitará su propio código UPC.
Si quieres vender tus productos en Amazon u otros minoristas, debes crear los códigos de barras de los productos. Si vas a contratar a un 3PL para encargarse de la logística, también necesitará códigos UPC.

Los minoristas utilizan el código de barras para controlar sus procesos de recepción, almacenamiento y pago. El *shoe master carton* (la caja grande donde van las demás cajas de calzado) necesitará un número UPC. Las cajas del interior también necesitarán códigos UPC. Las sandalias que ya estén perchadas, necesitarán el código de barras en las bolsas de envío y en una etiqueta colgante (*hangtag*).

Los códigos de producto universales son asignados por GS1 US, una empresa sin ánimo de lucro con sede en EE.UU. que cobra tarifas de membresía que empiezan en 250 dólares, más una tarifa de renovación anual que ronda los 50 dólares. Puedes completar el formulario *online* en su página web: www.gs1us.org.

Una vez que tu empresa sea miembro, se te asignará un prefijo de 6 o 9 dígitos. Tus números UPC tendrán todos el mismo prefijo. Los siguientes 5 dígitos son tuyos para asignar a cada uno de tus productos. Puedes empezar con 00001, o crear tu propio sistema de codificación.

Una vez que se asignan los números, puedes imprimir las pegatinas con los códigos de barras mediante impresoras especiales, o simplemente envías el número a tu fábrica de calzado. Casi todas las fábricas de calzado tienen un equipo de impresión de códigos de barras, y harán las etiquetas de sus productos bajo pedido.

¿Qué tallas de calzado necesitas pedir?

Como parte de tu plan de compras de producto, debes pensar qué tallas de calzado ofrecer a tus clientes. Para algunas marcas de calzado, ofrecer una amplia gama de tallas y anchuras, es parte de su modelo de comercialización de calzado. Por ejemplo, New Balance™ es conocida por ofrecer rangos de tallas con muchas anchuras. Para las marcas de calzado más grandes que venden millones de pares, los costes asociados con la fabricación de tallas adicionales son tan pequeños que no son una preocupación. Para empresas más pequeñas, y nuevas empresas, cada talla adicional es una cantidad significativa de dinero.

Para hacer producciones grandes y garantizar una entrega rápida, se duplican las herramientas. Para una producción de un millón de pares, puede haber diez juegos de troqueles, y cinco herramientas iguales para la suela. Una talla 6.5 poco demandada, puede tener un solo molde, y una talla 11 muy demandada, puede necesitar diez juegos de herramientas para el prensado, y quince para las entresuelas de EVA.

Las marcas de calzado utilizan una curva de tallas para pedir la cantidad precisa de cada talla. Estos cuadros son una guía general, y cada marca de calzado desarrolla su propia curva personalizada basada en su historial de ventas. La curva de tallas de zapatillas para deportes de resistencia será un poco más pequeña que la curva para botas militares. Cada país y cultura tienen diferentes tallas, las curvas de tallas para el mercado asiático son más pequeñas que las del mercado estadounidense, o el europeo.

CURVA DE TALLAS DE HOMBRE

Tallas EE.UU.	Tallas Japón	Tallas Corea	Tallas Europa	Tallas RU	Tallas OZ	Pulgadas	CM	Curva
7	23	250	40	6.5	6.5	9.625"	24.4	1%
7.5	23.5	255	40-41	7	7	9.75"	24.8	1%
8	24	260	41	7.5	7.5	9.9375"	25.4	2%
8.5	24.5	265	41-42	8	8	10.125"	25.7	4%
9	25	270	42	8.5	8.5	10.25"	26	15%
9.5	25.5	275	42-43	9	9	10.4375"	26.7	15%
10	26	280	43	9.5	9.5	10.5625"	27	11%
10.5	26.5	285	43-44	10	10	10.75"	27.3	10%
11	27	290	44	10.5	10.5	10.9375"	27.9	14%
11.5	27.5	290	44-45	11	11	11.125"	28.3	11%
12	28	295	45	11.5	11.5	11.25"	28.6	13%
13	29	300	46	12.5	12.5	11.5625"	29.4	2%
14	30	310	47	13.5	13.5	11.875"	30.2	1%

CURVA DE TALLAS DE MUJER

Tallas EE.UU.	Tallas Japón	Tallas Corea	Tallas Europa	Tallas RU	Tallas OZ	Pulgadas	CM	Curva
5	21	220	35-36	3	3	8.5"	21.6	2%
5.5	21.5	225	36	3.5	3.5	8.75"	22.2	2%
6	22	230	36-37	4	4	8.875"	22.5	6%
6.5	22.5	235	37	4.5	4.5	9.0625"	23	6%
7	23	240	37-38	5	5	9.25"	23.5	10%
7.5	23.5	245	38	5.5	5.5	9.375"	23.8	12%
8	24	250	38-39	6	6	9.5"	24.1	13%
8.5	24.5	255	39	6.5	6.5	9.6875"	24.6	11%
9	25	260	39-40	7	7	9.875"	25.1	13%
9.5	25.5	265	40	7.5	7.5	10"	25.4	10%
10	26	270	40-41	8	8	10.1875"	25.9	10%
10.5	27	275	41	8.5	8.5	10.3125"	26.2	2%
11	28	280	41-42	9	9	10.5"	26.7	3%

Equilibrio en el surtido de tallas

Ocasionalmente, una compañía de calzado necesitará reequilibrar su stock de un modelo de calzado. Mientras que las tallas del medio (10, 10.5, 11) pueden agotarse, los extremos de la curva de tallas pueden no venderse. Esta rotura de tallas no se puede vender a full price. Será necesario completar los pedidos de la fábrica de calzado para corregir el inventario.

Arris La línea de producto Arris requiere muchas nuevas herramientas para las suela de cara a producir cada talla. Para reducir los costes iniciales de las herramientas, Ricardo empezará con una producción con menor número de tallas. Si las zapatillas realmente gustan, y los clientes demandan más tallas, podrás aumentar el número de herramientas más adelante.

Tallas EE.UU.	Tallas Japón	Tallas Corea	Tallas Europa	Tallas RU	Tallas OZ	Pulgadas	CM	Curva	Pares
7	23	250	40	6.5	6.5	9.625"	24.4	0%	0
7.5	23.5	255	40-41	7	7	9.75"	24.8	0%	0
8	24	260	41	7.5	7.5	9.9375"	25.4	2%	20
8.5	24.5	265	41-42	8	8	10.125"	25.7	4%	40
9	25	270	42	8.5	8.5	10.25"	26	15%	150
9.5	25.5	275	42-43	9	9	10.4375"	26.7	15%	150
10	26	280	43	9.5	9.5	10.5625"	27	13%	130
10.5	26.5	285	43-44	10	10	10.75"	27.3	10%	100
11	27	290	44	10.5	10.5	10.9375"	27.9	15%	150
11.5	27.5	290	44-45	11	11	11.125"	28.3	11%	110
12	28	295	45	11.5	11.5	11.25"	28.6	13%	130
13	29	300	46	12.5	12.5	11.5625"	29.4	2%	20
14	30	310	47	13.5	13.5	11.875"	30.2	0%	0

Pedido 1000

enigma KICKING FASHION IN THE FACE! Tanto los gastos de desarrollo, como los costes iniciales de Enigma, son bastante reducidos debido al uso del equipo existente. Eva podría permitirse ofrecer más tallas, pero preferiría no llevar el stock de las tallas grandes y pequeñas. Al igual que Ricardo, prefiere ir a lo seguro y empezará con un surtido de tallas más limitado.

Tallas EE.UU.	Tallas Japón	Tallas Corea	Tallas Europa	Tallas RU	Tallas OZ	Pulgadas	CM	Curva	Pares
5	21	220	35-36	3	3	8.5"	21.6	0%	0
5.5	21.5	225	36	3.5	3.5	8.75"	22.2	0%	0
6	22	230	36-37	4	4	8.875"	22.5	6%	30
6.5	22.5	235	37	4.5	4.5	9.0625"	23	6%	30
7	23	240	37-38	5	5	9.25"	23.5	12%	60
7.5	23.5	245	38	5.5	5.5	9.375"	23.8	12%	60
8	24	250	38-39	6	6	9.5"	24.1	14%	70
8.5	24.5	255	39	6.5	6.5	9.6875"	24.6	12%	60
9	25	260	39-40	7	7	9.875"	25.1	13%	65
9.5	25.5	265	40	7.5	7.5	10"	25.4	10%	50
10	26	270	40-41	8	8	10.1875"	25.9	10%	50
10.5	27	275	41	8.5	8.5	10.3125"	26.2	2%	10
11	28	280	41-42	9	9	10.5"	26.7	3%	15

Pedido 500

Derechos y aranceles de importación de calzado

Los aranceles de importación son unas tarifas que se cobran al importador de cualquier producto que provenga de un país extranjero. La tarifa se paga al gobierno del país importador, y depende del país de origen, la clasificación del material, y de las regulaciones de importación de cada país. Aquí veremos las regulaciones de los aranceles para importar calzado a EE.UU. desde China. Las reglas para clasificar el calzado son comunes para la mayoría de los países, pero cada país puede tener diferentes impuestos.

Para que un zapato sea importado, primero debe ser clasificado especificando al gobierno qué se importa, y cuál es el arancel de importación. Una gran empresa de calzado tendrá a un especialista en importación que revisará los modelos, y asignará las clasificaciones. Es muy importante que se conozca la clasificación de los impuestos, ya que el impuesto debe sumarse al precio del modelo.

Heading/ Subheading	Stat. Suf- fix	Article Description	Unit of Quantity	Rates of Duty		
				1		2
				General	Special	
6404 (con.)		Footwear with outer soles of rubber, plastics, leather or composition leather and uppers of textile materials: (con.) Footwear with outer soles of rubber or plastics: (con.)				
6404.11 (con.)		Sports footwear; tennis shoes, basketball shoes, gym shoes, training shoes and the like: (con.) Other: (con.)				
6404.11.90		Valued over $12/pair..............	....	20% 1/	Free (AU, BH, CA, CL, D, IL, JO, MA, MX, P, PA, R, SG) 4% (OM, PE) 10% (CO) 20% (KR)(s)	35%
	10	For men: Ski boots, cross country ski footwear and snowboard boots..................	prs.			
	20	Other................	prs.			
	40	For women: Ski boots, cross country ski footwear and snowboard boots..................	prs.			
	50	Other................	prs.			
	70	Other: Ski boots, cross country ski footwear and snowboard boots..................	prs.			
	80	Other................	prs.			
6404.19 6404.19.15		Other: Footwear having uppers of which over 50 percent of the external surface area (including any leather accessories or reinforcements such as those mentioned in note 4(a) to this chapter) is leather...	....	10.5% 2/	Free (AU, BH, CA, CL, CO, D, E, IL, JO, KR, MA, MX, OM, P, PA, PE, R, SG)	35%
	20	For men................	prs.			
	60	For women................	prs.			
	81	Other................	prs.			
6404.19.20		Footwear designed to be worn over, or in lieu of, other footwear as a protection against water, oil, grease or chemicals or cold or inclement weather..............	....	37.5% 3/	Free (AU, BH, CA, CL, D, IL, JO, MA, MX, P, R, SG) 1.9% (PA) 7.5% (OM, PE) 18.7% (CO) 37.5% (KR)(s)	66%
	30	For men................	prs.			
	60	For women................	prs.			
	90	Other................	prs.			

Número de arancel

Información de la clasificación

Tasa de impuestos

Países libres de impuestos

Clasificación del calzado

Tus modelos de calzado deben clasificarse de acuerdo con el Arancel Armonizado de Estados Unidos (HTS). Es un libro enorme, de más de veinte centímetros de grosor; es muy útil usar el archivo PDF en el ordenador, o la herramienta de búsqueda *online* de la página web de HTS para clasificar tus zapatos.

http://hts.usitc.gov

Hay muchos capítulos para el calzado. La clasificación puede ser complicada y un poco desalentadora. Para los tipos de calzado más comunes, solo necesitas conocer algunos códigos HTS. Algunas de las reglas pueden parecer un poco extrañas, pero así es como funciona.

Una vez que tu zapato está clasificado, puedes asignar su código HTS a los documentos de envío. La empresa de transporte añadirá los cargos a la factura del despacho de aduana.

El HTS es un código de 10 dígitos, tal que así: 6402.19.05.30.

6402.19.05.30 es el utilizado para los zapatos de golf de hombre, con un impuesto del 6%.

Las clasificaciones se basan en: material, función, género, talla, construcción, y valor.

Al revisar un zapato, hay que considerar el material mayoritario (más del 51%). ¿Es de cuero, o está hecho de goma plástico (R/P)? Los zapatos de cuero tienen un arancel del 8,5% al 10% (según el precio FOB).

Estos zapatos de piel de alto precio tienen un arancel del 8,5%.

Estas zapatillas de cuero barato también tiene un arancel del 8,5%.

El mismo diseño hecho de R/P, o de materiales sintéticos de PU sería 20% + 0,90 dólares, si su precio es inferior a 12,50 dólares. Si el precio es más de 12,50 dólares, el arancel es de solo el 20%.

Si eres diseñador de calzado, desarrollador, o jefe de producto, necesitas saber esto. Puede que añadir 5 céntimos al precio de un modelo pueda ahorrarte 0,90 en tasas de importación.

Estas deportivas de malla tiene un arancel del 20%.

Estas sandalias de goma tipo Zori, cae en la categoría de arancel del 0%.

Estas zapatillas de *running* tienen un 20% de arancel.

Estas deportivas de *action leather* tienen una tasa del 8,5%.

Estas deportivas tienen una mezcla de materiales, pero tiene más del 51% de piel. El tipo de arancel es del 8,5%.

Como diseñador de calzado o jefe de producto, debes sentarte con tu especialista en importación, y conocer cómo funciona en detalle. Al planificar la línea de producto, el diseño de los modelos debe ser eficiente, ya que puede ahorrarle mucho dinero a tu empresa. Podrás pagar menos impuestos al gobierno de Estados Unidos, y ofrecer más valor a tus clientes.

Encontrarás especialistas en la clasificación de productos de calzado importado trabajando por cuenta propia. Prevé pagar alrededor de 50 dólares por cada modelo de zapato que haya clasificado.

Estos *derbys* de serraje con picados tienen un arancel del 8,5%.

Esta zapatilla *slip-on* de lona tiene una tasa del 20% + $0,90.

73

Arris

La mala noticia para Ricardo, es que casi todos los modelos Arris estarán en la clasificación de aranceles de importación del 20%. La línea de producto Arris está compuesta casi en su totalidad por un corte textil con detalles y logotipos de cuero sintético (PU). Los modelos cuestan más de 12,50 dólares, por lo que entran en la clase de impuestos del 20%. Esto suma 3 dólares adicionales sobre un precio FOB de 15 dólares.

Las normas arancelarias de importación se aplican a todos. Ninguna empresa, grande o pequeña, puede evitar pagar tasas de importación. Los competidores de Ricardo pagarán las mismas tarifas.

Algunos países reciben un trato especial al importar productos a EE.UU. o Europa. Los zapatos pueden tener una tasa de impuestos más baja, tal vez incluso del 0% de impuestos. Sin embargo, trasladar la producción a estos países menos desarrollados suele tener un gasto mayor que el arancel ahorrado.

Ricardo puede tomar algunas medidas para reducir los costes de los impuestos. Para las zapatillas de recuperación Arris, el diseñador y desarrollador de Ricardo pueden ver algunas otras opciones de materiales. En lugar de malla para el corte, probarán piel de serraje, o algún tipo de serraje sintético perforado.

Ambas opciones de material son más caras que la malla, pero la tasa de impuestos para el cuero es del 9%, y la tasa para un zapato 100% sintético (no de malla) es del 6%. Las reglas arancelarias pueden ser un poco complicadas, pero es importante revisar el gasto de servicio y los costes de los materiales contra el resultado de cada material.

Eva lo tiene mucho más fácil con las regulaciones aduaneras para la línea de productos Enigma. Las botas en las que está trabajando son casi totalmente de cuero. Para los zapatos de mujer de piel, la tasa es el 8,5% del precio FOB.

Un modelo que sea 55% de cuero, y 45% de tejido, o cuero sintético, se clasificará como cuero según las regulaciones de servicio de EE.UU. Las normas de la UE son ligeramente diferentes para el cuero. En Estados Unidos, los funcionarios de aduanas solo cuentan las superficies expuestas; mientras que en Europa también cuentan el material cubierto por otros materiales.

Eva tiene algunos diseños de botas con piezas de tejido. Estos diseños seguirán siendo clasificados como cuero en EE.UU., siempre que la superficie de piel sea más del 50%.

Muchas compañías usan las reglas aduaneras para ahorrar algo de dinero. Las piezas de tejido costarán menos que el cuero, pero el modelo se clasificará en la tasa de impuesto de cuero del 8.5% más baja. Muchas veces puedes encontrar zapatillas de gama baja hechas con *action leather* color blanco, o botas de cuero color negro con la pared medial hecha de un cuero sintético a tono, más económico. Esta técnica se utiliza en muchos modelos de calzado asequible.

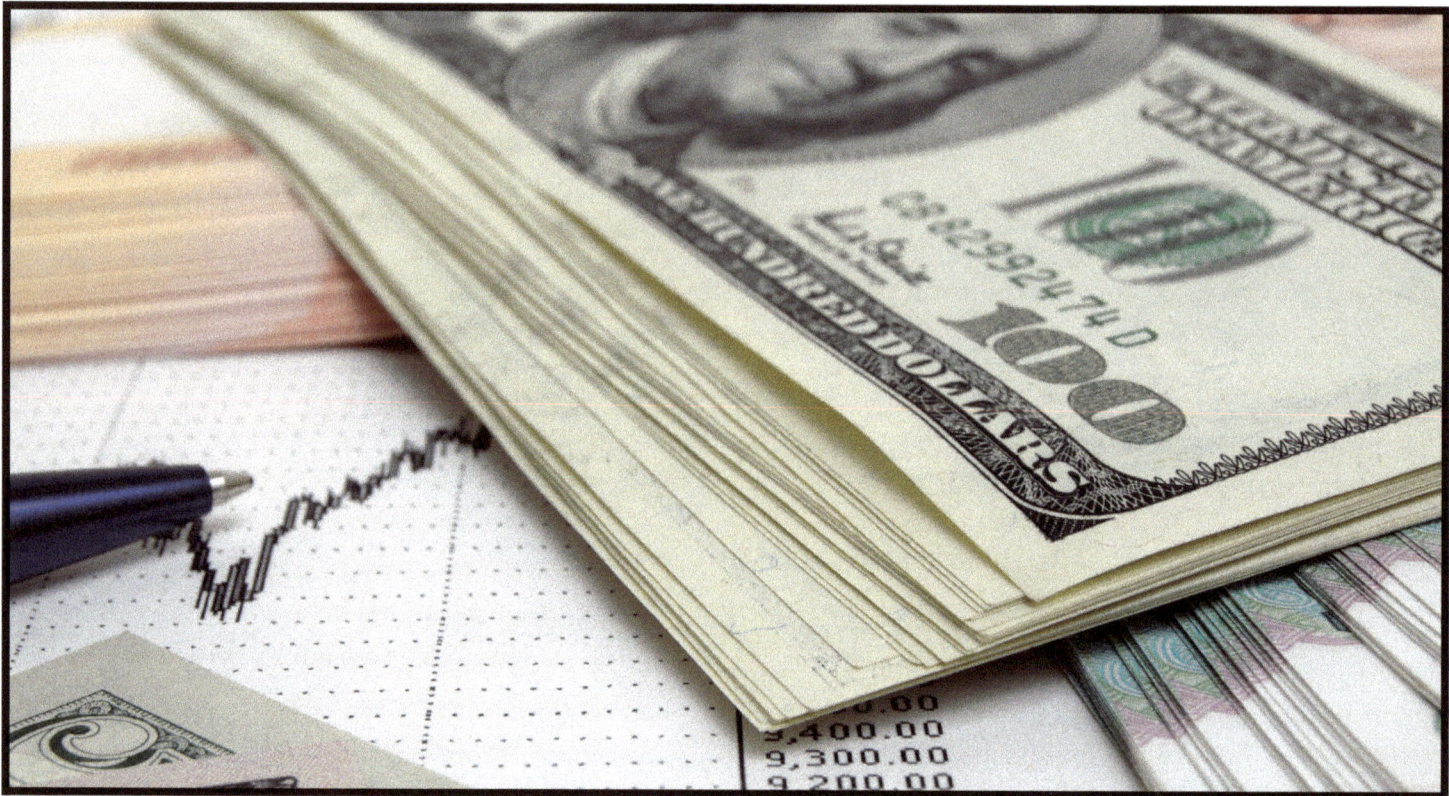

CAPÍTULO 6

COSTES INICIALES Y RECAUDACIÓN DE CAPITAL

¿Cuánto capital inicial necesitas para empezar tu nueva marca de calzado?

Esta puede ser la pregunta más importante mientras te preparas para empezar tu nueva empresa de calzado. El capital inicial puede ser difícil de conseguir, y los costes iniciales para una compañía de calzado pueden variar enormemente dependiendo de tus planes.

Desarrollo del calzado y costes de producción
En este capítulo detallamos cuánto costará desarrollar tu línea de calzado. Estos costes incluyen gastos de desarrollo, herramientas, viajes, muestras, producción y envío.

Cronograma de inversión
Saber cuándo necesitarás el dinero es tan importante como saber cuánto necesitarás. Estudiaremos el cronograma de inversión para la puesta en marcha de una nueva empresa de calzado. Mientras planificas tu nuevo negocio, necesitas saber exactamente cuándo encontrar a los inversores, cuándo requerirá el dinero la fábrica, y cuándo verás el dinero regresar a tu empresa.

Recaudación del capital inicial
¿De dónde puedes obtener el capital inicial para lanzar tu nueva empresa? Veremos cómo puedes recaudar el dinero para empezar. ¿Deberías pedir prestado a tus amigos, a familiares, o a un banco? A lo mejor deberías lanzar una campaña de *crowdfunding*.

Por último, una vez que tengas el dinero para tu compañía de calzado, ¿cómo lo envío a la fábrica, o al intermediario? Aprenderemos sobre las cartas de crédito, y transferencias bancarias al extranjero.

Primeros pasos: $0 a $100
Papel y lápiz, investigación *online*, observar a tu cliente objetivo, y estudiar el mercado objetivo se puede hacer por casi nada. Un poco de dinero para la gasolina, y reuniones a comer con algunos contactos pueden ayudarte a concretar.

Creación legal de tu empresa: $500
El papeleo puede ser frustrante, pero las tarifas suelen ser bajas.

Marcas registradas: $250 a $500
Las tarifas del registro de marca son fijas y no hay forma de evitarlas. Los costes del registro pueden aumentar a medida que tu compañía de calzado se expanda a mercados extranjeros.

Dominios web: $9 a $100.000
Aunque los dominios parten de los 9 dólares al año, un nombre privilegiado podría costar 100.000 dólares.

Diseñar los zapatos: $0 a $20.000
Esta cantidad depende de tu diseñador, o firma de diseño, y del alcance del proyecto. Los diseños del corte son fáciles. Las herramientas para las suelas pueden ser difíciles. ¿Tienes solo un par de zapatos, o una línea entera de productos?

Desarrollo de productos: $2.000 a $60.000
Un contrato de desarrollo con un agente intermediario podría costar 2.000 dólares al mes. Un desarrollador contratado, cerca de 3.000 dólares al mes. Viajes a fábrica: 2.500 dólares, cargos por el desarrollo de patrones: 1.000 - 5.000 dólares. Herramientas para muestras: 0 - 50.000 dólares.

Herramientas y hormas: $0 a $+150.000
Dependiendo del producto, este coste puede ser de 0 a 150.000 dólares, o más. Si estás utilizando hormas y moldes ya existentes, el coste del nuevo equipo de producción podría ser 0. Si necesitas nuevas hormas, suelas y moldes de inyección, las herramientas de producción podrían costar varios cientos de miles de dólares.

Coste para comprar tus zapatos:
Las nuevas marcas suelen pagar un mínimo del 50% del precio total de compra de los zapatos cuando realiza el pedido de producción. El coste total será el precio de los zapatos, los derechos de importación, los impuestos y los gastos de envío.

Costes de comercialización:
Fotografías, catálogos, producir la web, precios de ferias... Los gastos de comercialización para una empresa en crecimiento pueden representar del 10% al 20% de sus ingresos brutos.

El calendario de inversión

El calendario de inversión es muy importante para planificar las operaciones financieras. Te permite saber cuándo tu negocio necesitará más aportes de capital.

No necesitas todo el dinero por adelantado, pero sí necesitas un plan. Este calendario te permitirá llevar la planificación con tus inversores y bancos, o programar la campaña de *crowdfunding*. Un calendario detallado ayudará a garantizar que no haya sorpresas para ti, o para tus socios a medida que se avanza en el proceso de diseño, desarrollo, producción, comercialización y venta.

El calendario de inversión también te dirá cuándo prever el beneficio de vuelta a tu empresa.

CALENDARIO DE INVERSIÓN

Mayo:
La fase de diseño requerirá de los pagos a tu diseñador. Empieza con un anticipo para que empiece el proyecto. También deberás pagar las tasas iniciales de la empresa, incluido el dinero para los permisos locales, registro de marca comercial, y dominio web.

Junio:
La fase de diseño está terminada. El diseñador necesitará los pagos finales para completar las fichas técnicas.

Julio:
Pagos a la fábrica de calzado y/o agentes de desarrollo de calzado.
Pago de honorarios al desarrollador de calzado, y gastos de viaje.

Agosto:
Pagos de las herramientas para las suelas, y gastos de envío de las muestras.

Septiembre:
Gastos del viaje del desarrollador de calzado.
Pagos de las herramientas para las suelas, y gastos de envío de las muestras.

Octubre – Noviembre:
Gastos del viaje del desarrollador de calzado.
Pagos de las herramientas para las suelas, y gastos de envío de las muestras.

Enero – Febrero:
Factura de las muestras para fotografiar, y envío de muestras.
Tasas de patentes.

Marzo
Fotografía de producto y producción de catálogos.

Mes	Semana	Actividad
MAY	1	DISEÑO
	2	
	3	
	4	
JUN	1	Entrega de fichas técnicas
	2	FICHA -1
	3	
	4	
JUL	1	ENVÍO
	2	Cambios de diseño
	3	FICHA -2
	4	
AGO	1	
	2	
	3	
	4	ENVÍO
SEP	1	Cambios de diseño
	2	FICHA -3
	3	
	4	
OCT	1	
	2	
	3	
	4	ENVÍO
NOV	1	MUESTRAS PARA FOTOGRAFIAR GRUPO FOCAL
	2	
	3	
	4	
DIC	1	Producción de las muestras para fotografiar
	2	
	3	
	4	
ENE	1	
	2	
	3	
	4	ENVÍO
FEB	1	¡LÍNEA FINAL TERMINADA!
	2	
	3	
	4	
MAR	1	Producción de las muestras de venta
	2	
	3	

Marzo – Mayo:
Facturas de las muestras de ventas, y gastos de envío.
Gastos de viaje del desarrollador de calzado.
Tasas de creación de los códigos de barras UPC.

Junio – Agosto:
Mientras que los vendedores están reservando el producto, la fábrica trabaja para hacer las tallas de la producción.

Pago recibido de los agentes de ventas, y de los distribuidores.

Gastos de participación en ferias comerciales.
Viajes relacionados con ventas
Gastos de la presentación de productos

Septiembre:
Pedido de producción hecho. Pagar por adelantado del 25% al 50% del coste total de la factura para cubrir las herramientas de producción.

Noviembre:
Producción completada. El restante del coste de producción debe pagarse antes de enviar los zapatos.
Desarrollo de la página web.

Diciembre:
Recibidos los pagos de envíos internacionales, y directos.

Enero:
Con los modelos enviados, la empresa de transporte necesitará el pago de los aranceles de importación, y los gastos de envío.

Pagos de clientes recibidos

		muestras de venta																														

ENVÍO

Ventana de reserva de ventas

Deadline del pedido

90 días de producción

Sale de fábrica
Envío

En almacén

Check in – Envío a clientes

	2	3	4	1	2	3	4	1	2	3	4	1	2	3	4	1	2	3	4	1	2	3	4	1	2	3	4	1	2	3	4	1	2	3	4
ABR				MAY				JUN				JUL				AGO				SEP				OCT				NOV				DIC				ENE

Costes de desarrollo del calzado

Los costes de desarrollo del calzado dependen principalmente del tiempo que lleven, las herramientas necesarias, y los gastos de los viajes.

Un diseño complicado necesitará varias pruebas de patrones, y quizás varios ajustes de las herramientas. Puede que cada muestra deba enviarse a los diseñadores para su estudio.

Las herramientas a medida son difíciles de corregir. Los diseños de los moldes cambian según van apareciendo, y resolviéndose, los problemas. Cada herramienta desechada cuesta dinero.

Una nueva horma de calzado necesitará pruebas de calce, y la revisión de las muestras. Cada ajuste consume tiempo y dinero a medida que se suma el envío aéreo de las muestras.

Si viajas a Asia, o a Europa, puedes esperar que una semana cueste de 3.000 a 4.500 dólares, o el doble si quieres viajar en *business*.

Arris Los gastos de desarrollo de Arris van a ser altos. Ricardo necesita nuevas hormas y herramientas para sus tres nuevos modelos.

El gasto de desarrollo de las herramientas no será mucho más que el coste de los moldes de producción porque no está utilizando ninguna nueva tecnología. Sin embargo, las tres hormas que Arris necesita para hacer los tres tipos de zapatillas, requerirán de varias rondas de ajustes. Cada prueba del diseño del corte requerirá del envío aéreo a la oficina de Ricardo para las pruebas.

Ricardo, también está mandando a su desarrollador a China dos veces. Cada viaje costará 3.500 dólares, más los salarios del desarrollador. El difícil desarrollo de Arris le costará más de 20.000 dólares solo la preparación, las muestras, y el envío (sin incluir las herramientas).

enigma Los gastos de desarrollo de Enigma son mínimos. Eva está usando hormas y suelas ya existentes. Viajará a la fábrica una vez por 3.500 dólares, y tendrá que pagar algunos gastos de la impresión, el tejido, el muestrario, y los gastos de envío. El gasto total del desarrollo será de menos de 6.000 dólares.

Costes de iniciar la producción

Hay dos factores principales que determinarán el coste inicial de la producción a gran escala de tus modelos: los costes de las herramientas y los moldes, y el coste de la mano de obra y producción. Echemos un vistazo al coste de ambos.

Costes del equipamiento de calzado

Si necesitas herramientas para la suela y hormas, tus sus gastos iniciales pueden ser muy altos. Si utilizas moldes ya abiertos, tus costes iniciales pueden reducirse significativamente.

Los moldes ya abiertos para las suelas están disponibles en la fábrica para que los clientes los usen, pero pueden tener algunas limitaciones. Dependiendo del estilo del modelo, se pueden usar moldes abiertos para hacer calzado de alta calidad. Los zapatos pala vega, o las botas de trabajo con diseños troquelados, se pueden hacer con moldes de plástico y goma ya abiertos.

Las fábricas suelen ofrecer moldes modernos y similares a los de las grandes marcas, pero hay que comprobar el calce. Las herramientas creadas para el mercado chino pueden no ajustarse a la horma coincidente de tu mercado. Aunque los moldes de las suelas son gratis, necesitas desarrollar y comprar una horma compatible.

El coste de las nuevas herramientas depende en su totalidad del diseño. Un solo molde de una pieza de una suela casco (*cupsole*) de goma, puede costar entre 1.000 y 1.500 dólares por talla.

Una suela de goma y EVA de dos piezas necesita el mismo molde de 1.500 dólares para las piezas de goma, y un segundo molde de 2.500 dólares para las piezas de EVA. Las herramientas de una zapatilla de baloncesto moderna, *high-tech* con piezas moldeadas, puede costar 10.000 dólares por cada talla de suela, entresuela, soldadura por radiofrecuencia, piezas inyectadas, y grabado.

Un surtido completo de herramientas necesitará de ocho a doce juegos para la producción. El coste de las herramientas para un modelo único puede ser elevado, hasta 100.000 dólares, o más.

Durante el desarrollo, se necesitará hacer un molde de muestra para confirmar el diseño antes de hacer el resto para la producción. Estos prototipos de los moldes pueden utilizarse para la producción, pero si necesitan modificaciones es mejor apartarlos. Estos moldes deben pagarse, incluso si se usan para hacer solo algunas piezas del muestrario. Si hay un problema en el diseño, puede que solo se utilice una vez y se deseche.

Si estás haciendo tiradas pequeñas, la fábrica puede exigirte que compres los troqueles de corte para el material. No son caros, cuestan entre 500 y 1.000 dólares el juego completo.

Si tu proyecto requiere una horma nueva, la fábrica necesitará el pago para la producción de las hormas. Se necesita un par por talla para el desarrollo, y después, la producción cuando se haga el pedido.

Una línea de montaje estándar con pedidos mayores a 1.500 pares por día, necesitará de 500 a 750 pares de hormas para un correcto funcionamiento. Pedidos más pequeños necesitarán de 200 a 300 pares de hormas. Cuando la línea de montaje está en funcionamiento, no pueden permitirse el lujo de tener a trabajadores esperando a que las hormas regresen de vuelta para seguir.

Coste de las herramientas

En China hay cientos de fábricas de herramientas que fabrican equipamiento para calzado. El mercado es muy competitivo, y la calidad puede variar mucho. Los precios son estables. El salario de los trabajadores es fijo, así que el precio está determinado por la complejidad y la calidad de la materia prima. Si el precio del molde es muy bajo, ten cuidado con el metal por si es de baja calidad. A continuación se detallan los costes básicos que debes prever. Si el precio te parece alto, o bajo, mira otros precios.

Una fábrica de calzado puede reducir el coste de las herramientas para ganar pedidos. Un cliente con un margen bajo es mejor que ningún cliente, y más tarde encontrarán la manera de obtener beneficio con los pedidos.

Molde para suelas de goma: $1.200 a $1.500.

Herramientas compresión EVA: $2.500 a $3.500.

Herramientas de inyección EVA: $3.500 a $4.000.

Molde para laminar goma o EVA: $1.000.

Moldes para plantillas con logo: $3.000 el juego.

Molde grabado del corte: $300 a $1.000.

Desarrollo de hormas: $0 a $1.500.

Hormas de plástico: $5 a $7 el par.

Hormas de metal: $2 a $3 el par.

Troqueles de corte: $1.000 por juego.

Fornituras metálicas (grabadas): $300 a $700.

Fornituras metálicas (molde): $800 a $1.200.

Logotipos (peq./microinyección): $100 a $200.

Moldes cambrillón plástico: $1.000 a $2.500.

Herramientas para el grabado por radiofrecuencia (RF): $100 a $500.

Configuración de la máquina CNC de tricotado 3D (4K): $300 por talla.

Configuración impresión sublimación: $300 por cada diseño.

Configuración de etiqueta (tejida): $0.

Configuración de bordados: $ 0.

Eva necesitará algunos troqueles, herramientas para el grabado de logotipos por RF, y un molde para grabar el logotipo en las fornituras. Normalmente, la fábrica cobraría a los clientes nuevos por los troqueles, ya que está trabajando con una marca que tiene buena relación con la fábrica, no le harán ningún cargo por los troqueles.

~~5 juegos de troqueles para corte = $3.500~~
Logotipo Enigma por RF = $500
Molde para grabado de fornituras = $500
Total = $1.000

Arris La línea de productos Arris requiere una gran cantidad de equipamiento nuevo. Ricardo mandará hacer una talla de cada modelo hasta tener pedidos de producción.

Troqueles para el corte de las muestras = $500
Logotipo Arris por RF = $500
Molde para el prensado de plantillas Arris = $500
Molde para grabado de fornituras = $500
Suelas goma calzado entrenamiento = $1.200
Entresuela EVA calzado entrenamiento = $2.500
Desarrollo hormas calzado entren. = $1.500
Suelas goma calzado carreras = $1.200
Entresuela EVA calzado carreras = $2.500
Desarrollo hormas calzado carreras = $1.500
Suelas goma calzado recuperación = $1.200
Desarrollo hormas calzado recuperación = $1.500
Total herramientas desarrollo = $15.100

Molde grabado fornituras = $1.500
Troqueles para el corte de las muestras = $3.500
Logotipo Arris por RF, tres tamaños = $1.500
Suelas goma calzado entrenamiento, 8T = $9.600
Entresuela EVA calzado entren., 8T = $20.000
Producción hormas entrenamiento = $3.000
Suelas goma calzado carreras, 8 Tallas = $9.600
Entresuela EVA calzado carreras, 8T = $20.000
Producción hormas modelo carreras = $3.000
Suelas goma calzado recuperación, 8T = $9.600
Producción hormas recuperación = $3.000
Molde plantillas anatómicas Arris = $3.000
Total herramientas producción = $87.300

Costes de producto

Los costes iniciales del producto dependen de la cantidad mínima de pedido de fábrica (MOQ). Los mínimos para calzado se basan en los mínimos para los diferentes materiales de calzado.
Para un material como la piel de serraje, el MOQ puede ser de 1.000 pies cuadrados. Esto es suficiente cuero para hacer unos 500 pares.
Para malla, o material de PU, el MOQ puede ser de 100 a 500 metros.

Para muestras individuales, o muestrarios pequeños, se pueden comprar materiales para calzado en los mercados locales, pero las opciones pueden ser limitadas. Los vendedores de materiales más grandes tienen salas con muestras con pequeños lotes de materiales. Para producir una muestra de ventas, la fábrica puede comprar el MOQ de un material con la expectativa de que el cliente use este material para la primera producción.

El cálculo del coste del producto debe incluir las muestras para fotografías, las muestras de ventas, y las de producción. Dependiendo de la política de la fábrica, y del historial de pedidos del cliente, el precio de las muestras para fotografiar, y las muestras de ventas pueden conservar el mismo precio FOB, o pueden tener el precio FOB multiplicado por dos.

¿Precio de compra para 2.000 pares?

Aproximadamente, el precio de fábrica de tus modelos será el 25% del precio de venta *retail*. Con lo cual, si tus zapatos costarán 100 dólares en tienda, prevé 25 dólares para el modelo, con envío e impuestos de importación incluidos. Por lo tanto: $25 x 2.000 pares = $50.000.

La fábrica requerirá el pago del 25% al 50% por adelantado al realizar el pedido para cubrir la compra del material. Pedirán el importe restante antes de enviar la producción.

Mira cómo sube el precio rápidamente. Y sí, puedes empezar tu propia marca de calzado, pero no esperes hacerlo por ti mismo, necesitarás mucha ayuda.

El pedido de las muestras de Eva es de cinco pares de cada modelo. El coste total es de 2.053 dólares. Necesita pagar a la fábrica 1.770 dólares, de los cuales, 283 dólares son para cubrir el envío y los aranceles.

La producción, con un contenedor lleno de botas, costará más de 100.000 dólares, de los cuales 88.500 dólares son para la fábrica de calzado; y 15.000 dólares para que la empresa de transporte cubra el envío y las tasas de aduanas.

Aunque esta es una gran cantidad de dinero, el beneficio (menos gastos de comercialización, descuentos y gastos operativos) podría ser de casi 84.000 dólares.

Para que Eva alcance el punto muerto, o el umbral de rentabilidad, necesitará vender aproximadamente la mitad de los 3.250 pares.

Pedido del muestrario de Enigma

	Modelo	Colorido	Material	FOB + Empaq. $	Envío $	Tasas %	Tasas %	Impuestos $	Ad., seg., env.$	P. en alm. $	Pedido	Coste total	Factura de fábrica	Transportista
1	Somerset	Black	Plena flor grano	$35,00	1,45	9,5%	3,33	0,012	0,32	$40,11	5	$200,53	$175,00	$25,53
2	Somerset	Brown	Plena flor grano	$35,00	1,45	9,5%	3,33	0,012	0,32	$40,11	5	$200,53	$175,00	$25,53
3	Brattle	Mahogoney	Laser plena flor	$35,00	1,45	9,5%	3,33	0,012	0,32	$40,11	5	$200,53	$175,00	$25,53
4	Brattle	Black	Laser plena flor	$35,00	1,45	9,5%	3,33	0,012	0,32	$40,11	5	$200,53	$175,00	$25,53
5	Tremont	Black	Plena flor liso	$30,00	1,45	9,5%	2,85	0,011	0,32	$34,63	5	$173,14	$150,00	$23,14
6	Tremont	Brown	Plena flor liso	$30,00	1,45	9,5%	2,85	0,011	0,32	$34,63	5	$173,14	$150,00	$23,14
7	Beacon	Black	Subl-Action Leather	$30,00	1,45	9,5%	2,85	0,011	0,32	$34,63	5	$173,14	$150,00	$23,14
8	Beacon	White China	Action Leather	$30,00	1,45	9,5%	2,85	0,011	0,32	$34,63	5	$173,14	$150,00	$23,14
9	Revere	Black	Plena flor grano	$22,00	1,45	9,5%	2,09	0,008	0,32	$25,87	5	$129,33	$110,00	$19,33
10	Union	Pink Roses	Action Leather	$18,00	1,45	9,5%	1,71	0,006	0,32	$21,48	5	$107,42	$90,00	$17,42
11	Hanover	Spiked Flowers	Action Leather	$18,00	1,45	9,5%	1,71	0,006	0,32	$21,48	5	$107,42	$90,00	$17,42
12	Haymarket	Black Rose	Subl-Action Leather	$18,00	1,45	9,5%	1,71	0,006	0,32	$21,48	5	$107,42	$90,00	$17,42
13	Dowdoin	Black Floral	Subl-Action Leather	$18,00	1,45	9,5%	1,71	0,006	0,32	$21,48	5	$107,42	$90,00	$17,42
											65	$ 2.053,68	$ 1.770,00	$ 283,68

Pedido de producción de Enigma

	Modelo	Colorido	Material	FOB + Empaq. $	Envío $	Tasas %	Tasas %	Impuestos $	Ad., seg., env.$	P. en alm. $	Pedido	Coste total	Factura de fábrica	Transportista
1	Somerset	Black	Plena flor grano	$35,00	1,45	9,5%	3,33	0,012	0,32	$40,11	250	$10.026,29	$8.750,00	$1.276,29
2	Somerset	Brown	Plena flor grano	$35,00	1,45	9,5%	3,33	0,012	0,32	$40,11	250	$10.026,29	$8.750,00	$1.276,29
3	Brattle	Mahogoney	Laser plena flor	$35,00	1,45	9,5%	3,33	0,012	0,32	$40,11	250	$10.026,29	$8.750,00	$1.276,29
4	Brattle	Black	Laser plena flor	$35,00	1,45	9,5%	3,33	0,012	0,32	$40,11	250	$10.026,29	$8.750,00	$1.276,29
5	Tremont	Black	Plena flor liso	$30,00	1,45	9,5%	2,85	0,011	0,32	$34,63	250	$8.657,10	$7.500,00	$1.157,10
6	Tremont	Brown	Plena flor liso	$30,00	1,45	9,5%	2,85	0,011	0,32	$34,63	250	$8.657,10	$7.500,00	$1.157,10
7	Beacon	Black	Subl-Action Leather	$30,00	1,45	9,5%	2,85	0,011	0,32	$34,63	250	$8.657,10	$7.500,00	$1.157,10
8	Beacon	White China	Action Leather	$30,00	1,45	9,5%	2,85	0,011	0,32	$34,63	250	$8.657,10	$7.500,00	$1.157,10
9	Revere	Black	Plena flor grano	$22,00	1,45	9,5%	2,09	0,008	0,32	$25,87	250	$6.466,40	$5.500,00	$966,40
10	Union	Pink Roses	Action Leather	$18,00	1,45	9,5%	1,71	0,006	0,32	$21,48	250	$5.371,05	$4.500,00	$871,05
11	Hanover	Spiked Flowers	Action Leather	$18,00	1,45	9,5%	1,71	0,006	0,32	$21,48	250	$5.371,05	$4.500,00	$871,05
12	Haymarket	Black Rose	Subl-Action Leather	$18,00	1,45	9,5%	1,71	0,006	0,32	$21,48	250	$5.371,05	$4.500,00	$871,05
13	Dowdoin	Black Floral	Subl-Action Leather	$18,00	1,45	9,5%	1,71	0,006	0,32	$21,48	250	$5.371,05	$4.500,00	$871,05
											3.250	$ 102.684,15	$ 88.500,00	$ 14.184,15

Pedido del muestrario de Arris

	Modelo	Colorido	Material	FOB + Empaq. $	Envío $	Tasas %	Tasas $	Impuestos $	Ad., seg., env.$	P. en alm. $	Pedido	Coste total	Factura de fábrica	Transportista
1	Endro X	Silver	Malla / PU	$34,00	4,05	20,0%	6,80	0,012	0,32	$45,18	15	$677,70	$510,00	$167,70
2	Endro X	Green	Malla / PU	$34,00	4,05	20,0%	6,80	0,012	0,32	$45,18	15	$677,70	$510,00	$167,70
3	Endro X	Grey	Malla / PU	$34,00	4,05	20,0%	6,80	0,012	0,32	$45,18	15	$677,70	$510,00	$167,70
4	Phantom	Silver	Malla / PU	$30,00	4,05	20,0%	6,00	0,011	0,32	$40,38	15	$605,68	$450,00	$155,68
5	Lightening	Yellow	Malla / PU	$30,00	4,05	20,0%	6,00	0,011	0,32	$40,38	15	$605,68	$450,00	$155,68
6	Revo	Yellow	Malla / PU	$28,00	4,05	20,0%	5,60	0,010	0,32	$37,98	15	$569,67	$420,00	$149,67
											90	$ 3.814,11	$ 2.850,00	$ 964,11

Pedido de producción de Arris

	Modelo	Colorido	Material	FOB + Empaq. $	Envío $	Tasas %	Tasas $	Impuestos $	Ad., seg., env.$	P. en alm. $	Pedido	Coste total	Factura de fábrica	Transportista
1	Endro X	Silver	Malla / PU	$17,00	1,05	20,0%	3,40	0,006	0,32	$21,77	300	$6.532,15	$5.100,00	$1.432,15
2	Endro X	Green	Malla / PU	$17,00	1,05	20,0%	3,40	0,006	0,32	$21,77	300	$6.532,15	$5.100,00	$1.432,15
3	Endro X	Grey	Malla / PU	$17,00	1,05	20,0%	3,40	0,006	0,32	$21,77	300	$6.532,15	$5.100,00	$1.432,15
4	Phantom	Silver	Malla / PU	$15,00	1,05	20,0%	3,00	0,005	0,32	$19,37	200	$3.874,63	$3.000,00	$874,63
5	Lightening	Yellow	Malla / PU	$15,00	1,05	20,0%	3,00	0,005	0,32	$19,37	200	$3.874,63	$3.000,00	$874,63
6	Revo	Yellow	Malla / PU	$14,00	1,05	20,0%	2,80	0,005	0,32	$18,17	300	$5.451,84	$4.200,00	$1.251,84
											1.600	$ 32.797.56	$25.500,00	$7.297,56

Arris Ricardo ha contratado a ocho vendedores para visitar a distribuidores en Estados Unidos. Necesitará las muestras de venta antes de la producción. Se adelantó y pidió quince pares de cada modelo, por lo que tiene suficiente para sus agentes, para sus vendedores internos y algunos pares reservados para que los compradores importantes los prueben.

Quiere que sus muestras de ventas lleguen rápidamente, por lo que decidió enviarlas por aire. Esto aumenta el coste del envío 4,05 dólares por par, pero reduce cuatro semanas el tiempo de entrega.

La fábrica que está haciendo las zapatillas Arris tiene una política de doble imposición para los modelos realizados en la sala de muestras en lugar de en la línea de montaje. Con lo cual, 3.814 dólares parece caro para unas muestras, pero recuperará parte de este dinero cuando los agentes de ventas paguen las muestras.

Ricardo podría haber limitado el pedido, y no haber comprado todos los colores del modelo Endro X, pero quiere causar una gran impresión con los distribuidores. Seis modelos es una línea de calzado muy pequeña, por lo que quiere enseñarlos todos.

El primer pedido de producción de Arris es muy pequeño. Ricardo tiene suerte de tener un MOQ pequeño. Acepta utilizar el material sobrante en los siguientes pedidos, por lo que la fábrica acepta un MOQ pequeño para el primer pedido.

Las herramientas y el pedido de producción de Ricardo sumaron más de 100.000 dólares. El plan de producto Arris requiere ventas de 90.000 dólares con una ganancia de 56.000 dólares. La marca Arris no obtendrá beneficio durante su primera temporada a menos que pueda aumentar su pronóstico de ventas.

Ricardo vuelve a hacer números. Necesita vender 4.000 pares para cubrir el desarrollo, las herramientas y el coste de los modelos. Una pérdida operativa neta no será el final de su compañía, siempre que pueda encontrar capital para operar.

Calendario de inversión inicial

Ricardo y Eva tienen situaciones de capital muy diferentes. Ambos necesitan una cantidad significativa de dinero para llevar sus zapatos al mercado, pero no necesitan el dinero al mismo tiempo.

Los gastos de desarrollo de Eva son mínimos ya que las botas Enigma no son complicadas, y el desarrollo requiere poco viaje, pero las botas son caras de producir. Necesitará recaudar 97.000 dólares para comprar y enviar las botas. El total, antes de los gastos de comercialización, es de alrededor de 109.500 dólares.

Como se menciona anteriormente, el diseño y el desarrollo del producto Arris, es complicado y necesita muchas herramientas, viajes y experiencia técnica. Ricardo necesita contratar diseñadores y desarrolladores con experiencia para asegurarse de que el proyecto Arris se mueva en la dirección correcta.

Arris Los gastos de Ricardo se pagan por adelantado según va surgiendo. El diseño, desarrollo, y los recursos necesarios para hacer un muestrario ya han superado los 30.000 dólares. Para completar el desarrollo y producir las muestras de ventas de la línea de producto, Ricardo necesitará otros 5.000 dólares.

Con el departamento comercial de Arris trabajando para atender los pedidos, Ricardo tomará algunas decisiones importantes.

Si el departamento comercial no consigue reservar pedidos, Ricardo deberá elegir entre asumir los 35.000 dólares como pérdida total, y volver a trabajar como corredor de bolsa, o cambiar sus diseños, hacer nuevas muestras, y seguir invirtiendo otros 86.300 dólares para afrontar las herramientas de producción.

En total, Ricardo necesitará más de 165.000 dólares para llevar a Arris al mercado. Esto incluye los 15.000 dólares que destinó para la comercialización de su marca.

Arris

Entrega de primavera

Entrega de otoño

enigma — KICKING FASHION IN THE FACE!

Arris (Entrega de primavera)

Mayo:
La fase de diseño $4.500.
Tasas iniciales de la empresa, registro de marca y dominio. $500.

Junio:
La fase de diseño terminada. El diseñador necesitará los pagos finales para completar las fichas técnicas. $4.500.

Julio:
Pagos a la fábrica y/o agentes de calzado. Pago de honorarios al desarrollador de calzado, y gastos de viaje. $3.500.

Agosto:
Pago de herramientas para las muestras de suelas, y gastos de envío de las muestras. $17.000.

Septiembre:
Gastos viaje del desarrollador.
Pagos de herramientas para las muestras de suelas, y gastos de envío de las muestras. $3.500.

Diciembre:
Gastos viaje del desarrollador.
Pagos de herramientas para las muestras de suelas, y gastos de envío de las muestras. $3.500.

Enero – Febrero:
Factura de las muestras para fotografiar, y envío de muestras.
Fotografía producto y producción de catálogos. $1.200.

enigma (Entrega de otoño)

Noviembre:
La fase de diseño: $0 Eva lo hace ella misma.
Tasas iniciales de la empresa, registro de marca y dominio. $400.

Diciembre:
Pagos a la fábrica y/o agentes de calzado. Pago de honorarios al desarrollador de calzado, y gastos de viaje. $2.500.

Febrero:
Pagos de herramientas para las muestras de suelas, y gastos de envío de las muestras. $1.500.

Marzo:
Gastos del viaje de desarrollo.
Pagos del envío de las muestras. $2.500.

Julio:
Factura de las muestras para fotografiar, y envío de muestras.
Fotografía de producto, web y producción de catálogos.
Muestrario $600.
Catálogo de fotos $1.000.

Timeline

Primavera	Semana	Fase	Otoño	Semana
MAY	1	DISEÑO	OCT	1
	2			2
	3			3
	4			4
JUN	1	Entrega de fichas técnicas	NOV	1
	2			2
	3	FICHA - 1		3
	4			4
JUL	1		DIC	1
	2			2
	3			3
	4			4
AGO	1	ENVÍO	ENE	1
	2	Cambios de diseño		2
	3			3
	4	FICHA - 2		4
SEP	1		FEB	1
	2			2
	3			3
	4			4
OCT	1	ENVÍO	MAR	1
	2	Cambios de diseño		2
	3			3
	4	FICHA - 3		4
NOV	1		ABR	1
	2			2
	3	ENVÍO		3
	4	MUESTRAS PARA FOTOGRAFIAR GRUPO FOCAL		4
DIC	1		MAY	1
	2	Producción de las muestras para fotografiar		2
	3			3
	4			4
ENE	1		JUN	1
	2			2
	3	ENVÍO		3
	4			4
FEB	1		JUL	1
	2			2
	3	¡LÍNEA FINAL TERMINADA!		3
	4			4
MAR	1	Producción de las muestras de venta	AGO	1
	2			2
	3			3
	4			4

Marzo – Abril – Mayo:
Facturas de las muestras de ventas, y gastos de envío.
Gastos de viaje del desarrollador.
Tasas de creación de los códigos de barras UPC. $3.800.

Junio – Julio – Agosto:
Mientras que los vendedores están reservando el producto, la fábrica trabaja para hacer las tallas de la producción.
Hay que realizar el pago de las herramientas. $86.300.

Septiembre:
Pedido de producción hecho, 50% por adelantado. $15.000.

Noviembre:
Producción completada. El restante del coste de producción debe pagarse antes de enviar las zapatillas. $15.000.

Enero:
Con los modelos enviados, la empresa de transporte necesitará el pago de los aranceles de importación, y los gastos de envío.
Gastos de entrada de mercancía 3PL. $7.000.

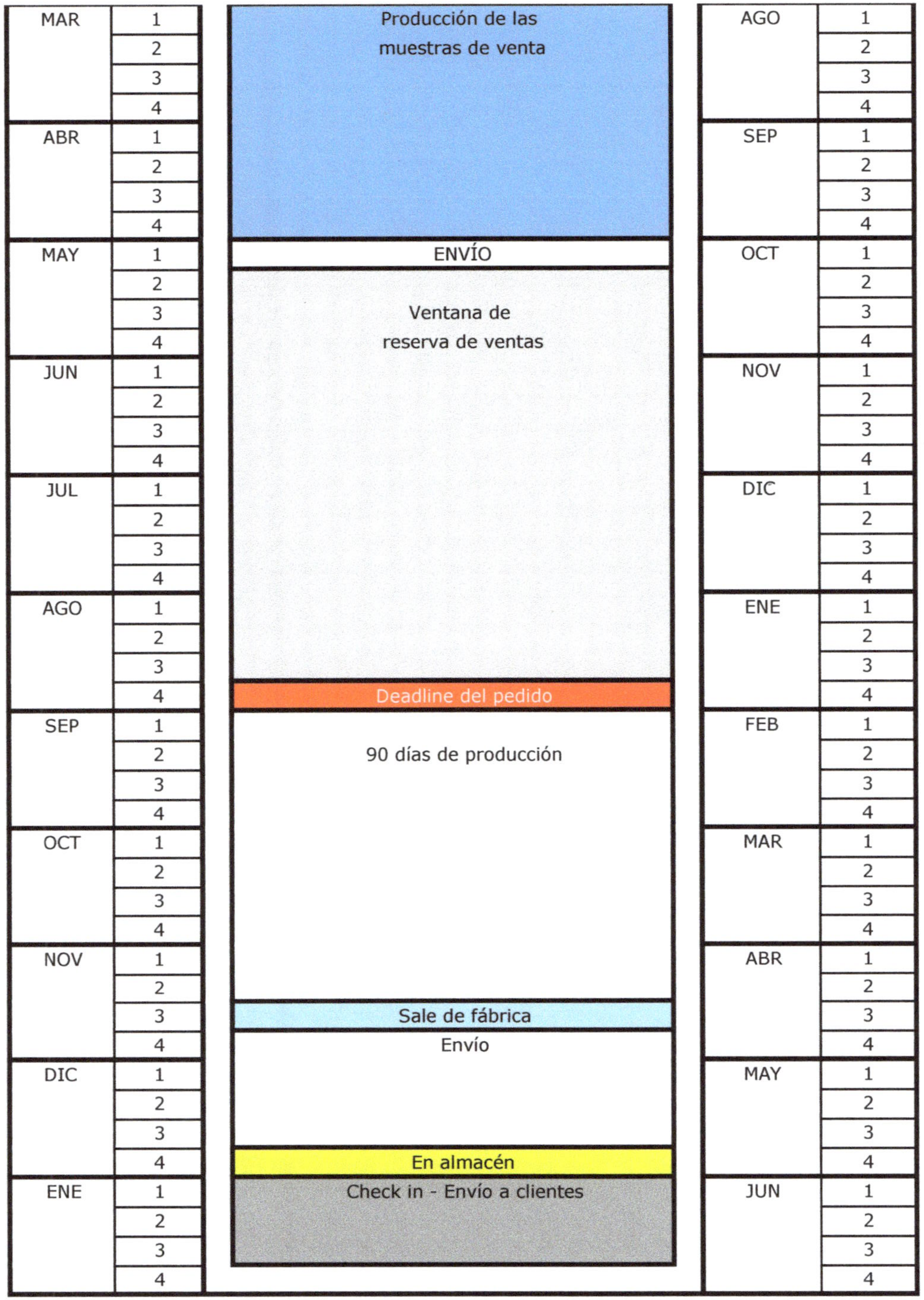

Octubre:
Facturas de las muestras de ventas, y gastos de envío.
Gastos viaje del desarrollador.
Tasas de creación de los códigos de barras UPC. $4.000.

Noviembre – Enero:
Mientras los vendedores reservan el producto, la fábrica hace las tallas de la producción. Hay que realizar el pago de las herramientas. $1.000.

Febrero:
Pedido de producción hecho. 25% a 50% por adelantado. $44.000.

Abril:
Producción completada. El restante del coste de producción debe pagarse antes de enviar los modelos. $44.000.

Junio:
Con los modelos enviados, la empresa de transporte necesitará el pago.
Aranceles de importación, y gastos de envío. $15.000.

Gastos de alquiler para el almacén. $10.000.

Envío terrestre al almacén de Enigma. $800.

Mes	Semana
MAR	1
	2
	3
	4
ABR	1
	2
	3
	4
MAY	1
	2
	3
	4
JUN	1
	2
	3
	4
JUL	1
	2
	3
	4
AGO	1
	2
	3
	4
SEP	1
	2
	3
	4
OCT	1
	2
	3
	4
NOV	1
	2
	3
	4
DIC	1
	2
	3
	4
ENE	1
	2
	3
	4

Timeline bars (central):
- Producción de las muestras de venta
- ENVÍO
- Ventana de reserva de ventas
- Deadline del pedido
- 90 días de producción
- Sale de fábrica
- Envío
- En almacén
- Check in – Envío a clientes

Mes	Semana
AGO	1
	2
	3
	4
SEP	1
	2
	3
	4
OCT	1
	2
	3
	4
NOV	1
	2
	3
	4
DIC	1
	2
	3
	4
ENE	1
	2
	3
	4
FEB	1
	2
	3
	4
MAR	1
	2
	3
	4
ABR	1
	2
	3
	4
MAY	1
	2
	3
	4
JUN	1
	2
	3
	4

Recaudar capital para tu empresa

Cuando se trata de empezar una nueva empresa de calzado, recaudar el dinero inicial es una de las primeras cosas que hay considerar. A medida que se avanza en las primeras etapas de diseño y desarrollo de tus modelos, debes pensar cómo va a pagarse esto.

Debes asegurarte de haber planificado todo correctamente con antelación. Quedarte sin dinero en medio del proyecto es una gran frustración.

Conoce los costes

Cada inversor con el que hables te preguntará: cuánto dinero buscas, para qué es exactamente, cuándo lo necesitas; y lo más importante, cuándo vas a devolverlo. Tener un calendario de inversión bien detallado te permitirá notificar esta información adecuadamente a tus inversores. También, ayudará a ambas partes a ver si el proyecto se ejecuta según el plan, o no.

En el capítulo 2 revisamos los costes básicos de la puesta en marcha de la empresa. En el capítulo 3 aprendimos cuánto puede costar un diseño nuevo. En el capítulo 4 elaboramos un plan financiero; y en el capítulo 5 estudiamos el coste de producción y desarrollo. Saber cuándo necesitarás gastar el capital se detalla en el calendario de inversión del capítulo 6.

A estas alturas ya debes tener una idea mucho más clara de lo que te va a costar este nuevo negocio. Si no tienes un número en mente, debes tomarte un tiempo y hacer tus cálculos.

La planificación y la preparación son imprescindibles. Sin una lista detallada de los costes, no sabrás cuánto dinero pedir. Sin haber evaluado adecuadamente esta información previamente, podrías empezar el proceso, y no ser capaz de terminarlo.

Opciones para recaudar capital

Hay muchas opciones a la hora de recaudar el dinero que se necesita para crear tu empresa de calzado. Cada uno viene con sus propios beneficios y complicaciones. La cantidad de dinero que necesitas determinará si puedes autofinanciarte, o necesitas inversores y préstamos.

Ahorros personales

Es casi imposible comenzar tu propio negocio sin invertir parte de tu dinero. Tus ahorros están ahí para actuar como amortiguador cuando los tiempos sean difíciles, o para comprar algo que no puedas pagar.

Usar temporalmente tus ahorros para financiar tu empresa de calzado es una forma de invertir en tu futuro. Puede significar que no tendrás ahorros a los que recurrir por un tiempo, pero es una buena manera de poner en marcha el negocio. Usar temporalmente tus ahorros antes de que tu negocio genere ingresos tiene grandes beneficios.

Utilizar tus propios ahorros significará que no se te estará cobrando ningún interés sobre el dinero, se presta el capital a una tasa de interés cero; esto lo convierte en una forma muy eficiente de financiar tu empresa de calzado. Tampoco tienes que preocuparte por el tiempo a la hora de devolverlo. Puedes reinvertir el capital si vendes los zapatos rápidamente y necesitas más existencias. El dinero ya te pertenece, por lo que puedes decidir rápidamente qué pasará con él.

Préstamos de amigos y familiares

Muchas nuevas empresas se crean con el dinero recaudado de amigos y familiares. Cuando tienes una pasión por algo, son tu familia y tus amigos quienes a menudo sienten más al respecto. Habrás compartido tus sueños con estas personas, y lo más probable es que crean en ti más que en un inversor que no conoces.

Haz un planteamiento profesional y ten los acuerdos por escrito, pero también hazlo divertido. Mantén a tus amigos y familiares al día sobre lo que sucede, y utiliza a tus contactos en redes sociales como Facebook, para que te ayuden a correr la voz y el entusiasmo. Un inversor motivado te ayudará a poner tu marca en el boca de todos.

No tengas miedo a preguntar a todos los que conoces, y si te rechazan, no te lo tomes como algo personal. Tener una actitud profesional y tratar a las personas con respeto es la clave para lograr que te ayuden. Facilita a las personas el hacer negocios contigo; amigos y familiares querrán ver el éxito en tu nueva empresa de calzado.

Asegúrate de que cada inversor pueda tener un par de deportivas de la primera tirada.

Socios inversores

Hay personas que invierten de manera profesional en pequeñas empresas cuando ven potencial y rendimiento. Es posible que estas personas no sean fáciles de encontrar, y querrán ver muchos datos y cifras. También, vendrán con una lista de contactos que podrán transformar tu negocio de calzado. Si han ayudado a otros en una empresa similar antes que a ti, ya tendrán contactos para ayudarte a tener éxito.

A estas personas se les conoce como inversores ángeles, *business angels*, o padrino inversor, y operan en sus propios términos. Pueden tantear el terreno y averiguar sobre compañías como la tuya a través de otras personas. Aquí es donde tus redes sociales y otros tipos de *marketing* te ayudarán a hacer contactos. También habrá gente que se autopromocionará para conseguir que vengan a ellos.

Debes conocer tu negocio por dentro y por fuera cuando se trata de buscar inversores ángeles y otros socios inversores. Este es su dinero y su modo de vida, y están buscando hacer un buen rendimiento de su inversión. Debes pensar a lo grande con estos inversores, ya que vender unos zapatos con un pequeño margen de beneficio no es lo que están buscando. A la vez, debes ser realista al tratar con inversores, habrán visto a miles de emprendedores y sabrán cuándo no se les cuenta toda la verdad. Asegúrate de pulir tu discurso, y de tener todos tus costes y proyecciones comerciales en tu lugar para que el padrino inversor sepa que tienes el control total de tu negocio.

Préstamos bancarios

También puedes pedirle a un banco el préstamo para financiar tu compañía de calzado. Deberás tener toda la información en orden, ya que el banco querrá ver tu plan de negocios y cualquier cálculo de costes y proyecciones que hayas elaborado. Aquí ayudan los hechos reales, por lo que los precios de tus proveedores tienen más peso que tus propias estimaciones. Haz esta reunión de la manera más profesional, y el banco te considerará como un prestatario viable. Si vas a una reunión con el banco sin preparar, nada no te tomarán en serio, y las posibilidades de obtener un préstamo bancario serán escasas.

Las tasas de interés que ofrecen los bancos son competitivas, y la que puedes conseguir dependerá de factores como las garantías que puedas presentar, tu historial de créditos, y tu relación con el banco. Ve al banco donde realizas tus operaciones bancarias personales, así tendrán una imagen mucho mejor de ti como cliente, y podrán ofrecerte un trato que no podrás obtener en ningún otro lado. Tu compañía también aparentará ser más profesional una vez tengas la cuenta bancaria para tu empresa, y esto te ayudará a asegurar proveedores.

Lineas de crédito

Como alternativa a un préstamo bancario tradicional, puedes asegurar una línea de crédito con un banco u otro prestamista. Esto significa tener acceso a una cantidad fija de dinero para tu negocio, pero no tienes que cogerlo todo de una vez. La ventaja de este modelo, es que solo pagas intereses de la cantidad de dinero que se haya extraído del crédito en ese momento.

Si necesitas acceso a capital en diferentes períodos de tiempo para diferentes cuestiones de tu empresa, una línea de crédito puede ser una buena opción.

Una vez más, necesitarás tener el plan de negocio, y los pronósticos financieros para que el prestamista pueda tomar una decisión documentada sobre tu caso. Puede ser complicado hacer un seguimiento de los gastos y la cantidad de intereses en los que te estás incurriendo con una línea de crédito, pero es una forma flexible de recaudar dinero para empezar tu negocio.

Crowdfounding

La llegada de internet ha dado a las pequeñas empresas acceso a otras fuentes de financiación. Cuando se trata de poner en marcha nuevos proyectos, el *crowdfunding* es una gran vía para llegar a los clientes y asegurar el respaldo de tu nueva compañía de calzado.

Con un *crowdfunding* podrás mostrar a los posibles inversores lo que tienes en mente (tu argumento de venta) y, a cambio, pueden optar por financiar con cantidades pequeñas, o grandes para respaldar tu proyecto. Una vez tengas el dinero para el lanzamiento, continúas con el pedido de herramientas y los modelos de producción.

Crowdfunding para calzado

Puedes autofinanciar el muestrario y comprar las herramientas para una talla; después, con una pequeña cantidad de capital del *crowdfunding*, menos de 10.000 dólares, podrás enseñar las muestras completas y encontrar patrocinadores.

Si te aseguras de tener de trescientos a quinientos patrocinadores, será suficiente para empezar. Si tu proyecto se financia, cumplirás el MOQ de fábrica, y podrás destinar el dinero para las herramientas. Si tienes una línea de calzado complicada que requiera herramientas caras, necesitarás más patrocinadores para el lanzamiento.

Crowdfunder™ es una plataforma que permite a las personas obtener capital de pequeños inversores individuales a cambio de una devolución de capital. Las personas que financian aquí buscan proyectos donde puedan recuperar su dinero, más una rentabilidad a su inversión. Esto es estrictamente para empresas, y es una buena manera de ver si tu plan de negocio es atractivo.

Kickstarter™ te permite recaudar dinero en forma de donación a cambio de ofrecer una recompensa. Las personas que financian aquí no esperan ver de vuelta su capital, pero sí esperan de vuelta algo que el dinero no pueda comprar. Puedes ofrecerles el primer par de la línea de producción, la capacidad de diseñar el próximo par de zapatos, o algo que simplemente no pueden obtener en ningún otro lado.

Peerbackers™ es otro sitio web de *crowdfunding* que permite a las personas con un proyecto conocer a otras personas que busquen invertir. Funciona de manera similar a los dos anteriores, y es un gran sitio para que el emprendedor primerizo encuentre respaldo para su empresa. Tu negocio puede encontrar a un grupo de personas para que te ayuden con el coste del proyecto, lo cual es muy útil si no consigues ser financiado a través de las rutas tradicionales.

Ventajas del *crowdfunding*

Otra ventaja del *crowdfunding* es la visibilidad para tu negocio. Los patrocinadores tendrán su propia red de amigos, familiares y compañeros en lugares como las redes sociales. Se asegurarán de informar a su gente sobre tus nuevos zapatos si han invertido dinero en tu empresa. Esto significa que inmediatamente se abre el alcance comercial cuando tus productos salen al mercado.

La realidad del *crowdfunding*

Debes tener cuidado con el *crowdfunding*, ya que un gran pago por parte de Kickstarter™ puede significar también hacer frente a una enorme factura de impuestos incluso antes de gastar el capital.

Para empezar, Kickstarter tomará su tasa, que es aproximadamente un 8% del total.

Después de conseguir los fondos de tu proyecto, recibirás un formulario de declaración de ingresos (modelo 1099-M en Estados Unidos), que informará a ambas partes la cuantía GRAVABLE recibida en el *crowdfunding*. Dependiendo de la tasa impositiva, es posible que debas reservar el 44% de esta cantidad para pagar al gobierno. Esto también se verá afectado según la cantidad empleada en tu proyecto, ya que los gastos son deducibles.

Ten mucho cuidado con hacer la financiación a final de año, ya que este capital puede verse como un ingreso, y puede que tengas que pagar impuestos ANTES de tener la oportunidad de gastarlo en el desarrollo y la producción de tus zapatos.

Aunque una financiación de Kickstarter de cinco millones de dólares pueda sonar increíble, significa también que tienes que empezar a administrar una empresa de 5 millones de dólares... AHORA.

Si tu modelo de negocio no es rentable, tu nueva empresa de calzado puede tener grandes problemas muy rápidamente. Tómate tu tiempo y pide algunos consejos de tu asesor fiscal sobre cómo manejar los ingresos ANTES de lanzar la campaña.

Arris

Ricardo necesita un total de 165.000 dólares para crear y lanzar Arris. Los requisitos de su capital pueden dividirse perfectamente.

Autofinanciará los primeros 35.000 dólares necesarios para desarrollar las zapatillas y hacer las muestras de ventas. Incluyendo el dinero de varios de sus compañeros de trabajo, cada uno le dio 500 dólares. (En caso de que Arris sea la próxima Nike™, quieren estar dentro desde el comienzo).

El personal de ventas de Arris consigue que los principales minoristas de Ricardo reserven las deportivas Arris. Tiene pedidos firmes de 3.000 pares de zapatillas. Ahora necesita capital para comprar los modelos y abrir los moldes y herramientas. Necesita alrededor de 118.000 dólares.

Ricardo lleva los pedidos a su banco y solicita un préstamo. El banco le da el préstamo, pero tiene que ofrecer su casa, o su fondo de jubilación como garantía. Es un gran riesgo, pero lo hará.

Basándose en la solidez de los primeros pedidos, Ricardo le pide a la fábrica que amortice algunas de las facturas de las herramientas dentro del coste de las zapatillas. Aceptan retrasar 30.000 dólares de los pagos de las herramientas hasta que se realice el segundo pedido.

La fábrica puede hacer esto, ya que posee las herramientas Arris como garantía.

Eva está dispuesta a rogar, pedir prestado y robar (no literalmente) los primeros 12.500 dólares de sus amigos y familiares. Tendrá que recaudar alrededor de 10.000 dólares para alquilar el espacio de la oficina, y "encontrar" 5.000 dólares más para la comercialización. El primer pedido de botas Enigma costará alrededor de 97.000 dólares de compra y envío. Eva necesita un total de 124.500 dólares.

Lanzará una campaña de *crowdfunding* en Kickstarter™. Necesita vender cerca de 1.000 pares para financiar su primer pedido de producción. ¡Buena suerte, Eva!

Pagar por los zapatos

¿Cómo se paga, realmente, a la fábrica o al agente de calzado?

La idea principal aquí, es que tanto tú como la fábrica, os aseguréis de obtener lo que queréis. La fábrica debe asegurarse el pago por sus esfuerzos, y tú debes asegurarte de recibir los zapatos que pagaste.

Existen dos métodos muy utilizados para hacer pagos a fábricas o agentes: las cartas de crédito (LC), y el pago por transferencia bancaria (TT).

¿Qué es una carta de crédito?

Una carta de crédito es una de las partes más importantes de las transacciones comerciales internacionales, ya que da seguridad a ambas partes en la transacción. El vendedor sabe que se le pagará, y el comprador sabe que recibirá los bienes.

Es un documento oficial, y legalmente vinculante, que obliga al comprador a intercambiar la cantidad de capital acordada por los bienes acordados. Permite al vendedor confiar en el banco que produce la carta de crédito para pagar, aunque no se puede garantizar ninguna transacción al 100%, esto es, probablemente, lo más fiable para garantizar que se reciba el pago.

A medida que el comercio entre compañías en diferentes lugares del país, o en diferentes países del mundo, se ha vuelto más frecuente, también lo ha hecho el uso de la carta de crédito. Las leyes y regulaciones bancarias en cada país son diferentes. La carta de crédito brinda la tranquilidad de que el pago se recibirá a cambio de los bienes provistos.

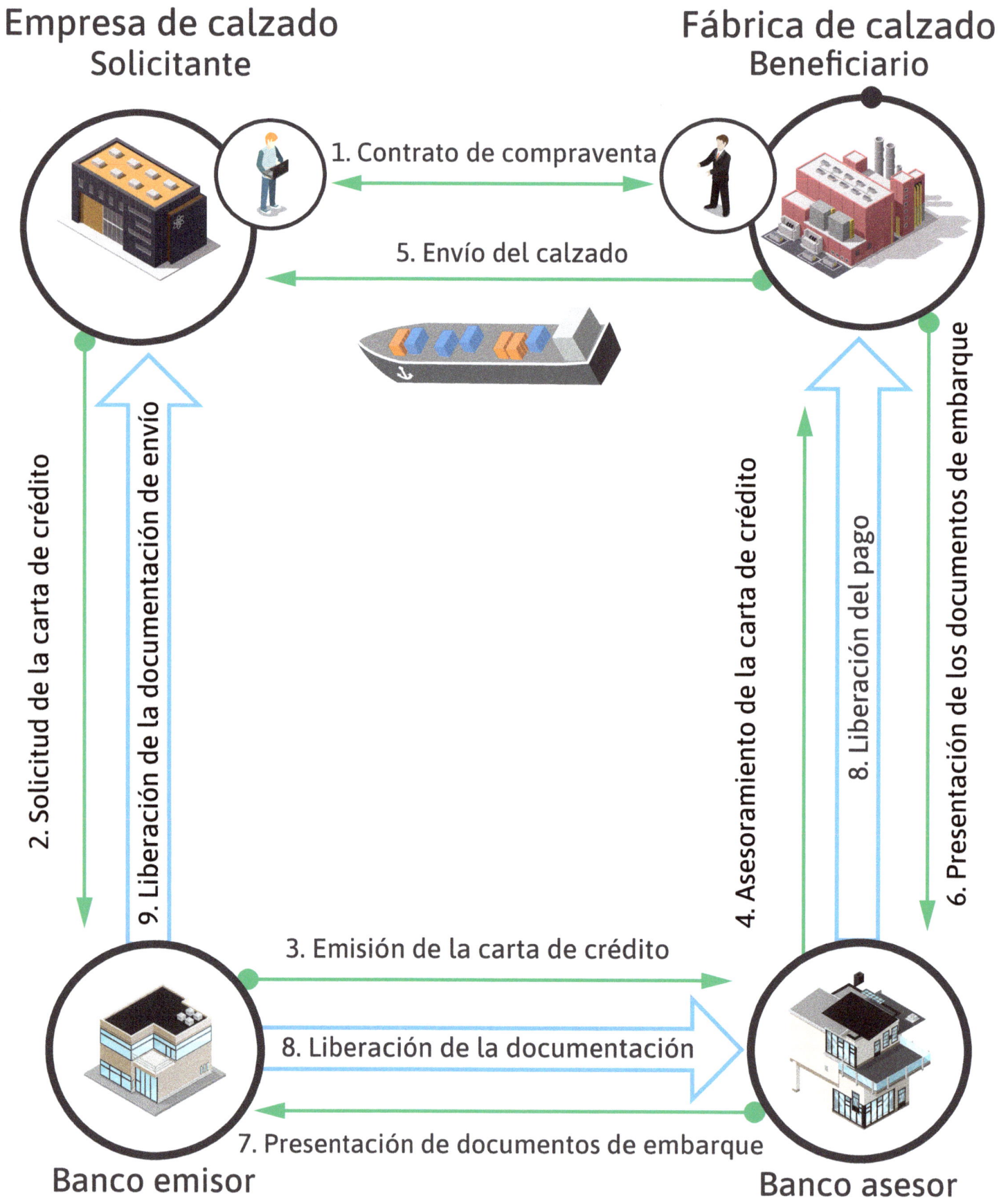

TRANSACCIÓN POR CARTA DE CRÉDITO

Empresa de calzado
Solicitante

Fábrica de calzado
Beneficiario

1. Contrato de compraventa

5. Envío del calzado

2. Solicitud de la carta de crédito

9. Liberación de la documentación de envío

4. Asesoramiento de la carta de crédito

8. Liberación del pago

6. Presentación de los documentos de embarque

3. Emisión de la carta de crédito

8. Liberación de la documentación

7. Presentación de documentos de embarque

Banco emisor

Banco asesor

¿Cómo funcionan las cartas de crédito?

1. La empresa de calzado (el solicitante) y la fábrica de calzado (beneficiario o vendedor) acuerdan hacer negocios entre ellos. La fábrica solicitará una carta de crédito (LC) para garantizar el pago de los zapatos.

2. La empresa de calzado solicita a su banco una carta de crédito a favor del vendedor (la fábrica de calzado), y el banco aprueba el riesgo de crédito del comprador. La empresa de calzado debe tener fondos en el banco emisor.

3. El banco emisor puede emitir y enviar la carta de crédito al banco correspondiente del vendedor.

4. El banco asesor certificará el crédito y enviará el crédito original a la fábrica de calzado.

5. La fábrica de calzado puede enviar los productos. Crearán la documentación de envío que respalde la carta de crédito. Este papeleo puede variar mucho dependiendo del riesgo percibido involucrado en el trato con una compañía en particular y las prácticas del país en el que se encuentran.

6. El vendedor presenta los documentos requeridos al banco asesor para que se procesen para el pago, y el banco verifica estos documentos.

7. El banco asesor presenta los documentos al banco emisor para cumplir con los términos de la carta de crédito. En este caso, se requieren documentos de envío, y un certificado de inspección de control de calidad.

8. Una vez que los documentos estén correctos, el banco asesor reclamará los fondos del banco emisor en nombre de la fábrica de calzado.

Se puede hacer mediante:
- Adeudar la cuenta del banco emisor.
- Esperar hasta que el banco emisor lo remita después de recibir la documentación.
- Reembolsar a otro banco según lo requerido en la documentación de la carta de crédito.

9. El banco emisor enviará después los documentos de envío a la empresa de calzado. Estos son necesarios para recibir los productos en el puerto de origen del comprador; e incluyen el conocimiento de embarque, otorgando a la empresa el título y la posesión legal de los bienes.

Ventajas de utilizar una carta de crédito

- La LC le da a la fábrica de calzado la seguridad de que se les pagará.
  Esto permite negociar mejores condiciones al tratar con alguien por primera vez.
- El pago está respaldado por un banco, por lo que el vendedor tiene la tranquilidad de que está tratando con un organismo legítimo.
- La LC es útil cuando hay que tratar con empresas en diferentes partes del mundo.
- Se pueden establecer los términos de venta con el vendedor por adelantado.

Contras de usar una carta de crédito

- Deberás pasar una verificación, o control de crédito de tu banco.
  No resulta fácil cuando se empieza un negocio por primera vez.
- Puede ser un proceso largo debido a todo el papeleo que conlleva.
- Si falta parte del papeleo cuando llega el producto, es posible que no recibas el despacho de aduana de inmediato.
- Se confía el capital a un tercero, aunque este sea un banco.

TRANSFERENCIA BANCARIA (TT)

Empresa de calzado

Orden de transferencia

Transferencia electrónica de fondos

Banco emisor

Fábrica de calzado

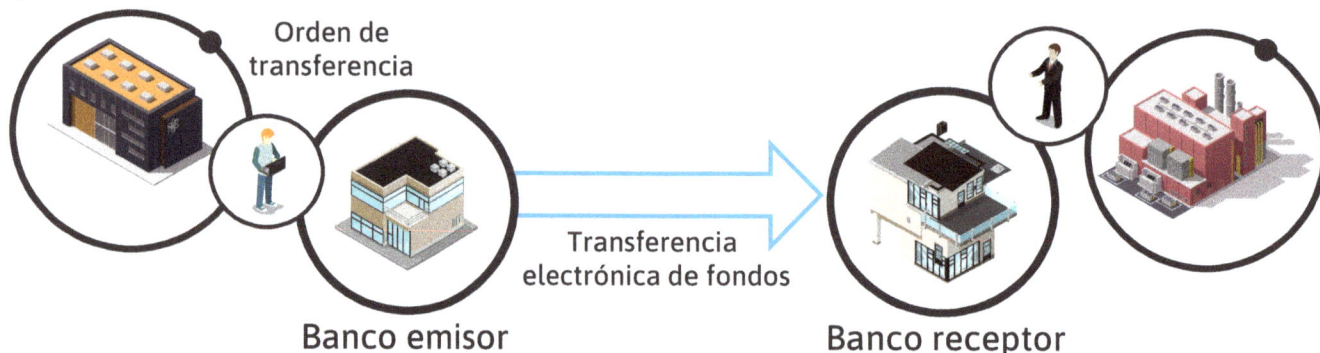

Banco receptor

¿Qué es una transferencia bancaria?

Una transferencia bancaria es un servicio de pago electrónico utilizado para transferir fondos a través de transferencias, por ejemplo, a través del SWIFT (SWIFT significa *The Society for Worldwide Interbank Financial Telecommunication*), la Federal Reserve Wire Network, o el Sistema de Pagos Interbancarios de la Cámara de Compensación.

Cómo funcionan

Puedes realizar una transferencia bancaria a través de la banca *online*, o en una sucursal cercana, aunque seguramente necesites una cita. Es posible que te cobren una comisión por la transferencia, y algunos bancos limitan la cantidad de dinero que se puede enviar en una transacción. Puedes consultar las tarifas antes de comprometerte a enviar dinero. En algunas transacciones, deberás proporcionar un código SWIFT.

Si estás transfiriendo fondos a una cuenta internacional, tu cuenta será debitada el mismo día, y tu banco enviará el pago de inmediato. El banco del beneficiario generalmente recibirá los fondos uno o dos días después. Sin embargo, hay una serie de factores que pueden retrasar el crédito al beneficiario. Estos incluyen, entre otros: días festivos, retrasos por parte de un banco intermediario, u otras circunstancias locales.

Ventajas de usar una transferencia bancaria

- El pago le llega al vendedor en un período de tiempo corto.
- Es una forma de pago muy segura.
- Asegura que el pago llegue a fin y sea liquidado por el vendedor.

Desventajas de usar una transferencia bancaria

- Puedes tener comisiones de tu banco para procesar la transferencia bancaria.
- Puede haber límites sobre la cuantía a transferir en una sola transacción.
- Tú eres el responsable de la confirmación del envío desde la fábrica.

El coste de los métodos de pago

Los costes asociados con el envío de dinero a otra compañía, o incluso a otro país, deben incluirse en tu toma de decisiones al comprar los zapatos a un proveedor. Puede hacer una gran diferencia en el coste total de la transacción.

Una tasa normal de un comprador que utiliza una transacción mediante una carta de crédito es del 0,75% al 1,5%, dependiendo los países involucrados, y del monto de la transacción. También hay tarifas para el vendedor, por lo que el coste total para ambas partes puede ser superior del 0,75% al 1,5%. Una transacción de 100.000 dólares puede derivar tasas de entre 750 a 1.500 dólares.

La tasa más común para una transferencia bancaria oscila entre 15, y los 50 dólares con la mayoría de los bancos principales. Puede variar según con quién se deposite, a dónde van los fondos, el método que se utiliza para transferir, y la divisa utilizada.

Hay una tasa general más baja para transacciones grandes cuando se utiliza una transferencia bancaria frente una carta de crédito.

Arris Ricardo utilizará una combinación de carta de crédito (LC) y transferencia bancaria (TT) para pagar a la fábrica. Para los cargos más pequeños por las herramientas, y tarifas de desarrollo, es más conveniente la transferencia bancaria.

Utilizará una carta de crédito para los pagos grandes de pedidos de producción. La LC ofrece más protección, tanto para el vendedor como para el comprador, aunque puede ser más costoso y complicado.

Las empresas con relaciones laborales sólidas suelen utilizar transferencias bancaria para todas sus transacciones.

La fábrica de Eva prefiere utilizar cartas de crédito para los clientes nuevos. Una vez que Enigma y la fábrica desarrollen una relación personal, cambiarán a las transferencias bancarias, más eficientes.

Checklist de lo que necesitarás en el banco

Cuando se trata de trabajar con tu banco para enviar dinero, deberás asegurarte de tener determinada información contigo. Los detalles que necesitarás varían ligeramente de una transacción a otra, pero hay nociones básicas que necesitarás en todos los casos.

- Al menos, una identificación con foto.

- El detalles de la cuantía de dinero a transferir, y el equivalente en la divisa del vendedor.

- El contrato donde se establece lo que se pagará a la fábrica exactamente, cuándo se pagará, y los bienes exactos que recibirá a cambio de su pago.

- Los datos bancarios de la persona o empresa a la que se paga el dinero.

- Es posible que necesites el código SWIFT de tu banco y del banco beneficiario.

- Determinación del tiempo para efectuarse la transferencia bancaria para poder confirmarlo con tu vendedor.

CAPÍTULO 7

PROMOCIÓN Y *MARKETING* DE CALZADO

Los esfuerzos de promoción y comercialización de tu marca deben empezar mucho antes de que tus zapatos lleguen de la fábrica. Debes tener una estrategia de *marketing* muy bien planificada antes de realizar cualquier pedido a la fábrica de calzado.

En este capítulo revisaremos los tres tipos básicos de *marketing*, las estrategias más comunes en calzado, los costes de *marketing*, y los componentes básicos de una campaña de *marketing* de calzado.

¿Qué es el *marketing*?

El *marketing* es la práctica del arte de la seducción entre uno mismo y sus clientes potenciales. Mostrar el estilo de tu marca, y las mejores características de tus modelos para que la gente desee el producto. Tu campaña de *marketing* es cómo comunicarás la imagen y los valores de marca de tu empresa.

El primer paso para seducir a un cliente de cara a que compre tus zapatos, es hacerles saber que existes. Si tu marca no está en la mente de los clientes, ni siquiera será considerada en las decisiones de compra. Cuando un cliente decide salir a comprar un par de zapatos, debes estar visible para poder tener la posibilidad de comprar tus zapatos.

Hay tanta competencia en el mercado del calzado que necesitarás un plan de *marketing* para que tu marca salga a la luz y hacer que los clientes compren. Querrás llegar a tu audiencia de tantas formas como sea posible por el menor coste para hacer crecer tu marca de calzado y aumentar las ganancias.

Un *marketing* creativo te hará llegar a tus compradores *target*, y provocará que quieran comprar tus diseños; este es el resultado final de lo que una gran campaña de *marketing* hará por ti. Hay diferentes maneras de hacer que esto suceda, pero al final, todos los esfuerzos de *marketing* están orientados a vender tus zapatos a la mayor cantidad de personas posible.

Tres tipos de estrategias de *marketing*

Hay tres tipos de *marketing* principales que revisaremos aquí. El primero es el *marketing* tradicional, que es el dominio de las grandes compañías de *marketing*, pero también es accesible si sabes cómo. El segundo se llama *marketing* de guerrilla, y se centra en diferentes formas de obtener buenos resultados. La tercera, y la más reciente para interactuar con los clientes potenciales, es el *marketing* en redes sociales. Los tres tipos de *marketing* son útiles para tu nueva empresa de calzado.

Marketing tradicional

El *marketing* tradicional se basa en los modelos de éxito que han estado vigentes dentro de este campo campo durante mucho tiempo, y que actualmente lo practican las grandes empresas y sus socios en agencias de *marketing*.

El *marketing* tradicional se lleva a cabo a través de los principales medios de comunicación como la televisión y la prensa escrita, y pueden tener el resultado de llegar a un gran número de personas a la vez. El correo directo es un método de *marketing* tradicional que obtiene el nombre en un solo golpe y puede dar como fruto la obtención de reconocimiento para la marca en muy poco tiempo.

La logística detrás del *marketing* tradicional dice que puede ser muy costoso el anunciar tu nueva marca. Para producir un anuncio de televisión, se necesita reservar las muy caras franjas horarias con las cadenas de televisión, contratar actores, y producir todo el rodaje.

Para mandar correo a cientos de miles de hogares, gastarás en diseño e impresión, además del franqueo. Aquí puedes ver por qué el *marketing* tradicional ha sido dominio exclusivo de marcas con mucho dinero.

Pero, esto no significa que debas huir del poder del *marketing* tradicional. Hay algunas ideas muy buenas cuando se trata de promocionar tu empresa de calzado. Solo necesitas orientar tu campaña de *marketing* a tu mercado específico.

Los códigos con descuentos especiales pueden ser una buena manera para que las personas prueben tus zapatos. Si produces y distribuyes cupones que den al cliente un pequeño descuento, inmediatamente comprometes tu marca en su decisión de compra. El cupón no significa dar una gran parte de tus beneficios, pero ayudarán a dar a conocer tu nombre. A la gente le encanta guardar y utilizar cupones, e inmediatamente hacen que tus zapatos sean más atractivos para el comprador potencial. Asegúrate de que el cupón

tenga el mismo *branding* que tus modelos para que las personas puedan establecer una conexión inmediata.

Incluso si el destinatario del cupón no compra tus zapatos, habrá aumentado la percepción de tu marca.

Un programa de recomendación a clientes puede ser una gran forma de hacer que la gente corra la voz sobre tus zapatos. Estos programas han sido utilizados por los vendedores más tradicionales durante mucho tiempo, ya que un comprador feliz es la mejor persona para convencer a más clientes para que te compren en el futuro. Puedes incluir una panfleto de "recomendar a un amigo" en el *packaging* de tus modelos. Muchas compañías consiguen el éxito con esta campaña al ofrecer un descuento para el nuevo comprador y para la persona que se ha referido. Tus compradores hablarán con sus amigos sobre tus zapatos, siendo una forma efectiva de aprovechar tus clientes.

El correo directo puede ser caro si no sabes utilizarlo correctamente. Tan solo enviar propaganda a una zona concreta, significa que estarás dispersando el enfoque y perderás mucho más de lo que conseguirás.

Hay compañías que proporcionan listas de correo para llegar a clientes potenciales de una forma más específica. Independientemente del potencial demográfico de tus clientes, se puede reducir con una lista de correo, y después, reducir la cantidad de correo directo que se envía para aminorar el coste.

Empezar por tu zona puede ser una buena idea para una nueva empresa. Puedes construir una marca y una reputación en tu zona local de manera más fácil y más barata, que tratar de cubrir un área más grande de una sola vez. La radio local es otra opción muy asequible, y puedes dar acceso a las personas de alrededor de donde vives. Si tienes tus modelos a la venta en una tienda de la zona, podrás compartir los costes de publicidad de la radio con esta tienda para obtener la máxima visibilidad por el mínimo coste.

Marketing de guerrilla

El *marketing* de guerrilla implica ser un poco más creativo que el *marketing* tradicional. Se produjo porque la gente tenía que operar con poco, o con prácticamente nada de presupuesto de *marketing* para dar a conocer su nombre.

El *marketing* de guerrilla utiliza métodos no convencionales que muchos podrían no pensar de inmediato. En lugar de un gran presupuesto, una campaña de *marketing* de guerrilla utiliza mucha energía y creatividad para transmitir el mensaje a los clientes. Por lo general, implica hacer una conexión más personal con el cliente de manera individualizada, en lugar de un enfoque general o disperso del *marketing* tradicional.

La idea principal trata de ser más significativa y tener una conversación individualizada con alguien al que poder convertir en cliente de por vida, antes que gastar mucho dinero en un anuncio de televisión que más del 95% de la audiencia ignorará. Hay algunas ideas muy buenas que se pueden utilizar del *marketing* de guerrilla para ayudar a tu empresa de calzado. Aquí, unos ejemplos:

Regala un par de tus zapatos a una *blogger* de moda para que haga una *review*. Los blogs de moda tienen mucho peso, y es sorprendente la cantidad de seguidores que manejan los *bloggers* más famosos; estamos hablando de cientos de miles, o incluso de millones de seguidores para los más populares. Si quieres que tu marca sea vista, puedes regalar un par de zapatos a un *blogger* a cambio de una mención en su blog. Ponte en contacto con ellos primero para asegurarte que estén interesados. Salir en uno de estos blogs puede ayudarte a que el interés en tus zapatos se vuelva viral. Es una muy buena manera de hacerse notar.

El contenido es el rey en internet, y la forma en que se encuentran las empresas es a través de los resultados de los motores de búsqueda. La mejor forma de que tu marca sea visible, es lanzar un blog en tu web. Con un contenido nuevo e interesante, harás que los clientes vuelvan para ver más todo el tiempo. Recuerda, estás vendiendo más que un par de zapatos. Estás vendiendo una marca y un estilo de vida. Si puedes conectar con tu mercado de más interés de una manera personal y significativa, volverán a por más.

El *video marketing* ha despuntado en los últimos años con YouTube apoderándose del mundo. Los vídeos que enseñan tus últimos diseños, o la marca que has creado, son muy populares en un mercado objetivo. La clave para que estos vídeos de YouTube tengan éxito, es la cantidad de co-

mentarios e intervenciones que puedan generar. Una vez que tu vídeo empieza a ser compartido de persona a persona, creará visibilidad en tu mercado objetivo, y ganarás más ventas. Haz que tu contenido sea interesante, divertido, atractivo, y relevante para la marca, y verás cómo a tus clientes les encanta.

Una campaña de canje (*trade-in*) es una buena forma de hacerse notar y generar nuevos clientes para tu marca. Si ofreces un cambio de 5 dólares por cualquier calzado viejo, tus clientes pensarán que están recibiendo una ganga. Le das a la gente la oportunidad de visitar la tienda donde venden tus zapatos y probarse un par. Si lo trabajas aún más y haces que todo el calzado que se recaude se destine a obras de caridad, obtendrás clientes que te buscarán sin tener que gastar mucho dinero.

Una campaña con pegatinas o *posters*, también es una gran forma de hacerse notar.
El *marketing* de guerrilla tiene la esencia de las calles en su núcleo. Con solo hacer pegatinas o carteles y colocarlos en lugares visitados, ya tendrás una forma efectiva y asequible de dar a conocer tu nombre. Esto es especialmente efectivo si vives en una ciudad, siendo los lugares donde más gente se junta, como las estaciones de tren, centros comerciales, o universidades, lugares óptimos para que tu marca sea vista y percibida cuando lances tu empresa de calzado.

El *marketing* de guerrilla solo está limitado por tu tiempo y tu imaginación. Hay muchas ideas que puedes llevar a cabo por muy poco dinero, y que ayudarán a que tu negocio tenga éxito.

Marketing en redes sociales

El *marketing* en redes sociales se refiere a las actividades de *marketing* que se llevan a cabo en una, o más, de todas las RRSS que las personas utilizan hoy en día. Las empresas, grandes y pequeñas, han visto el potencial que ofrecen las redes sociales, y una gran cantidad de empresas tienen sus propias cuentas de redes sociales.

La página que configures para tu cuenta de redes sociales se convertirá en la cara de tu empresa en esa plataforma en particular. Será donde el resto de usuarios de las redes sociales te verán. El objetivo del *marketing* en RRSS es generar un gran número de seguidores, para que puedas transmitirles tus mensajes de *marketing*. Cuando las personas te siguen o dan *like*, tu estado aparece en su *timeline*.

Esto da acceso para enviarles mensajes con la frecuencia que necesites, y también da acceso a sus amigos y familiares. El *marketing* en redes sociales abre un mundo completamente nuevo de posibilidades para el *marketing* de tu marca de calzado.

Todo esto es parte de la construcción de marca que has desarrollado para tu empresa de calzado y los productos que vendes. Cuantas más personas conectes, mayor será la posibilidad de vender más cantidad de calzado. Cuando se adaptan esas conexiones al grupo de personas adecuado, puedes concentrar tus esfuerzos en el grupo demográfico con más probabilidad de compra. El siguiente paso es hacer que las interacciones que tengas con los clientes sean lo más personales posibles. Construye tu base de admiradores, y tu base de clientes uno por uno.

Empieza por la creación de una página para tu empresa en el medio social en el que tus clientes pasan el rato. Esta será una forma de tener presencia en internet, y te ayudará a impulsar tu marca. A los clientes les encanta sentir que son parte de algo, y una página en RRSS. es la oportunidad perfecta para crear una conexión significativa con los clientes. Necesitarás una página donde tus seguidores puedan ponerse en contacto contigo, mantenerse al día con las últimas noticias y hacer cualquier pregunta. Es el lugar donde puedes anunciar los nuevos diseños que estás preparando, lanzar ofertas especiales para tus seguidores, y crear fidelidad para la marca a través de concursos y contenidos exclusivos.

La presencia en las redes sociales significa que aumentarás la percepción de tu marca al llegar a clientes potenciales. No olvides mencionar tus páginas de redes sociales en todas tus otras estrategias de *marketing*, así la gente sabrá dónde encontrarte.

Esta es la mejor herramienta de creación de marca, y puede funcionar especialmente bien para tu empresa cuando localizas y conectas con el *target* correcto. Puedes publicar enlaces a tu web, poner vídeos de *marketing*, o de tu blog en las páginas de redes sociales que hayas creado. Los enlaces creados que han generado interés en tu marca son parte de la experiencia de *marketing* en redes sociales, y ayudarán a crear un vínculo sólido contigo, y con tu marca. Aprovecha al máximo esta oportunidad y crearás clientes fieles que volverán a comprar tus zapatos una, y más veces.

No lleva mucho tiempo empezar con las redes sociales, pero sí lleva tiempo monitorizar y aprovechar al máximo la presencia creada en las redes sociales. Las personas que te siguen en las redes sociales querrán interactuar contigo, y requieren una respuesta rápida de tu parte; esto es muy diferente de enviar un correo electrónico o una carta a una empresa, ya que los usuarios de las redes sociales esperan que vuelvas a ellos lo más rápido posible. Significa esto, que necesitas monitorizar constantemente las cuentas. Puedes configurar tu teléfono para que envíe notificaciones cuando tengas una interacción en la cuenta, y así responder rápidamente y mantener contento a tu cliente.

Las plataformas que elijas para el *marketing* en redes sociales pueden depender del mercado objetivo al que se apunta. Además de los dos sitios más grandes que ya se han mencionado, hay muchas otras opciones, como Snapchat. Seguramente no tengas tiempo de estar en todas las redes sociales a la vez, así que elige cuidadosamente las que te traerán el mayor rendimiento. Piensa en los zapatos que estás vendiendo, y busca los mercados a los que vas a vender. Encuentra la red social que utiliza tu mercado objetivo, y asegúrate de tener presencia.

Al empezar tu empresa de calzado, el dinero no abundará, por lo que querrás estar alerta con los costes. Las cuentas de las redes sociales son de libre configuración y uso, por lo que puedes dar a conocer tu nombre con solo con la inversión de tu tiempo. Para empezar, utiliza las redes sociales a las que ya estés habituado.

Pide a tus amigos y familiares que den *likes*, que sigan, y compartan tus páginas para que puedas aumentar el interés cuanto antes. Cuantas más personas llegues con tu mensaje, mayor será el grupo de clientes potenciales. Utiliza las redes sociales, junto con alguno de los otros métodos que hemos visto anteriormente, y verás que se puede impulsar el potencial de tu marca de calzado desde el primer día.

Estrategias de *marketing* de calzado

Hay muchas estrategias de *marketing*, incluso algunas tradicionales que hay que tener en cuenta para tu nueva empresa. La clave para escoger una estrategia de *marketing*, es asegurarse de que sea relevante para tu segmento de mercado, y que pueda llegar a tu consumidor objetivo.

Patrocinar atletas

Prácticamente fue Nike™ quien inventó el famoso *marketing* deportivo, y nadie lo hace mejor, pero todavía hay oportunidades para empresas más pequeñas. Existen muchos más atletas que empresas que ofrezcan patrocinios. Es cierto que Nike™ paga miles de millones a sus atletas, pero una nueva empresa de calzado puede tener cierto impacto en el mercado al proporcionar a los atletas productos gratuitos.

Publicidad indirecta

Lograr que tus productos estén delante de tu cliente se puede lograr mediante el posicionamiento de productos en medios de comunicación. Tus productos pueden aparecer en TV y películas mediante un pago, o dando los productos a las *celebrities* y compañías de producción. Hay empresas de *marketing* que se especializan en la publicidad indirecta de productos. También, puedes tener publicidad indirecta gratuita si tu marca tiene buena reputación, ya que la gente vendrá a pedirte el producto.

Estrategia *"tiger's tail"*

Este tipo de *marketing* permite que una empresa pequeña pueda seguir las campañas de *marketing* de empresas más grandes. Puedes regalar calzado más informal a los deportistas de *snowboard* o surf. Mientras ellos viajan por el mundo a expensas de una marca importante, tus zapatos viajarán con ellos.

La comodidad es primordial

Ya que la comodidad es muy importante en el calzado, muchas compañías lo convertirán en la pieza central de su mensaje de *marketing*. El mensaje de la comodidad puede ser importante para las marcas de calzado de estilo casual, o para deportivas de *running*, pero puede no ser el mejor enfoque para las botas de escalada de alto rendimiento, o botas de motociclismo.

Colaboraboraciones

Encontrar un colaborador de *marketing* que no compita contigo en la industria es una gran estrategia para una marca pequeña. Las marcas pequeñas que trabajan juntas pueden aumentar su alcance en *marketing* al compartir recursos, atletas, espacios en *stands* de ferias, etc.

Patrocinios de eventos

Si tus zapatos son técnicos, para deporte o una actividad específica, puedes tener la oportunidad de llegar a tus clientes a través del patrocinio, o esponsorizando un evento. Cualquier reunión de tu cliente objetivo es útil para que tu marca se encuentre presente y cause una buena impresión. Una empresa de calzado no necesita seleccionar solo una estrategia de *marketing*; de hecho, para una empresa pequeña, debes experimentar con más de una para ver qué funciona mejor para la marca.

Experiencia en tecnología

Puedes liderar un mercado de productos ofreciendo a tus clientes una tecnología inmejorable, o única. Un mensaje técnico convincente puede ser la fuerza impulsora de una nueva campaña de *marketing*. Una marca de zapatillas para correr puede tener un mensaje de amortiguación, las zapatillas de baloncesto pueden tenerlo de agarre, mientras que una bota de senderismo para el campo puede tener un argumento de tracción. Asegúrate de difundirlo siempre que puedas; la tecnología es un gran pico de comercialización para *bloggers* y para artículos en revistas.

Mensaje de rendimiento

Para cualquier tipo de calzado deportivo, contar el mensaje de rendimiento del producto puede ser un argumento muy convincente. ¿Tus zapatillas proporcionan una amortiguación especial, o es súper ligero?. ¿Tienes algún test que lo respalde?; puede que tu deportiva sea más flexible, rígida, fuerte, o calce mejor que los modelos de tus competidores.

Lifestyle marketing

Un ejemplo de *lifestyle marketing* es si tu empresa presenta calzado con una campaña para ejemplificar los intereses, actitudes y opiniones de un grupo o una cultura. Como marca *lifestyle*, buscas inspirar, guiar y motivar a las personas; vender la idea de que tus zapatos contribuyen al estilo de vida de tus clientes. Tal vez unas botas de montaña con bajo impacto medioambiental, con materiales sostenibles, o un diseño de suela con un dibujo especial en la pisada.

Marketing de causas

Quizá, tu empresa esté comprometida con una causa, o problema social. ¿Proporciona tu empresa calzado para niños pobres en África? ¿Recauda dinero para la investigación del cáncer mama?. Tal vez tu marca y su mensaje de *marketing* sea el homenaje a un héroe caído, o a un ser querido fallecido. Una causa cercana a tu corazón puede ser la motivación para tu negocio y el mensaje de *marketing* que hace que tu marca sea especial.

Arris

Ricardo usará una combinación de patrocinio deportivo, experiencia con tecnología, y patrocinio de eventos para llegar a sus clientes. Ya que sus clientes corren triatlones, puede enfocar sus esfuerzos aquí.

Arris suministrará zapatillas a los ganadores de la carrera a modo de premio, y reclutará atletas que no tengan patrocinadores de calzado para usar sus zapatillas. Estos atletas proporcionarán un buen impulso de *marketing* a Arris y ayudarán al equipo de diseño a ajustar los modelos.

Ricardo invertirá capital en el *marketing* de Arris de inmediato. A medida que los modelos lleguen al mercado, publicará anuncios en revistas, y comprará publicidad en blogs de triatlón. También enviará zapatillas a los editores de revistas para probarlos, y obtener cobertura editorial gratuita.

Arris también instalará puestos y kioscos de refrescos en triatlones, y trabajará con minoristas locales para vender zapatillas en los eventos de carreras.

Los avances tecnológicos del sistema *Run Race Recover* serán el foco principal de la estrategia de *marketing* de Arris. Ricardo trabajará duro para contar el mensaje del sistema de zapatillas Arris, y potenciará el hecho de que el sistema tiene una patente.

El mercado del calzado de moda está lleno de competidores. Eva necesitará la manera de atraer la atención de la marca, ya que tiene el desafío adicional de tener poco capital hasta que pueda vender. Tendrá que adoptar las estrategias con un presupuesto pequeño.

Empieza combinando publicidad indirecta, cesiones a *celebrities*, patrocinios, y colaboraciones. Como su mercado es el punk rock, puede dar calzado a bandas locales, y patrocinar algunos conciertos de punk en Boston y Nueva York.

Los planes de *marketing* se ampliarán cuando tenga más dinero para invertir. Ha creado publicidad en revistas y webs de música punk con descuentos para compras.

102

Catálogos impresos y similares

Necesitarás una manera de permitir que tus minoristas y usuarios finales vean tus productos. Antiguamente, la única forma era imprimiendo catálogos, panfletos, o *lookbooks* a todo color en papel. Aunque el catálogo sigue siendo muy utilizado, internet, el wifi, y las *tablets* ofrecen ahora algunas alternativas muy buenas.

Un catálogo de alta calidad, impreso, puede ser muy caro de crear e imprimir. Aunque las marcas de lujo a menudo utilicen catálogos caros para proyectar valor en la marca, una empresa de sandalias de goma puede optar por un *flyer* económico, pero colorido y desechable.

Deberás elegir dependiendo de los valores de tu marca, identidad de marca, y presupuesto. Si tu empresa es "verde", debes tomar la posición de no imprimir un catálogo.

No escatimes en fotografía de producto

Lo más importante para recordar cuando empiezas a producir un catálogo, o material de *marketing*, es que debes invertir en fotografía de calidad. Las fotografías de tus zapatos pueden ser la única manera en que las personas interactúen con tu producto antes de comprarlo. Limpio y nítido sobre fondo blanco es lo normal para web.

Estas fotografías, a menudo se editan recortando el fondo de la imagen, corrigiendo el color del zapato y añadiendo una nueva sombra.

Las sesiones de fotos con modelos pueden llevar mucho tiempo, y son caras, pero son imprescindibles para comercializar calzado de alta moda.

Eva no creará un catálogo en papel; usará el presupuesto para crear anuncios, y fotos para su página web. Creará un pequeño *flyer* para meter en las cajas de las botas, y mostrar a sus clientes cómo es el estilo de Enigma. También necesitará fotografías limpias para la web, y tiene una amiga que hace imágenes giratorias de 360°, una buena característica para su página web.

Arris Ricardo hará un catálogo para ayudar a explicar los beneficios técnicos del sistema Arris, y los vendedores lo usarán para vender el concepto a los distribuidores. Ricardo también creará un panfleto económico para repartir en eventos, y para que sus distribuidores lo utilicen en la venta.

Utilizará modelado 3D e imágenes por ordenador para hacer vídeos web. Sus vendedores enseñarán los vídeos a los distribuidores, y los reproducirá en eventos, como ferias o carreras. Este contenido se utilizará para crear una buena experiencia de usuario en la web de Arris.

Packaging de calzado

El embalaje de tus zapatos puede ser una parte fundamental de la presentación de *marketing* de tu producto. En una tienda, un cliente puede ver tus cajas de zapatos apiladas antes de ver los propios zapatos. Cuando el cliente se prueba tus zapatos, el diseño del *packaging* da la oportunidad de causar otra impresión de marca.

Los *han-tags*, o etiquetas colgantes, y la publicidad impresa en la caja son buenas ideas para contar tu mensaje. Cuando un consumidor abre el embalaje, tiene el 100% de tu atención. No pierdas la oportunidad de comunicarte con ellos.

Puedes contar cualquier cosa, impresionar a las personas que no están familiarizadas con tu marca, o informar sobre tu producto o causa.

El embalaje minorista no se desperdicia con los clientes *online*. Un *packaging* bonito y bien diseñado reforzará que el producto es de calidad, y también reforzará la creencia de los clientes de que tomaron la decisión correcta.

De hecho, hasta podrías mandar imprimir en el *packaging*: "Has hecho una buena elección".

La primera impresión es la más importante. Una caja barata puede ahorrarte dinero, pero una caja abollada o dañada manda un mensaje equivocado sobre el producto. Un distribuidor lo tendrá difícil para vender el producto en cajas dañadas a *full price*. Pueden solicitar cajas para reemplazarlo, o solicitar una devolución.

Es importante que estudies el embalaje de tus competidores, y los otros productos que se dirigen a tus clientes. Tu *packaging* de calzado debe ser apropiado para tu mercado objetivo; igual que cuando diseñas los zapatos, debes tener un *briefing* de diseño para el *packaging*.

¿Tus zapatos se venden en una tienda multimarca, o en una tienda de autoservicio? Una caja de calzado deportivo normal cuesta cerca de 0,50 dólares. Una caja reforzada para botas de trabajo grandes, diseñada para apilarse de diez en diez para autoservirse, puede costar más de 2 dólares.

El calzado orientado a moda se puede empaquetar en cajas de cartón, forradas a mano con un precioso papel grabado, con pernitos y una bolsa guardapolvo. Este *packaging* premium podría añadir 5 dólares de coste, traduciéndose en más de 20 dólares al precio minorista del zapato, pero para las marcas de alta moda, esto es parte del *marketing* del lujo, y de la calidad.

Arris Los zapatos de Ricardo necesitarán una caja lista para la venta que ayude a comunicar el mensaje del rendimiento del producto.

Al igual que hizo cuando se diseñaron las zapatillas, ahora hace un *briefing* de para el *packaging*:
- Enseñar la capacidad de Arris *Run Race Recover*.
- Cada caja se marca según el tipo de zapatilla.
- Calidad y tacto tan bueno como las de Nike™.
- Debe tener imágenes de triatlón.

Ricardo pagará un poco más para tener impresiones a cuatro colores en las cajas Arris. Esto hará que destaque y que se noten sus modelos en la tienda. Tendrá el mensaje impreso en el papel de embalar interno, y cada modelo tendrá una etiqueta con el mensaje *"Run Race Recover"*.

Las cajas Arris tendrán una estructura de cartón más gruesa para dar mayor percepción de la calidad en el *packaging*, y permitir que las zapatillas se apilen en las tiendas. Esta caja costará un poco más que la caja básica, aproximadamente 0,80 dólares por caja.

Las botas Enigma necesitarán una caja más grande de lo normal, y es menos probable que la caja de las botas esté expuesta en la tienda.

Las tiendas que llevan Enigma tienen más probabilidades de tener las cajas guardadas en estrechos y oscuros almacenes. Eva ha estudiado a su competencia y ha decidido que una caja de cartón resistente, color marrón, es lo mejor. Diseñará una etiqueta a cuatro colores para las cajas, con una imagen en grande de la bota para ayudar a los empleados de la tienda a encontrar el modelo correcto.

Ya que Eva plantea enviar a la mayoría de sus clientes las botas a través de su página web, diseñará la caja para que sea lo suficientemente robusta y resistente. También, podría pedirle a la fábrica que empaquete las botas dos veces con una caja de envío externa para cada par, en lugar un *master carton* para todas.

Marketing en el punto de venta

Los materiales de punto de venta, también llamados *point of purchase* (P.O.P.), ayudarán a que tu producto destaque en el comercio minorista.

Un P.O.P. bien diseñado puede llamar la atención sobre tus productos, educa a los clientes y eleva la marca mejorando la presentación en tienda. Puede ser algo tan simple como un póster de un atleta patrocinado, o un anuncio impreso.

Esta decoración dependen del mercado al que se dirigen. Un póster puede ser adecuado para una marca de *running*, pero para calzado de alta gama puede ser un sillón de cuero con logotipos bordados, y un reposapiés acolchado para medir el pie de los clientes.

Los P.O.P. asequibles son fáciles de enviar a los distribuidores para ayudarlos a actualizar las tiendas con frecuencia. Cartelería nueva, o tarjetones para las baldas son de los P.O.P. más utilizados.

Los expositores personalizados son caros, los ofrecerán con mucho descuento, o gratis para los distribuidores importantes.

Una empresa de sandalias puede ofrecérselo a los distribuidores con pedidos de más de 200 pares.

Debes asociarte con los grandes distribuidores en mercados importantes para instalar *build-outs*. Un *build-out* es un gran accesorio tipo expositor permanente, y puede tener un logotipo grande, o una caja de luz con tu marca, más el espacio para exhibir tus zapatos de manera destacable.

Las visitas de los agentes a tienda, pueden ver si el distribuidor está usando el P.O.P. según lo previsto. No es raro que un distribuidor coloque productos de la competencia en tus baldas. Un agente comercial puede ayudar a solucionarlo.

Si estás distribuyendo calzado *online*, puede no haber ningún P.O.P., pero para hacer una buena impresión de marca, puedes incluir un llavero impreso con tu logotipo, es muy económico.

Hay muchos artículos P.O.P. para calzado:
Estanterías con logotipos personalizados grabados en los listones.
Logotipos en las herramientas para medir el pie.
Alfombrillas personalizadas.
Taburetes personalizado con tu logo para probarte el calzado.
Expositores de calzado individuales.
Expositores *build-out* con tu marca.
Vinilos para las ventanas.
Posters.
Mini catálogos.

Arris

Ricardo necesitará algunos P.O.P. para sus distribuidores de cara a ayudar a contar el mensaje de Arris, y el sistema de las tres zapatillas *Run Race Recover*. Un mensaje complicado necesitará una buena campaña de P.O.P.

Ricardo mandará hacer tres estanterías diferentes de calzado Arris; encuentra un expositor de pared con listones de plástico transparente, y pide tarjetas impresas para rellenarlo. Cuando un cliente mire las zapatillas Arris, verá los tres modelos: *Run* (entrenamiento), *Race*, (carrera) y *Recover* (recuperación).

También tendrá carteles y folletos pequeños impresos. Enviará los carteles a sus distribuidores con cada envío, e incluirá los folletos dentro de las cajas de las zapatillas.

Para sus cuentas más grandes, incluirá un expositor de calzado gratis, con espacio para cada modelo, y un póster que explica el sistema.
Ya que las zapatillas de Ricardo tienen algunas características técnicas especiales, dará a los distribuidores algunas de las piezas que componen la suela. Esto permitirá a los clientes ver y tocar la tecnología que está oculta dentro de las zapatillas.

enigma
KICKING FASHION IN THE FACE!

Los requisitos para el P.O.P. de Eva son muy diferentes. La mayor parte de su negocio se basará en venta *online*, y tendrá poca necesidad de utilizar los P.O.P., así que empleará su tiempo y esfuerzo para asegurar que las personas visiten su web.

Eva ya tiene algunas tiendas de moda para la marca Enigma, quiere hacer algo para ellas. Estas tiendas son tipo alternativas, y prefiere trabajar individualmente en algo único y especial para cada una de ellas.

Para un distribuidor, enviará un cuadro original que fue la inspiración para un diseño de botas. Otra tienda podrá recibir un sillón de cuero personalizado para que los clientes se sienten mientras se prueban las botas. Con mucha creatividad, Eva rescató el sillón de un hotel en bancarrota, lo tapizó con los materiales de sus botas, y lo pintó a mano en su propio estudio.

Comprar en medios impresos

Dependiendo del mercado objetivo, puede haber revistas que acompañen a tu consumidor. Debes consultar las tarifas de los anuncios a página completa, media página, y un cuarto de página. Con cualquier revista deberás pagar para salir. Si quieres cobertura, necesitas comprar publicidad.

La parte editorial es el contenido de la revista, compran contenido, o tienen redactores para ello. Una editorial para una revista puede ser el perfil de la empresa, la entrevista a un atleta, los resultados de un producto, *reviews*, una guía de compra de productos, o cobertura de eventos.

Tu empresa puede tener a cambio un buen impulso si tu nuevo modelo aparece con una crítica positiva, o en una guía de compra. ¿Cómo lograr que tu producto aparezca en el contenido editorial de una revista? Necesitas comprar publicidad, nada va a suceder a menos que lo hagas.

¿Recibirá mi producto una mala crítica si no tiene un anuncio en la revista? Puede que no, puede que se quede fuera... por accidente. El contenido editorial es caro para una revista. Puedes escribir y enviar un artículo de un viaje, o una entrevista de un atleta patrocinado. Las revistas querrán que tu empresa tenga éxito, te ayudarán a planificar una campaña de publicidad en torno a los lanzamientos de los nuevos productos. Si eres un cliente habitual que compra publicidad cada mes, trabajaréis juntos para asegurarte de que tu nueva campaña de publicidad y el contenido editorial de la revista se apoyen mutuamente.

Si hay una revista que es importante para tu mercado, compra anuncios, envía el producto para que testen, e informa a la revista sobre tus nuevos productos con comunicados de prensa.

Arris Ricardo encuentra muchas revistas de triatlón y carreras. Los precios de los anuncios son altos, pero el enfoque es bueno. Quiere publicar algunos anuncios cuando lleguen sus zapatillas, así que irá a las revistas e intentará que lo incluyan en los artículos de pruebas de calzado.

Eva encuentra algunas revistas locales y nacionales de música punk. También encuentra una revista de música local que contará una historia sobre su nueva empresa, sus botas, y su banda. También comprará algo de publicidad en revistas locales de áreas con interés por la música punk.

Comprar en medios *online*

Muchos de los conceptos en medios impresos se aplican a los medios *online*. La diferencia es la capacidad de ver exactamente la tasa de productividad del anuncio. Con los anuncios en *banners*, y los retroenlaces, puedes ver cuántas personas lo vieron e hicieron clic en tu página web.

Puedes pensar que la compra de anuncios *online* son económicas, pero no es así. Publicitarse en sitios populares y anunciarse en los motores de búsqueda incrementan el coste rápidamente.

Puedes considerar la diferencia de coste entre los precios de venta al por mayor, y venta minorista como tu presupuesto de publicidad *online*.

Si tu zapato se vende por 120 dólares, el presupuesto de *marketing online* ronda los 60 dólares por par. Con eso pagas el 20% para incluirlos en Amazon.com™, y sobraría para comprar anuncios de búsqueda en Google.com™, o contratar redactores de contenido para un blog.

Publicidad en *banners*

Los anuncios en *banners* permiten dirigirse a sitios web determinados, centrándose en tu mercado objetivo y en tu consumidor. Cuanto más popular es el sitio, más caro es el anuncio.

Anuncios de pago por clic

Cuando buscas en Google.com™, tus anuncios pueden aparecer debajo, o al lado de los resultados de búsqueda. Solo se factura cuando se hace clic en tu anuncio, y el coste por clic (CPC) depende de la popularidad de la palabra de búsqueda. La palabra "zapato" puede ser muy cara. Un término más específico "zapatillas de triatlón", dirigido a tus clientes, costará mucho menos.

Eva puede hacer un intercambio de productos con una web de punk; a cambio de unos pares, recibirá un mes de anuncios en publicidad; es una forma de probar si el anuncio *online* es efectivo. Registrará los regalos de producto como gastos de *marketing* en el papeleo de los impuestos.

Arris Ricardo compra anuncios de publicidad en páginas web de triatlón. Prueba Google Ads™ con un presupuesto pequeño para ver el coste de cada conversión. Los anuncios de Arris llevan a un pedido después de 25 dólares en clics. No es buenísimo, pero sigue siendo rentable.

Páginas web

Tu página web puede ser la pieza de *marketing* más importante que tengas. Tu modelo de negocio puede necesitar la compra *online*, contenido estrictamente informativo, o simplemente proyectar la imagen de tu marca. No importa cuáles sean tus requisitos, tu página web debe ser de primera calidad.

Al igual que necesitas un *briefing* para crear los zapatos, necesitarás lo mismo para asegurarte de que tu web tenga las funciones y características necesarias para respaldar a tu empresa, y a tus requisitos de marca. Debes hacer que tu web respire y sea como tu modelo de negocio.

Página web de imagen de marca

Si sigues un modelo de distribución minorista tradicional, deberás proporcionar a tus clientes una experiencia de imagen de marca. Aquí es donde muestras tu estilo de manera que atraiga los clientes a tu marca, y también nuevo tráfico web. Si tus zapatos están basados en moda, es lo que necesitarás; además de una excelente fotografía del producto que muestre tu producto en uso, o en entornos inspiradores.

La función más importante de tu web es atraer clientes a las tiendas. También debes asegurarte de que tus clientes internacionales tengan una manera de encontrarte en su país de origen.

Páginas web de soporte técnico

Si tus zapatos son muy técnicos, se usan en alguna actividad técnica, o requieren información específica para su uso, necesitarás una página web orientada a la asistencia. Es posible que necesites especificaciones técnicas, dibujos con las características detalladas, o fotos que describan el uso correcto de tus zapatos. Seguramente quieras incluir instrucciones de cuidado, repuestos, accesorios, o un foro de usuarios.

Webs de *e-commerce*

Si tu estrategia de venta *online* es directa al consumidor, necesitarás una página web que combine la imagen de marca, el soporte, y las funciones de la tienda *online* y de comercio electrónico. Son muchas cosas para meter en una página web, puede que necesites ayuda.

Construir una página web

Ahora que has identificado el tipo de página web que necesitas para tu empresa de calzado, puedes mirar otros sitios web que te gusten para encontrar lo que realmente te gusta. Es un gran primer paso, y te ayudará a decidir qué funciona para tu empresa de cara a comunicar tus ideas a un diseñador web.

¿Necesitas un diseñador web?

Hay muchas opciones de página web que puedes usar para empezar. Crea un resultado que parezca profesional sin gastar mucho dinero. Los principales proveedores web tienen plantillas prediseñadas listas para que las personalices con tus logotipos y fotos. WordPress, SquareSpace, y otros proveedores pueden ayudarte a empezar. Puedes intentar construir una página tú mismo por muy poco dinero, pero si tu página necesita algo más que solo información, puede que necesites ayuda profesional.

Deberás redactar el alcance del proyecto para el diseñador web. Prepara una lista de las páginas que quieres, las características que necesites, y organiza todo el contenido de la página. El contenido web incluye: las fotos del producto, el texto que lo acompaña, los logotipos de la marca, y cualquier otra información que quieras en tu web.

¿Cuánto cuesta un sitio web?

Las plataformas donde lo montas por ti mismo, cuestan alrededor de 30 dólares al mes. A medida que el tráfico de tu página crece, y tu línea de productos se expande, necesitarás un plan de servicio más avanzado. Todas las principales plataformas de *e-commerce* tienen planes que van desde los más básicos, hasta los profesionales.

Estos planes se basan en la cantidad de productos disponibles, las páginas que necesitas, el tráfico de visitas, y el volumen de ventas en dólares. Tu empresa puede empezar con un plan de 29.99 dólares al mes, pero después de unos años, si tus ventas superan el millón de dólares, es posible que necesites el plan de 199.99 dólares al mes.

SEO

A medida que se crean tus páginas webs, deberás trabajar también en la optimización de los motores de búsqueda (SEO). El SEO es el arte y la ciencia de asegurarse de que tu web aparezca en lo alto de las listas en los motores de búsqueda.

Si un cliente busca "zapatillas de triatlón" en Google.com™, debes asegurarte de que tu página web aparezca en lo alto de la primera página de resultados. Tu diseñador web debería preguntarte las palabras clave, o los términos de búsqueda en los que deseas centrarte. El SEO es un proceso a largo plazo; generalmente, una página se construye con algunos términos en mente, y después se modifica o ajusta para mejorar la clasificación de las búsqueda de palabras clave.

Asegúrate de que tu diseñador web configura una cuenta de Google Analytics, y un medidor de estadísticas en WordPress para que puedas empezar a analizar el rendimiento de tu página web.

Eva necesita una plataforma de venta *online*. Después de probar varios sitios, elige BigCommerce.com™. Como todas las plataformas más conocidas, BigCommerce permite empezar de manera sencilla, y le permite crear su página web ella sola. Selecciona una plantilla de tienda *online* que se acerca al estilo Enigma, y realiza algunos cambios. Selecciona el plan básico de 29.99 dólares con las plantillas gratuitas, empieza sin gastar mucho dinero.

Este plan básico tiene todo lo que necesita para empezar a vender: tienda *online* para mostrar sus botas, y la plataforma de pago para tarjetas de crédito. Debería poder utilizar esta plataforma por un tiempo, pero a medida que Enigma crezca, necesitará contratar ayuda.

Arris

Ricardo tiene un doble desafío: su estrategia requiere dos webs. ArrisRunning.com será un sitio dedicado a la marca y a informar, no a la venta. Para este dominio, Ricardo creará una página en WordPress™. Escogió la plataforma WordPress.com para su web, pero podría haber seleccionado cualquiera de las cientos de empresas de *hosting* web. Muchas webs tienen "Planes de WordPress" más específicas. El plan que escogió Ricardo le costará alrededor de 15 dólares al mes. No tiene tiempo de sobra para crear el sitio, por lo que recopila el contenido, y contrata a un profesional para que lo cree. Paga 1.000 dólares para tener su web diseñada y operativa.

La segunda página web de Ricardo, TriathlonSupply.com es más complicada. Esta web necesitará una plataforma de comercio electrónico completa, con enlaces a servicios de envío, pasarela de pago *online*, y servicio de listas de difusión por correo electrónico. Elige el plan avanzado de Shopify.com™, y contrata a un diseñador web ya familiarizado con esta plataforma para diseñarlo y cargar la información de los productos. Ricardo paga al diseñador web 5.000 dólares para construir TriathlonSupply.com.

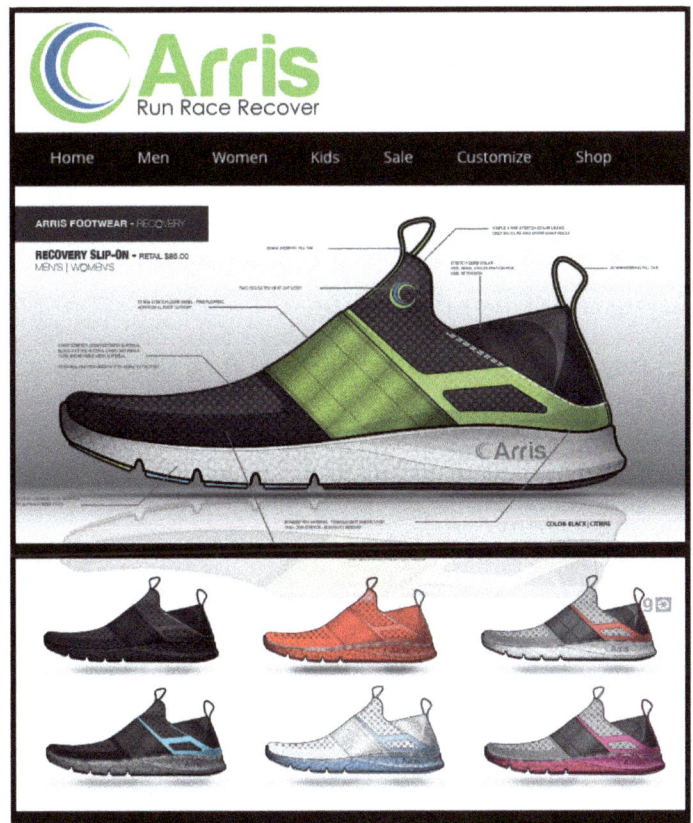

Ferias

Hay muchas ferias comerciales de la industria a las que puedes asistir para promocionar tu marca de calzado. Debes plantear visitar cualquier feria relacionada con tu mercado. Hay muchos contactos que hacer y competidores para estudiar. Aunque la mayoría de estas ferias de calzado están cerradas al público, puedes asistir como no expositor, como un invitado, o puedes pedirle a una tienda que te añada a su lista de asistentes.

¿Debería tu marca participar?

Existen diferentes tipos de ferias comerciales, algunas son solo para personas "de la industria", y otras ferias están abiertas al público general.

Si estás vendiendo a minoristas, deberías considerar asistir y exponer en ferias comerciales relacionadas con tu industria. Tus clientes estarán en estos sitios, y vendrán queriendo comprar.

Aunque muchos expositores y distribuidores están trabajando duro para cerrar pedidos durante la feria, la verdadera razón para asistir es conocer a tus compradores cara a cara y poder mejorar las relaciones personales. Después de cerrar el día, es hora de conocer a tus mejores distribuidores. Si los negocios han ido bien, deberías estar celebrándolo; y si el negocio no ha ido tan bien, igualmente deberías celebrarlo, y por supuesto, trabajar duro para entender los problemas.

Algo de comida, y algunas bebidas son una buena manera de conocer la experiencia de un distribuidor, o un agente de ventas.

Información comercial

Lleva a tu director de producto, y a tu diseñador a la feria para que puedan ver lo que se mueve en el mercado. Con la credencial de comprador, tendrás acceso para echar un vistazo y ver qué están haciendo tus rivales, y tus competidores potenciales. Verás que algunas marcas tienen el puesto lleno, y otras estarán vacías.

Ferias de calzado importantes

MAGIC

MAGIC es el mercado de moda más grande del mundo, se enseña lo último en prenda, calzado, accesorios y manufactura. En febrero y agosto, la industria del *retail* se reúne en Las Vegas, Nevada, (EE.UU.) para mostrar y comprar las últimas tendencias para hombres, mujeres, jóvenes y niños en ropa, calzado y accesorios.

Hay muchos eventos y seminarios que se desarrollan a lo largo de los tres días de feria. (www.Magiconline.com)

World Shoe Association en MAGIC (*The WSA Show*, o WSA@MAGIC)

El *WSA Show* es la mayor feria de calzado y accesorios del mundo. Se lleva a cabo desde 1948, y es parte de MAGIC Las Vegas, está ubicado en el Centro de Convenciones de Las Vegas. El *WSA Show* dura tres días en los meses de febrero y agosto, y cuenta con más de 36.000 visitantes y aproximadamente 1.500 expositores. Compradores y marcas de más de 100 países asisten a la feria WSA. Es un "*must*" para la industria del calzado. En agosto, todos llevarán las líneas de primavera y verano; y las de otoño e invierno se dan en febrero.

Footwear News Platform en MAGIC (*PLATAFORMA FN*)

FN PLATFORM es el escaparate mundial del calzado de marca; con más de 1.600 marcas de 20 países exponiendo calzado para hombre, mujer, jóvenes y niños. *FN PLATFORM* ofrece a los compradores una forma cómoda y eficiente de comprar la selección de calzado más completa e internacional. www.Magiconline.com.

ISPO Munich: International Sporting Goods Trade Fair (*The Internationale Fachmesse für Sportartikel und Sportmode*)

Más de 2.600 expositores internacionales y 80.000 visitantes de 110 países hacen de esta la exposición multisegmento de artículos y ropa deportiva más grande del mundo. Se exhiben las categorías: aire libre, esquí, deportes con tabla, *running*, *fitness*, ropa deportiva, ropa de playa, deportes en equipo, fútbol, deportes nórdicos, ciclismo, deportes de raqueta, triatlón, niños y suministro. ISPO Munich tiene lugar una vez al año a finales de enero, o principios de febrero.

También, es posible que quieras ver las ferias emergentes: ISPO Beijing en febrero, e ISPO Shanghai en julio. Si tienes más preguntas sobre ISPO, puedes mandar un correo electrónico a: visitorservice@ispo.com

Surf Expo

Surf Expo es la más grande y extensa feria de surf, *skate*, natación y *lifestyle* de playa en el mundo. Desde 1976, los minoristas de todo el mundo van a Surf Expo en enero y septiembre para ver las nuevas tendencias y encargarse de la industria. La feria atrae a compradores de más de 9.500 tiendas en Estados Unidos, Canadá, Europa y Caribe. Tiene lugar en el *Orange County Convention Center* en Orlando, Florida (EE.UU.), y atrae a más de 27.000 asistentes, y a más de 1.000 expositores. Se anuncia como la feria donde más pedidos se hacen de la industria (según el sitio web de Surf Expo). Podrás ver productos de surf, *skate*, *stand-up paddle*, *wake*, *windsurf*, kayak/canoa, natación, calzado, centros vacacionales, boutiques y regalos de recuerdo con temática costera. Tiene lugar en septiembre y enero.
www.surfexpo.com

Outdoor Retailer (OR)

Esta conocida feria de equipamiento de excursionismo, atrae a miles de compradores y trae lo mejor para el mercado de los deportes de invierno y verano. Se lleva a cabo dos veces al año en Salt Lake City, Utah. Los principales fabricantes presentan los productos de invierno en enero, los de verano en julio. Ve y echa un vistazo a las novedades, y a la mayor colección en equipamiento, indumentaria, calzado y accesorios para el excursionismo deportivo, incluyendo el turismo de aventura, *backpacking*, camping, senderismo, escalada, montañismo, ciclismo, ciclismo de montaña, pesca, pesca con mosca, salud y bienestar, militar, nutrición y productos naturales, deportes de remo, deportes acuáticos, productos para mascotas, *running*, *trail running*, surf, *skate*, *lifestyle*, triatlón, resistencia multideportiva, y ahora también yoga y pilates.
Fechas de la feria: artículos de invierno en enero, y verano en julio.
www.outdoorretailer.com

Agenda

Agenda es la feria de moda más diversa y creativa. La feria se compone de ropa de calle, deportes de acción, *lifestyle*, y moda. Tiene ferias en tres ciudades de Estados Unidos:
Long Beach, CA y Miami, FL en enero, y Las Vegas, NV en febrero.
www.agendashow.com

Otras ferias

Hay ferias comerciales para muchos otros nichos de mercado. Visita la *National Shoe Retailers Association* para obtener una lista completa de las próximas ferias de calzado y charlas educativas en EE.UU., y en todo el mundo.
www.nsra.org/events/event_list.asp

Arris Ricardo tiene muchas opciones para ferias de calzado, demasiadas donde elegir.

Necesita ir con cuidado y no gastar demasiado dinero. Descubrió que hay varias ferias relacionadas con el triatlón y los deportes de resistencia. Son ferias pequeñas, pero para una empresa nueva puede ser una buena manera de empezar. Para su primer año, Ricardo expondrá en estas ferias más pequeñas para clientes. Esto le dará la oportunidad de trabajar de primera mano con los usuarios, y seguramente también conocerá a otros minoristas que estén en la feria.

Ricardo utilizará las ferias de menos envergadura para practicar, y asistirá a las ferias más grandes como comprador de TriathlonSupply.com para ver en qué trabajan las principales marcas.

Eva busca ferias comerciales que sean adecuadas para Enigma, pero no encuentra ninguna que realmente atraiga a sus compradores o clientes.
Tiene otro problema, el dinero. Enigma no puede pagar los costes de exponer en una feria de gran tamaño.

Ha decidido mirar festivales de música punk, y eventos de steampunk; aquí es donde estarán sus clientes. Planea enseñar sus botas y tratar de hacer contactos con otros distribuidores que puedan asistir a los eventos.

Una amiga de Eva tiene una marca de ropa, y asiste a la *Agenda Fashion Show*. Hace un trato con ella para ayudarla con el alquiler del espacio y el montaje a cambio de compartir el *stand*. Compartir un puesto pequeño es una buena manera de que las marcas pequeñas puedan participar mientras ahorran algo de dinero.

Alternativas a las ferias

Las ferias de calzado pueden poner tu marca y tu producto frente a vendedores y compradores; si estás planeando un modelo de distribución directo al consumidor, necesitarás encontrar otras formas de poner tus zapatos frente al usuario final.

Dependiendo de tu mercado objetivo, hay ferias de consumo no orientadas a calzado, pero sí para deportes y entretenimiento: caza, náutica, música, steampunk, *fitness,* y casi cualquier actividad tendrá sus propias ferias. Necesitas encontrar los eventos donde estarán tus clientes.

Las empresas más grandes también están reduciendo el gasto en ferias, buscan otras formas de interactuar con los compradores. Por ejemplo, en lugar de establecer un gran puesto en una feria, pueden ofrecer volar a sus compradores más importantes. Los compradores aprecian la atención especial; el billete de avión, el hotel, una buena comida, y un día trabajando con tu equipo puede tener menos coste y ser más productivo que una presentación rápida en una feria concurrida.

Arris Ricardo está centrándose en triatletas. Se pondrá en contacto con los organizadores de la carrera y se organizará para enseñar sus zapatillas. Arris tendrá que dar algo de dinero de patrocinio al organizador de la carrera, pero valdrá la pena estar en contacto directo con clientes.

Ricardo puede ofrecer zapatillas, botellas de agua promocionales, y camisetas gratis a los ganadores de la carrera y al personal del evento. Necesitará testar y asistir los eventos y carreras. Si puede traer algo de stock y vender de manera rentable, cada triatlón será una oportunidad de venta.

Puede mandar una furgoneta envuelta con el logotipo de Arris, y con un pequeño stock a estos eventos todos los fines de semana durante el verano. Empieza a pensar si una furgoneta que vende calzado es rentable, ¿debería invertir en una pequeña flota?

enigma Eva se enfoca en la música punk. Puede enviar productos a bandas locales, o incluso pagar para que usen las botas y las camisetas personalizadas en el escenario. Los festivales y los eventos son todos los lugares donde promocionará su marca.

Calzado de muestra

Para enseñar tus zapatos a compradores de *retail*, necesitarás muestras. Estas muestras se llaman muestras de ventas. Dependiendo de tu plan de venta, necesitarás unos cuantos pares de muestras de ventas, o varias docenas. Las muestras de ventas casi siempre vienen en una sola talla: 9 para hombre, y 7 para mujer.

Si estás vendiendo directamente al consumidor a través de la web, no necesitas muestras de ventas reales. Una muestra bien fotografiada es todo lo que necesitarás.

Algunas compañías hacen una muestra de cada modelo y la combinación de color de la gama, y otras seleccionan lo que creen que queda mejor para cada modelo en lugar de una muestra de cada color. En la industria, a una línea completa de muestras de ventas lo llamamos *rainbow line*, ya que se tendrán todos los colores.

Si tu plan de venta se basa en un modelo de distribución más tradicional, necesitarás muestras para cada uno de tus agentes de ventas, más aún para tu departamento comercial de distribución internacional, y algunos más para tu oficina. Una empresa pequeña puede necesitar cerca de quince pares; una marca internacional con ventas de 100 millones, puede necesitar cincuenta pares, mientras que una gran marca con ventas de mil millones puede necesitar trescientos pares.

También encontrarás que aunque tu departamento de ventas nacional puede no querer o necesitar muestras en todos los colores, tus distribuidores necesitarán cada artículo. También es muy normal que los distribuidores pidan artículo por artículo, seleccionando solo los productos que creen que tendrán venta en su mercado. Algunas marcas de calzado no permiten esto, y requieren que el distribuidor coja las muestras de cada modelo.

Cargar a tu departamento de ventas con muchas muestras también es contraproducente. Las presentaciones pueden llevar mucho tiempo, y la mayoría del personal debe pagar sus muestras.

Un agente de ventas de una gran empresa de artículos deportivos puede tener una factura con muestras por valor de 100.000 dólares, pero una vez que se complete la temporada de ventas, se apresurarán a vender las muestras.

Producción de las muestras de ventas

La mayoría de las empresas de calzado piden a la fábrica hacer una pequeña tirada de las muestras. Suelen hacerlo los miembros más expertos de la fábrica, cuidándose al máximo cada detalle para asegurarse de que cada par sea perfecto.

Como estos modelos van a representar a tu marca, debes asegurarte de realizar el control de calidad antes de enviarlos a tus agentes de ventas, aunque una muestra con calidad baja es mejor que nada. Es posible que quieras visitar la fábrica para inspeccionar los zapatos por ti mismo antes de pagar para que te los envíen.

Las tiradas pequeñas casi siempre se empaquetan y se envían por aire a los agentes; llegarán meses antes de que se haga el pedido de producción. Los agentes de ventas los usarán para obtener pedidos por adelantado ANTES de mandar el pedido a la fábrica de calzado.

Si un modelo, o color en particular no tiene mucho éxito, puedes optar por cancelar la producción antes de que empiece. La mayoría de las grandes compañías de calzado trabajan de esta manera; no pueden arriesgarse a hacer un millón de pares para que fallen en el mercado.

Las muestras se hacen en una sola talla, ya que el diseño aún no se ha escalado. La fábrica ahorra tiempo y dinero si espera para hacer la escala de las demás tallas hasta que se sepa que el modelo ha sido comprado para producción.

Otro procedimiento muy común es utilizar los primeros pares que salen de la producción. La fábrica seleccionará los primeros pares de la línea de montaje, y los manda por aire al personal de ventas. El resto de la producción se mete en contenedores y se manda por barco. Para cuando llega la producción, el departamento comercial ya debería tener los pedidos en mano; y en este caso ya hay tallas disponibles.

Otras compañías optan por no hacer la pre venta de sus modelos. Las muestras se sacan del stock de producción, y los agentes de ventas hacen un pedido de corto plazo.

Debes esforzarte al máximo para asegurarte de tener pedidos ANTES de hacer el pedido de producción a la fábrica. Para una empresa de calzado pequeña no siempre es posible, y para una marca que solo vende *online*, es difícil tener reservas anticipadas a menos que lances una campaña de Kickstarter para tener pedidos.

Comprar las muestras de venta es caro, y enviarlas por aire es muy caro; pero ordenar una producción que los clientes no van a querer, es aún más caro.

Arris

Los compradores del producto Arris son atletas que participan en triatlones. Para que Ricardo les convenza con el concepto Arris, necesitará las muestras en las tallas para que se las prueben, e incluso las usen. Necesitará una tirada más grande de lo normal. Esto va a ser caro, pero un mercado tan específico, no tiene otra opción. Dar calzado gratis a los compradores para que los prueben, es imprescindible.

Ricardo y sus agentes de ventas planean con anterioridad el lanzamiento de Arris. Identifican a los compradores potenciales, y recopilan la información sobre la talla de sus zapatillas para que puedan estar listos con las zapatillas correctas cuando hagan la presentación de venta de Arris.

Ricardo también quiere proporcionar a algunos atletas regalándoles zapatillas. Se ha hecho amigo de algunos triatletas profesionales, y han acordado utilizar sus zapatillas. En este momento, no les está pagando, pero está preparando a Arris para el éxito.

Eva necesitará menos muestras de ventas que Ricardo. Un par de pares de cada bota deberían ser suficientes. Venderá las botas Enigma en la costa este, y contrató a un amigo para que le ayude en la costa oeste. Necesita algunas muestras para hacer fotos en estudio, y algunas más para que el fotógrafo y la modelo las usen para hacer el *lookbook* de Enigma.

Eva necesitará una docena de pares de lo que cree que son sus modelos más potentes para enviarlos a sus *influencers*. Ha trabajado mucho para contactar con otros músicos y artistas conocidos que comparten su estilo. Aunque no puede permitirse el lujo de pagar a la gente por llevar sus botas, ha encontrado algunos amigos dispuestos a ayudar a promover Enigma.

También, ha presupuestado varios pares de botas como regalos para sus compradores.

CAPÍTULO 8

VENTA Y DISTRIBUCIÓN DE CALZADO

Las ventas son la sangre vital de tu nueva empresa de calzado. Sin rentabilidad no tendrás tu empresa por mucho tiempo. La distribución es cómo llevarás tus zapatos a las manos de tus clientes. Con un buen plan de venta y distribución, tus zapatos llegarán al mercado, sin este plan, tus zapatos se quedarán en el almacén.

LA CADENA DE VENTAS

Empresa de calzado

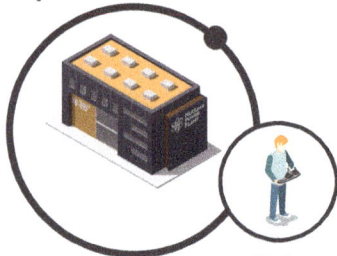

Tu vendedor

Tú

Tienda de calzado

Comprador de la tienda

Personal de ventas

Usuario final

La cadena de ventas es el proceso de venta; empieza contigo y termina con el usuario final. Pueden existir muchas personas entre el cliente y tú, cada uno con parte de responsabilidad de realizar la venta. Si alguno de los eslabones de la cadena se rompe, perderás una venta.

Para cada uno de estos eslabones hay formas de ayudar y asegurarse de que se realice la venta. También, hay formas de acortar los eslabones de la cadena para acercarte a tus clientes y a las ventas.

Construir una cadena de ventas sólida

La cadena de ventas empieza contigo creyendo en tu producto y siendo capaz de comunicar, convencer y educar a otros sobre los méritos de tus zapatos y tu marca. Debes tener el impulso y la energía para inspirar a otros y atraerlos a tu proyecto.

El equipo de ventas necesita creer

El primer objetivo de ventas es crear a tu equipo de ventas. Tu personal de ventas, ya sea por salario o por comisión, necesita creer en ti y en tu producto. Involucra al equipo de ventas en los procesos de desarrollo y *marketing*. Un vendedor con experiencia puede ofrecerte información sobre el mercado gracias a los muchos años vendiendo. Un equipo de ventas motivado y trabajado, atraerá a los compradores a tu marca.

Convertir al comprador en creyente

Un vendedor con experiencia sabe qué buscan los compradores de una tienda de calzado: quieren productos de calidad alta y un margen alto, que tengan buena rotación, y no tener devoluciones. Dale la confianza del producto al comprador, y la marca transformará a un comprador en creyente. Para ayudar a los vendedores, una empresa de calzado puede ofrecer al comprador artículos de *marketing*, buenas condiciones de pago, e incluso puedes garantizar la devolución de cualquier producto que no se venda.

En la zona de ventas

El trabajo del vendedor de calzado no acaba una vez que el comprador dice "SÍ". Para asegurarse de que los zapatos se vendan bien una vez que están en la zona de ventas, una compañía de calzado puede patrocinar una formación de *sales clinic* para trabajar y enseñar a los vendedores a vender los nuevos productos.
Las características y los beneficios más importantes de los zapatos deben explicarse de manera notable y creíble. Más importante todavía, la *sales clinic* es una forma de inspirar al personal y ponerlos de tu bando.

Puede que un vendedor no quiera estar hasta tarde en un *sales clinic*, pero se puede ayudar con unas pizzas, refrescos, o algunas cervezas gratis. Algunos productos gratuitos como zapatos, camisas, y sombreros pueden ayudar a motivar al personal a vender el producto por encima de otras marcas. Aunque una *sales clinic* puede parecer una pérdida de tiempo y ser aburrido, un buen vendedor, o un técnico de ventas lo utilizará para construir una relación personal con el equipo; y, mejor aún, crear un vínculo entre el personal de la planta y la marca. Muchas marcas también ofrecen premios al trabajador que más venda.

¿La gente quiere tus zapatos?

La cadena de ventas se creó para el momento en que un cliente llega a la tienda. ¿Comprarán tu zapato? Este es el punto donde la venta y el *marketing* trabajan juntos.

Si el vendedor cree en tus zapatos, el comprador minorista está convencido, y el personal de venta está motivado, es tu oportunidad de vender. Tu producto está disponible para ser comprado, pero si el cliente nunca ha oído hablar de tu marca, o no ha visto tus zapatos antes, lo más probable es que compre unas Nike™ en lugar de tu producto.

Esto no te va a pasar, tu nueva empresa ha invertido en *marketing*. Cuando llega el cliente, el vendedor recomienda tu marca, y se compra.

El lenguaje de la venta de calzado

Cuando te propones crear un plan de ventas para tu empresa de calzado, hay algunos términos y conceptos que deberás entender.

Compradores (*buyers*) de calzado

El comprador y los comerciales son responsables de llenar la zapatería con el producto. Los compradores son tus clientes, y tienen un presupuesto para comprar mercancía para la tienda. Su objetivo es comprar productos de venta rápida que generen beneficio para la tienda. Si tu producto se vende bien, el comprador será tu mejor amigo, si hay algún problema, el comprador puede solicitarte grandes descuentos DESPUÉS de la venta.

Compradores y categorías

Un gran minorista con muchos departamentos tendrá varios compradores, cada uno con una categoría. Es posible que tengas que reunirte con diferentes compradores para calzado de hombre o mujer, o incluso con un tercer comprador de niños. Es importante conocer las categorías de productos de las que es responsable tu comprador. Si quieres expandir tu oferta, es posible que necesites que te presenten a otro comprador.

Conseguir una reunión con un comprador

Primero, debes averiguar quién es el comprador de calzado. Lo más fácil es llamar a la tienda. Con minoristas pequeños, el propietario suele ser el comprador. Para las grandes cadenas, habrá una oficina de compras. Puedes llamar a la oficina central, o intentar llamar al director de una tienda y pedirle ayuda. Buscar en internet, y las RRSS como LinkedIn.com™ pueden ayudarte.

No hay sustituto para un agente de ventas con experiencia que conoce el mercado. Si lleva tiempo en la compañía, conocerá a los compradores y sabrá cómo sacar una reunión para tu marca.

Presupuestos de compra
Cada comprador tiene un presupuesto de compra para comprar artículos para la tienda; también se conoce este término como *open to buy* (OTB). Cada temporada, el comprador tiene una cantidad designada para cada categoría de producto.

Cuando se empieza a plantear la línea de producto para la temporada, tu distribuidor estará haciendo lo mismo. Los compradores no cierran ningún pedido hasta que no han visto a todas las marcas competir por el *open to buy*.

Si llegas tarde a la compra de esa temporada, las opciones se habrán esfumado. Como marca pequeña, debes entender que los competidores grandes se llevan la mayor parte del presupuesto.

Deberás luchar de cara a obtener parte del presupuesto de compra. Tu producto tiene que ser bueno, y reunirte junto a los compradores con antelación es fundamental para que se reserve parte de su presupuesto para tu marca.

Estrategias de compra
Los minoristas tendrán diferentes estilos y estrategias de compra. Las grandes cadenas de tiendas pueden tener una oficina centralizada que controla todo el producto entrante; mientras otros pueden tener más control local.

Los compradores tendrán diferentes formas de actuar; algunos analizan los detalles técnicos, otros dan un presupuesto y te piden que plantees un pedido de tus mejores opciones. Muchos compradores y vendedores tendrán relación de hace tiempo, y confiarán en la opinión del otro.

Representante técnico de ventas
Lo contrata la marca de calzado para proporcionar asistencia en la postventa. Después de que el agente de ventas y el comprador realicen la venta, el trabajo del técnico es capacitar al personal de tienda trabajando con el personal de planta para asegurarse de que estén informados sobre cómo vender el producto, y estén satisfechos vendiendo la marca. El técnico puede llevar calzado, camisetas, pegatinas, etc. Lo que sea necesario para que el personal apoye a la marca.

Venta (*selling in*)
Cuando los distribuidores o las tiendas te compran modelos, se dice venta, o *selling in* para referirse a la tienda, o mercado. Una buena venta debe seguirse de una buena rotación, o *selling through*. Verás que diferentes áreas o distribuidores tendrán mejor o peor venta. La mala venta de un modelo nuevo podría significar la cancelación antes de que se envíe la producción.

Rotación (*sell through*)
Una vez en tienda, los zapatos tendrán rotación si los clientes los compran. Una venta baja, o lenta, es algo malo. Casi siempre, la venta directa se mide por el porcentaje de ventas por semana; el 30% de venta por semana es bueno, pero si hay un 5% de venta por semana significa que va mal.

Índice de ventas
Tus distribuidores tendrán un seguimiento del inventario para controlar el índice de ventas del stock. Un distribuidor organizado tendrá un informe con la tasa de ventas de tu producto comparado con otras marcas en la misma categoría.

Reserva previa
Se refiere a la venta del producto antes de la producción. Permite a la marca planificar el inventario y la producción por adelantado. Cuantas más reservas previas, mejor. Algunas compañías solo trabajan así para evitar el exceso de stock; aunque también significa que no habrá stock adicional. El lado negativo se da si un zapato se vende bien, ya que no habrá stock disponible.

Pedidos de corto plazo
Los pedidos de corto plazo (también llamados de ciclo corto), son pedidos realizados sin aviso, o con ninguna expectativa del stock. Es posible que no tengas inventario para cumplir con los pedidos de corto plazo. Después de varias temporadas, la empresa tendrá un historial de reservas previas con el comparativo del porcentaje de corto plazo. Con la experiencia, aprenderás que puedes pedir cerca del 15% más de reserva, o que las cancelaciones de pedidos ya reservados darán el stock para suplir cualquier pedido de ciclo corto.

Incentivos de reserva previa
Para incentivar a los distribuidores puedes ofrecer descuentos, solo un pequeño porcentaje ayudará a tu distribuidor a decidirse. Las reservas previas son muy importantes para tu nueva empresa; si no, es casi imposible tener la cantidad correcta del producto. No regales tus ganancias, pero haz lo que puedas para tenerlos. Este descuento debe tener una fecha límite para que puedas planificar el pedido en la fábrica.

Descuentos por volumen
Es una buena manera de gratificar a tus clientes, y también es una forma de dar a tus pequeños compradores un objetivo ampliado (*stretch goal*). Puedes basar el descuento en la cantidad de pares, o de dólares del pedido. Por ejemplo: una cuenta de 5.000 dólares obtiene un 2% de descuento, mientras que una cuenta de 10.000 dólares puede obtener un 5%. Utiliza los descuentos para ayudar a crecer a tus distribuidores.

Descuentos de bienvenida y *bonus*

Un descuento de bienvenida es una forma de ayudar a tus agentes a abrir nuevas puertas. También es una buena manera de expandir tu red de distribuidores. Puede que un extra de 100 o 200 dólares por cada nuevo cliente sea suficiente para que tus agentes conduzcan hasta la siguiente ciudad, o hagan algunas llamadas extra antes de terminar la jornada. Para los nuevos distribuidores, también puedes ofrecer un plan de readquisición si los zapatos no se venden.

Descuentos de representación

Si ves que tus distribuidores solo te compran uno o dos artículos, puedes impulsar las ventas de los otros modelos ofreciendo un descuento de representación. Por ejemplo, si un distribuidor compra cinco modelos, podrá obtener un descuento del 5%. También es una buena manera de introducir nuevas líneas de productos, como la ropa.

On wheels

Así se llama a un acuerdo con el distribuidor para aceptar la mercancía a *full price* si no se vende. Permite al distribuidor probar el producto con menos riesgo.

Remarque de precio

Un distribuidor puede pedir una cuantía de dinero para cubrir el coste de tener que remarcar productos que tengan una venta lenta, permitiendo a los compradores mantener su margen y vender el modelo, pero será a tu cargo.

Descuadre de tallas

Ya que los zapatos se ofrecen en diferentes tallas, tu inventario puede liberar el stock de unas tallas antes que otras. Esto se llama descuadre de tallas. Es posible que un distribuidor no quiera comprar un modelo si falta una talla. Las tiradas con descuadres se encuentran sobre todo al terminar una temporada de ventas, o cuando un modelo cambia. Un pequeño error al hacer el pedido a la fábrica puede desembocar en un descuadre. Los distribuidores pueden no comprar calzado si faltan tallas, con lo cual, deberás ofrecer un descuento, o hacer una tirada más pequeña para reparar o equilibrar las tallas.

Dumping a otro mercado

Si un producto no se vende bien, el stock puede venderse con descuento a otro país. Si hay demasiado producto con descuento en un mercado, vender producto nuevo a *full price* puede ser difícil hasta que se libere el mercado.

Aunque el margen de beneficio sea bajo, es una buena forma de abrirse a nuevos mercados en el extranjero.

Sweeps

Es el término que se utiliza cuando hay un descuadre de tallas y se ofrecen los modelos obsoletos a un minorista, todo en un paquete, con un gran descuento para deshacerse del stock y dar paso a nuevos productos mientras que permite al minorista tener la mercancía en venta con buenos márgenes. Es importante para la compañía de calzado, ya que el capital se puede utilizar para comprar productos nuevos. Estas ofertas puede suponer ofrecer calzado a precio de coste, o incluso por debajo, solo para limpiar tu stock.

Coste de almacenamiento

Las empresas de calzado y las zapaterías tienen costes asociados con el almacenamiento del stock. El coste de mantenimiento del inventario es el coste de tener los zapatos en stock. Incluye el almacenamiento, el alquiler, y costes financieros, como los intereses sobre el dinero prestado. Si un artículo tiene una venta lenta, es una carga para tu capital, y da la posibilidad de que los zapatos se tengan que rebajar pronto para reducir los costes de transporte.

Cuentas internas

Las cuentas grandes, o las que son muy importantes, pueden ser llevadas por personal asalariado interno en vez de subcontratar agentes. Una cuenta grande, puede hacer que un agente de ventas comisionado sea el empleado mejor pagado de la empresa. Aunque esto no es necesariamente algo malo, puede causar problemas.

El agente de ventas puede no prestar atención a las otras cuentas del mismo territorio, centrándose solo en la cuenta importante y no expandiendo la distribución. La empresa se ahorra los incentivos si tiene un empleado asalariado.

Count and fill

Algunos productos de calzado, como las sandalias, se venden muy rápido en temporada, y puede ser difícil mantener el stock para los minoristas. Los vendedores pueden ofrecer un servicio de *count and fill* (contar y rellenar). El vendedor visitará la tienda una vez por semana para actualizar la mercancía, reorganizará y llenará las estanterías, contará el stock, y ayudará al distribuidor a hacer los pedidos del *follow-up*.
Un agente listo, visitará sus tiendas antes de las navidades, y se asegurará de que estén abastecidas y listas para los ajetreados días de venta. Esto puede llevar mucho tiempo para los vendedores, pero maximiza las ventas para la que puede ser una temporada de venta corta. Algunos agentes incluso pueden tener un vehículo con existencias dentro, por lo que la entrega se puede hacer al instante.

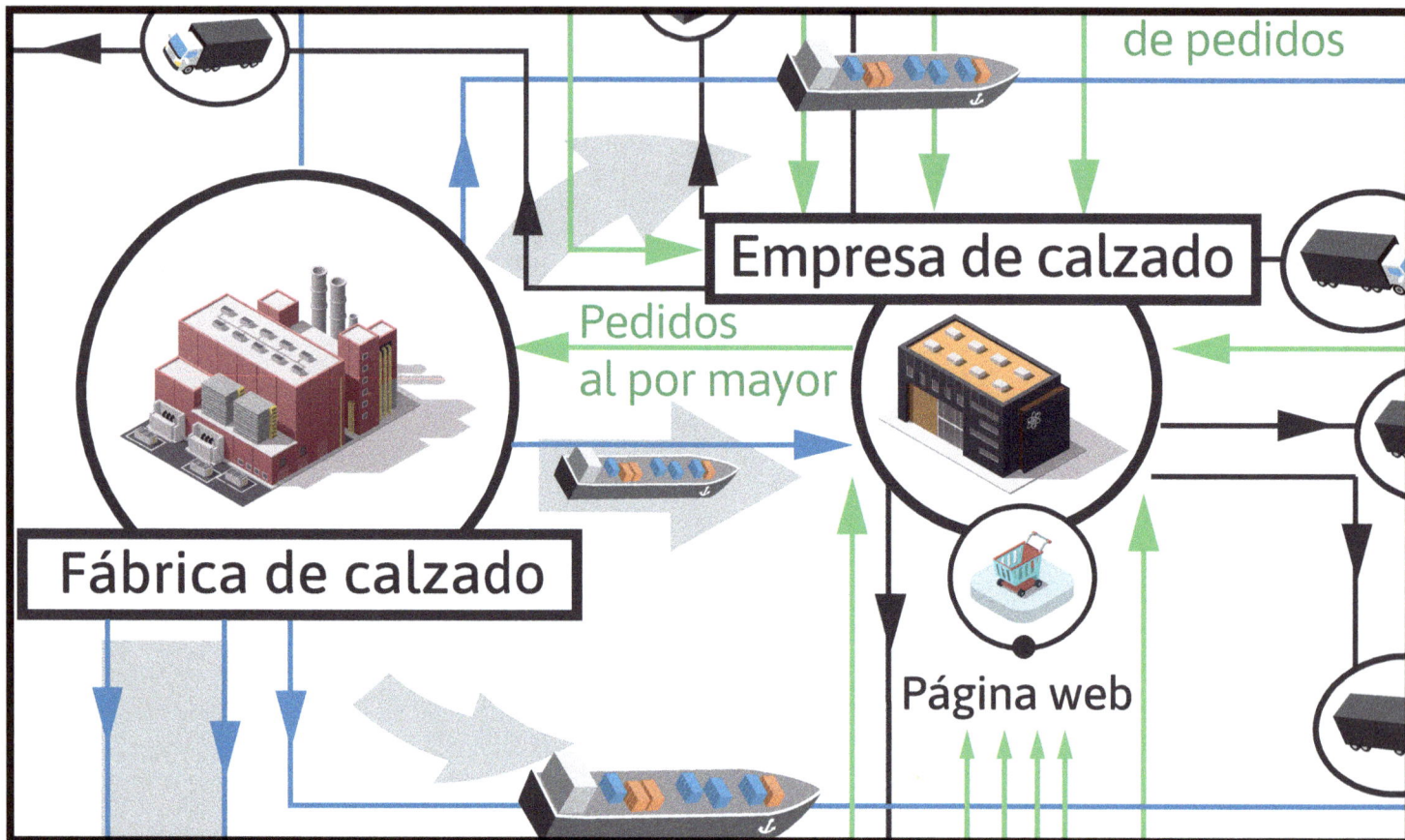

de pedidos

Empresa de calzado

Pedidos
al por mayor

Fábrica de calzado

Página web

Modelos de venta y distribución

¿Cuál es el modelo de venta y distribución más adecuado para tu empresa? Dependerá del tipo de calzado que quieras hacer, y los mercados a los que te dirijas.

Los diferentes segmentos del mercado tendrán estrategias de distribución muy diferentes para llegar a los clientes objetivo. El tipo de calzado y su precio afectarán al cómo y al dónde se distribuirán.

¿Estás haciendo una zapatilla deportiva que se venderá en grandes superficies? ¿O es un zapato de alta moda que solo se venderá en boutiques? ¿Quizá tenga un modelo especial para pesca con mosca que solo se venderá en tiendas especializadas? ¿A lo mejor tu zapato es específico para jardinería?

¿Necesita tu producto un servicio postventa, como un calce para las botas, o piezas personalizadas? ¿Son tus deportivas técnicas y solo se encuentra en tiendas especializadas, como los zapatos de golf, o las zapatillas de ballet? ¿Tal vez tu empresa quiera hacer calzado informal para venderlo en cualquier lugar?

Necesitas encontrar los puntos de distribución que atraigan a sus consumidores objetivo; estos pueden ser tiendas minoristas, u *online*.

Hay dos modelos de venta muy utilizados.
El primero es el canal de distribución minorista tradicional, en el que vendes tu producto con un descuento a tiendas que revenderán la mercancía. Se venden por aproximadamente el 50% del precio de venta final. Esto se llama precio mayorista.

El segundo es el modelo de distribución directa al consumidor, donde se elimina la tienda minorista, y se vende directamente al usuario final. Puedes vender los zapatos en una tienda de tu propiedad, u *online*. En este caso, estarás vendiendo al usuario final a precio minorista. El precio minorista es el doble del precio mayorista.

No tienes que elegir un solo modelo para distribuir tus zapatos. Verás que las grandes empresas de calzado utilizan una combinación de diferentes modelos de distribución.

Como aprendimos en el capítulo 4, cada modelo de distribución necesitará sus propios gastos, y cálculos de los márgenes.

MODELO DE DISTRIBUCIÓN RETAIL

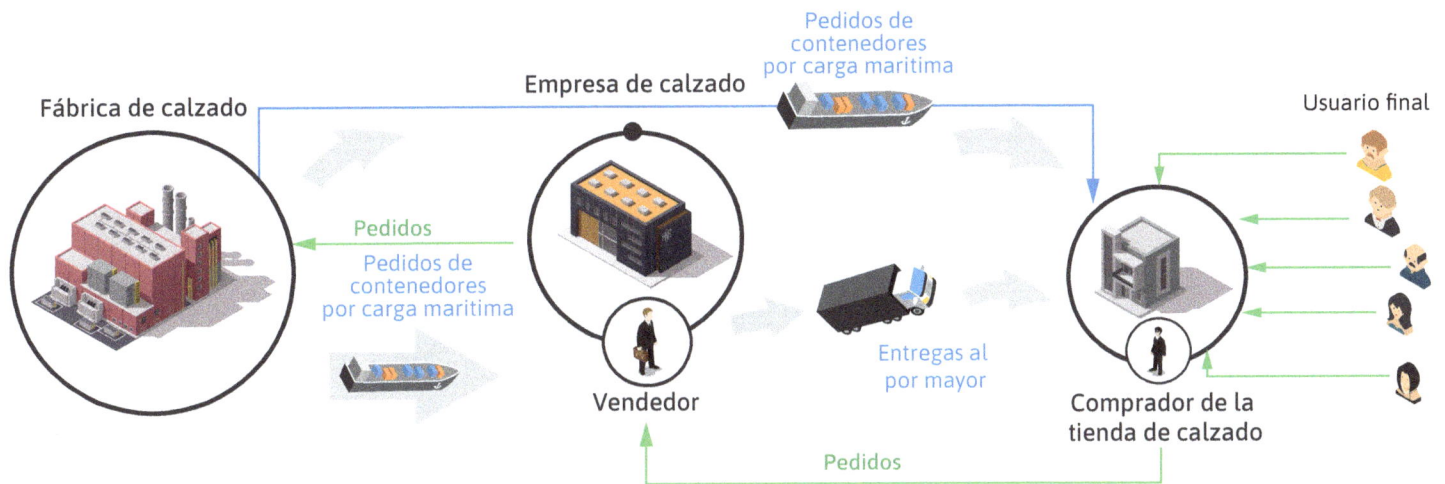

Fábrica de calzado — **Empresa de calzado** — Pedidos de contenedores por carga marítima — **Usuario final**

Pedidos

Pedidos de contenedores por carga marítima

Entregas al por mayor

Vendedor — **Comprador de la tienda de calzado**

Pedidos

La distribución minorista es el modelo de venta clásico o tradicional. La empresa de calzado contrata a un agente de ventas para enseñar la línea de productos al comprador de la tienda de calzado, que comprará el producto para después venderlo a los clientes (el usuario final del calzado). En este modelo de venta, el comprador de calzado de la tienda es el cliente. Los clientes de la zapatería, son a su vez clientes del distribuidor.

Este modelo es muy simple, el distribuidor hace un pedido, y los zapatos se envían al por mayor a las tiendas. Es la misma idea que para la empres de calzado: los pedidos al por mayor se colocan en la fábrica y se entregan por transporte marítimo en contenedores de envío.

Para pedidos grandes que se dirijan a clientes importantes, los contenedores de carga pueden prepararse específicamente para una tienda concreta, y dirigirse directamente al almacén de los distribuidores sin pasar por el almacén de la compañía de calzado. Este es el funcionamiento que más utilizan las marcas grandes.

Pros:
Los pedidos grandes pueden movilizar el producto rápidamente, obteniendo el pago para la producción.
Un número reducido de empleados puede vender miles de pares.
Una reducción del coste del transporte del inventario, como la mercancía, hace que el producto llegue a la cadena de *retail* más rápido.
La reserva previa permite una mejor planificación empresarial.

Contras:
Reducción de los márgenes de venta.
Descuentos y adaptación hacia los distribuidores.
Cancelar pedidos grandes puede alterar la idea de inventario.
La relación de venta depende del vínculo con el comprador.
Costes de tener y operar un almacén o centro logístico.

Distribución minorista con distribución de terceros:
El coste de tener y operar un almacén puede eliminarse contratando un servicio logístico de terceros (3PL) para trabajar la logística de tu producto.

Los minoristas de Internet, y los proveedores de 3PL pueden ayudarte con tu distribución. Este modelo le da a la empresa de calzado la flexibilidad para llevar a cabo el procesamiento y envío de pedidos. En lugar de operar un almacén y enviar los modelos desde tu oficina, puedes contratar esta función.

MODELO DIRECTO AL CONSUMIDOR

Empresa de calzado

Usuario final

Tienda de calzado

Pedidos al por mayor

Cumplimiento de pedidos

El modelo directo al consumidor elimina los intermediarios. La compañía de calzado es ahora la responsable de poner los zapatos en manos de los usuarios finales. Hay diferentes formas de lograrlo.

Operar con tiendas propias:

Las operaciones son similares al modelo minorista tradicional, excepto que la empresa de calzado ahora absorbe los márgenes del minorista. Sin embargo, la marca de calzado ahora debe pagar todos los gastos operativos de la tienda. El coste del espacio, el salario del personal, y el coste de mantenimiento del inventario deben salir ahora de los márgenes del beneficio.

Hacer zapatos, y venderlos, son dos disciplinas muy diferentes. Las empresas de calzado pueden abrir diferentes tipos de tiendas. Las tiendas *outlet* son un espacio con un alquiler bajo, o incluso un pequeño espacio adaptado en el almacén utilizado para vender productos infrautilizados que no quieren los clientes; estos se pueden vender con grandes descuentos sin dejar de obtener beneficio. Estas tiendas se suministran con producto hecho específicamente para el *outlet*. Los artículos se hacen de diferente color, o están fabricados a un precio más bajo para que no compitan con los otros distribuidores de tu marca. Estas tiendas suelen ser una parte muy significativa del plan de venta de algunas marcas, las tiendas *outlet* de hoy en día atraen a mucha clientela para la marca. Muchas empresas de moda trabajan para construir un buen concepto de marca, o tienda-escaparate. Las principales ciudades como Nueva York, Londres, Berlín, París y Tokio tendrán estas tiendas. Los modelos vendidos en estas tiendas pueden no tener ningún descuento, pero en estas tiendas se encuentran las novedades, y toda la gama de productos.

Para reducir el riesgo de operar una tienda, una marca puede contratar a una empresa externa para llevar sus tiendas *outlet*, o asociarse con un minorista ya existente y tener una tienda dentro de otra tienda.

Pros:

La empresa de calzado obtiene todo margen del minorista.
La compañía tiene relación directa con el usuario final.
Flexibilidad de precios, y la posibilidad de ofrecer descuentos.
Estas tiendas pueden ser "*outlets*" para vender artículos de venta difícil.
Las *concept stores* pueden proyectar una imagen de marca muy positiva.
Amplia la venta a nuevos mercados.

Contras:

La marca de calzado absorbe todos los gastos operativos de la tienda.
Los zapatos son propiedad de la marca hasta que se vendan al usuario final.
Mayor riesgo financiero por los costes fijos adicionales.
Costes de tener y operar un almacén o centro logístico.

MODELO WEB DIRECTO AL CONSUMIDOR

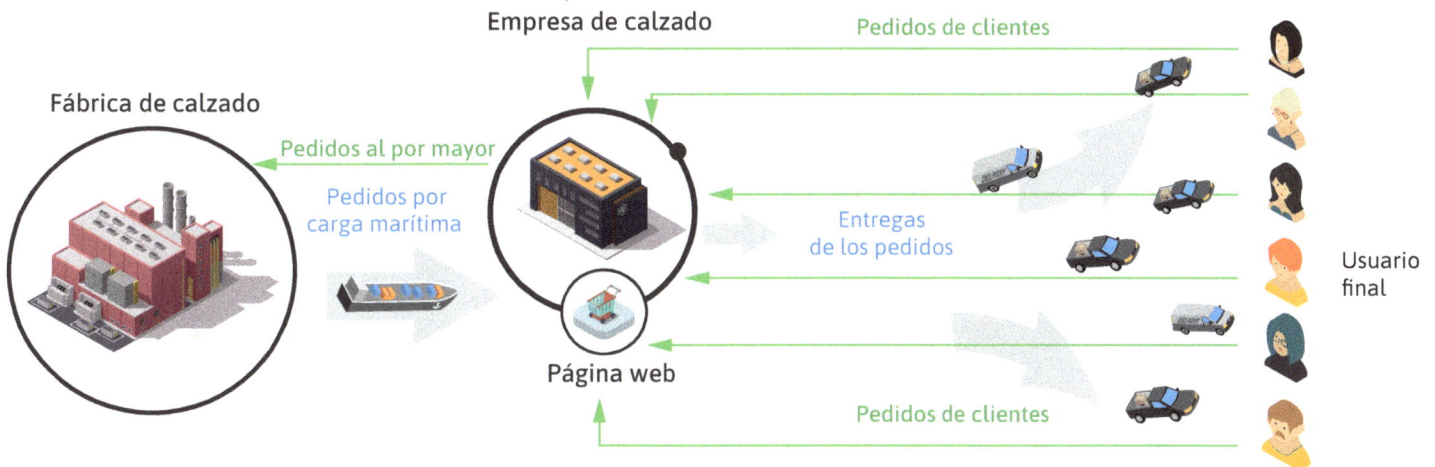

Empresa de calzado
Pedidos de clientes
Fábrica de calzado
Pedidos al por mayor
Pedidos por carga marítima
Entregas de los pedidos
Usuario final
Página web
Pedidos de clientes

La venta directa por Internet es el modelo de venta que más vale la pena mirar. Si analizas el margen de un minorista que vende tu producto de 50 dólares por 100 dólares, te darás cuenta que solo necesitas gastar menos de 50 dólares para hacer la venta tú mismo y salir para adelante.

Las ventas *online* pueden permitirte tener más margen de venta, pero serás responsable de la comercialización en Internet, la recepción de pedidos, el procesamiento del pago, y el envío de pedidos individuales. Con una perspectiva de devolución de hasta el 25% para la venta de calzado por Internet, deberás tener una forma de volver a empaquetar los zapatos y devolverlos al stock si aún si aun están bien para venderlos; si no, es posible que debas destruirlos o aplicar un descuento sobre los modelos devueltos.

Es posible que tus clientes distribuidores también vendan tus modelos en Internet, aunque puedes prohibir la venta por Internet si lo acuerdas en los términos de venta; tu único recurso ante un distribuidor infractor es terminar la cuenta.

Pros:
La empresa de calzado obtiene todo margen del minorista.
La compañía tiene relación directa con el usuario final.
Flexibilidad de precios, y la posibilidad de ofrecer descuentos.
Las tiendas *online* pueden ser "*outlets*" para vender artículos de venta difícil.

Contras:
Los pedidos de cada cliente se deben pagar, recoger, embalar, y enviar.
Si la mercancía permanece parada, aumenta el coste del inventario hasta que se venda al cliente final.
Pronosticar los pedidos a la fábrica sin reserva previa puede complicar la planificación del inventario.
Costes del procesamiento de las devoluciones, envío, reposición y pérdidas.
Costes de tener y operar un almacén o centro logístico.

MODELO WEB DE DISTRIBUCIÓN DIRECTA 3PL

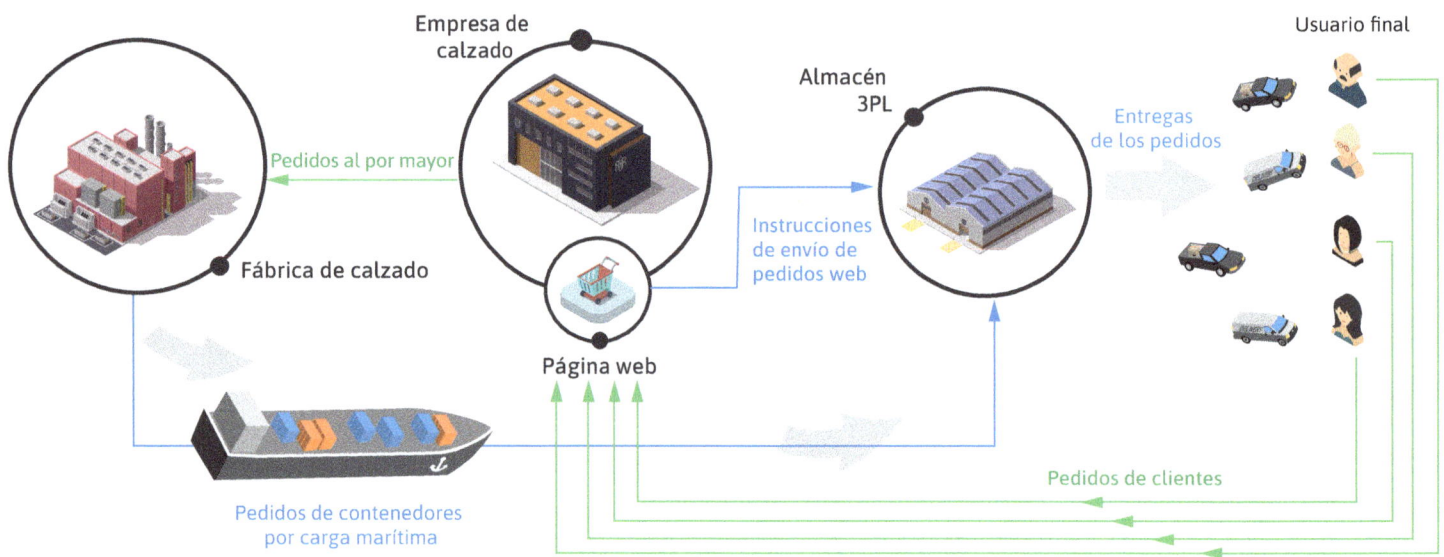

El modelo web de distribución directa con 3PL puede ser muy eficiente para una empresa de calzado pequeña y de nueva creación. En lugar de ser dueño de un almacén, un 3PL puede ayudarte con la distribución. Este modelo da a la compañía de calzado flexibilidad para trabajar el procesamiento y el envío de pedidos. En lugar de operar un almacén y enviar los zapatos desde tu oficina, puedes contratar toda tu cadena logística.

La compañía de calzado contratará a una empresa 3PL para recibir la entrega por parte de la fábrica de calzado, almacenar los modelos, y tramitar los pedidos directamente con los clientes.

Pros:
La empresa de calzado obtiene más margen que con un modelo *retail* tradicional.
Las operaciones *online* pueden eliminar la necesidad y el coste del espacio de un almacén.
Las operaciones *online* permiten que tus trabajadores se centren en la venta y el *marketing*, y no en la logística.
Los pedidos se pueden pagar, recoger, embalar y enviar automáticamente.
Una empresa puede mantenerse pequeña, pero haciendo grandes negocios.

Contras:
La web puede ser el único contacto con el cliente, tener un tráfico web bajo significará ventas *online* bajas.
Si la mercancía permanece parada, aumenta el coste del inventario hasta que se venda al cliente final.
Pronosticar los pedidos a la fábrica sin reserva previa puede complicar la planificación del inventario.
La perspectiva de devolución web es de hasta el 25%.
Tener el inventario externalizado complica las inspecciones de la mercancía entrante.

MODELO DE DISTRIBUCIÓN WEB DE AMAZON

Los vendedores de Internet como Amazon™ atraen a millones de clientes a sus páginas web. Para las marcas con mucha demanda, Amazon comprará tus zapatos al por mayor, creará una serie de artículos, y gestionará los pedidos con sus clientes. Debes tener cuidado, una vez que Amazon™ es el dueño de tu producto, podrá ofrecer grandes descuentos más allá de la política de del precio mínimo anunciado (MAP).

Una empresa pequeña puede hacer negocios con Amazon, ya que ofrece un servicio 3PL, aunque bastante costoso en comparación con otros 3PL, pero es fácil de configurar, y tiene un alcance global. Cuando configuras una lista en Amazon, puedes controlar el precio y supervisar el procesamiento de los pedidos. Puedes elegir entre el servicio 3PL de Amazon, un 3PL independiente, o hacer los pedidos tú mismo.

Amazon cobra una comisión por todos los productos, por lo que este servicio de alcance global tiene un precio. Para calzado, la comisión es del 20% del precio de venta. La tarifa para el servicio Amazon 3PL es de aproximadamente 5 dólares por par.

Pros:
Alcance global de Amazon™, y confianza del consumidor.
Interfaz *online* profesional.
Cumplimiento de las operaciones de facturación a nivel mundial.
Fácil configuración.
Evita tener y operar un almacén o centro logístico.

Contras:
20% de comisión en las ventas de Amazon.
Servicio 3PL relativamente caro.
Requisitos muy estrictos del marcado de los nuevos productos entrantes.
Poca flexibilidad para la devolución de producto: Amazon destruirá las devoluciones o te las enviará.
Tasa de devolución alta para compras de calzado por Internet.
La política de descuento de Amazon puede causar variaciones en los precios.
Aumento del coste de almacenamiento durante las temporadas altas para productos de venta lenta.

MODELO WEB MIXTO CON 3PL

Un modelo de distribución mixta por Internet puede ofrecer todos los beneficios de vender calzado con Amazon™, a la vez que reduce los posibles inconvenientes. El modelo mixto incluye tu propio listado en la web de Amazon, utilizando su servicio 3PL, y utilizando también tu página web con un servicio 3PL independiente menos costoso.

Seguir el modelo mixto te permite evitar los envíos al por mayor a Amazon. Puedes evitar las tarifas más altas del stock de Amazon completando tú el stock desde tu 3PL. En lugar de tener Amazon una gran provisión de tus modelos, solo tendrán un stock para uno o dos meses. Tu 3PL se puede utilizar para gestionar los pedidos desde tu página web, las devoluciones de los productos, procesamiento, y reposición.

Este modelo te da el acceso a los millones de clientes de Amazon, visibilidad global, y un servicio a nivel mundial a la vez que te ayuda a mantener los márgenes de tus productos.

Pros:
Alcance global de Amazon™, y confianza del consumidor.
Interfaz *online* profesional.
Cumplimiento de las operaciones de facturación a nivel mundial.
Evita tener y operar un almacén o centro logístico.
Control en tiempo real del stock de Amazon.
Servicios de Amazon para tus clientes sin los gastos de Amazon para tu empresa.

Contras:
20% de comisión en las ventas de Amazon.
Se requiere un servicio 3PL independiente.
Más flexibilidad para la devolución de productos.
Tasa de devolución alta para compras de calzado por Internet.
Deberás revisar y reponer el stock de Amazon con regularidad.

Eva quiere utilizar un modelo de venta y distribución mixto. Ya que sus botas no son un producto muy común, no espera posicionarse en grandes almacenes o en grandes superficies *online* de calzado.

Quiere vender las botas Enigma desde su página web, y también quiere dirigirse a distribuidores de moda alternativa poco convencionales.

Enfrentará el desafío de sus distribuidores sabiendo que ella también vende *online*. Una tienda de moda con márgenes altos no puede llevar calzado Enigma si sus clientes pueden comprar los mismos modelos *online*.

Tendrá que encontrar el equilibrio entre la distribución *online* y minorista. Espera tener la disponibilidad de la venta web, y también el prestigio de estar presente en *outlets* de alto nivel.

Podrá obtener un buen margen de beneficio vendiendo directamente *online* si controla sus gastos de almacenamiento y comercialización.

Ricardo también planea tener un modelo de venta y distribución mixto. Su *target* compra en tiendas especializadas, y en tiendas técnicas de alta gama. Para atender a estos clientes, los zapatos Arris se venderán al por mayor a estos distribuidores especializados. Contratará agentes de venta independientes que ya trabajen con estos distribuidores.

Ya que hay pocos minoristas especializados, también venderá directamente en triatlones y en Triathlonsupply.com

Deberá tener cuidado de no competir con sus distribuidores con la idea de vender en eventos. A los distribuidores no les gusta competir con sus proveedores.

Ricardo también necesita trabajar con distribuidores locales cercanos a cualquier evento al que planee asistir.

Distribución global mixta

Una compañía internacional de calzado que esté en desarrollo tendrá un gran plan de distribución que entregue el producto en los diferentes mercados globales, mediante los diferentes canales: al por menor, al por mayor, y directo al consumidor.

En las páginas 125 y 126 se puede ver cómo es un modelo de distribución internacional.

Para suministrar calzado en todo el mundo, una marca como Nike™ tiene sus productos elaborados por diferentes fábricas en muchos países, y se envían a distribuidores y puntos de distribución en todo el mundo.

Cuando tu marca tenga un alcance global, tendrás que desarrollar un modelo de distribución que pueda entregar los productos en los diferentes mercados geográficos, y en los diferentes segmentos de productos. El plan de distribución para unas botas de fútbol con tacos es diferente al de unos zapatos de alta moda.

Los minoristas de grandes superficies tienen diferentes requisitos frente a los minoristas más pequeños de calzado de alta moda. También verás que el mismo tipo de zapato puede tener diferentes modelos de distribución según el país.

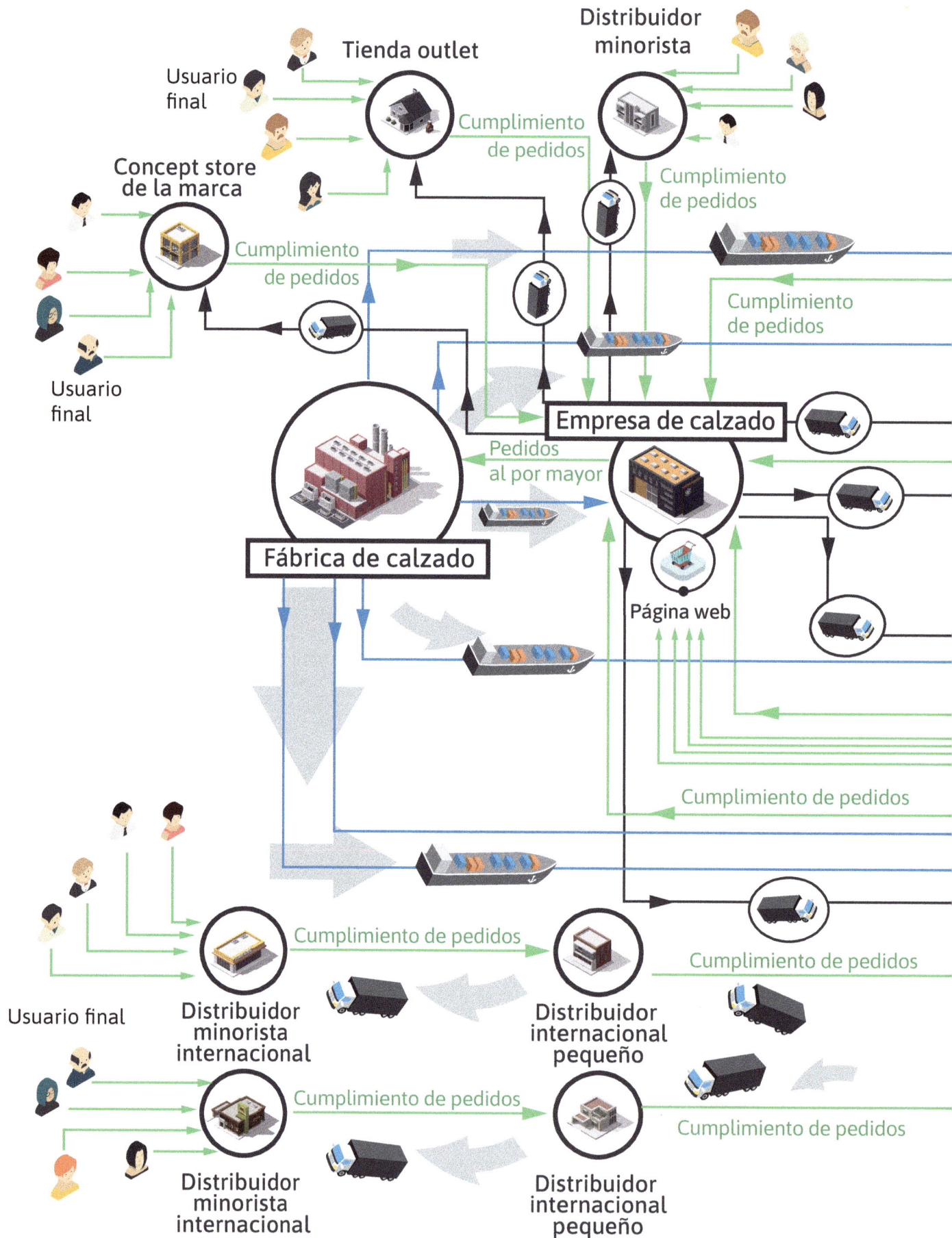

Usuario final

Tienda outlet

Distribuidor minorista

Concept store de la marca

Cumplimiento de pedidos

Cumplimiento de pedidos

Cumplimiento de pedidos

Usuario final

Cumplimiento de pedidos

Cumplimiento de pedidos

Empresa de calzado

Fábrica de calzado

Pedidos al por mayor

Página web

Cumplimiento de pedidos

Cumplimiento de pedidos

Usuario final

Distribuidor minorista internacional

Cumplimiento de pedidos

Distribuidor internacional pequeño

Cumplimiento de pedidos

Distribuidor minorista internacional

Cumplimiento de pedidos

Distribuidor internacional pequeño

Cumplimiento de pedidos

MODELO GLOBAL DE DISTRIBUCIÓN MIXTA

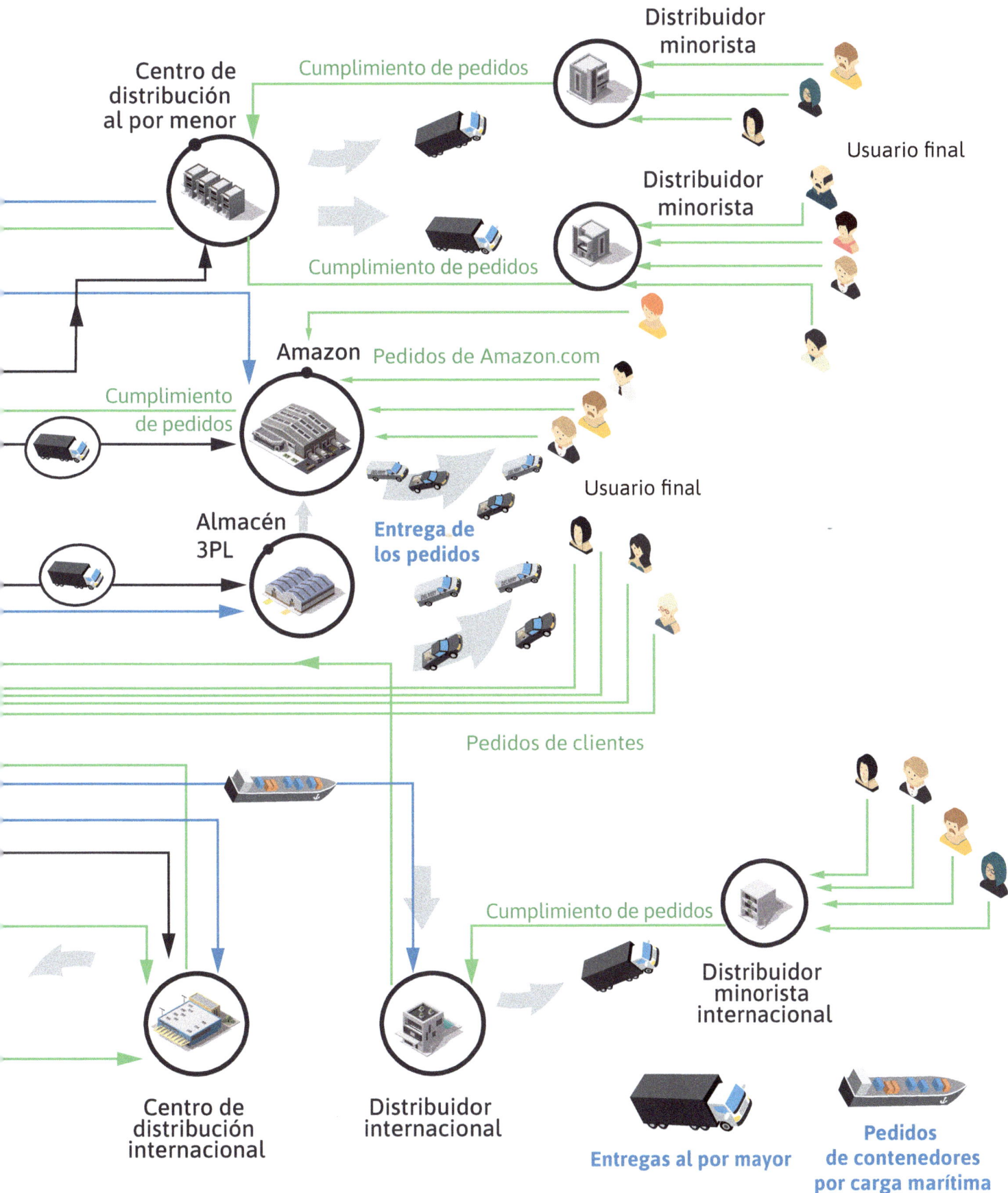

Distribuidor minorista

Centro de distribución al por menor

Cumplimiento de pedidos

Usuario final

Distribuidor minorista

Cumplimiento de pedidos

Amazon

Pedidos de Amazon.com

Cumplimiento de pedidos

Usuario final

Almacén 3PL

Entrega de los pedidos

Pedidos de clientes

Cumplimiento de pedidos

Distribuidor minorista internacional

Centro de distribución internacional

Distribuidor internacional

Entregas al por mayor

Pedidos de contenedores por carga marítima

CAPÍTULO 9

OPERACIONES DE UNA EMPRESA DE CALZADO

Enhorabuena, con algo de suerte, tus zapatos ya están en producción y la fábrica los empaquetará para su envío. ¿Dónde irán tus zapatos? ¿Se mandan a tu garaje, directamente a Amazon, a un 3PL, a un almacén de tu propiedad, o a un almacén alquilado? Antes de que tus modelos salgan de la fábrica, deberás planificar su destino final y el plan operativo de tu nueva empresa.

En este capítulo revisaremos las operaciones básicas necesarias, junto con las diferentes estructuras que puedes crear para cumplir estos requisitos. También explicaremos la página web, y la integración de 3PL y en el *e-commerce*.

¿Cuáles son las operaciones?
En pocas palabras, las operaciones son las funciones que hace tu empresa para servir a los clientes. Ya hemos hablado sobre las operaciones de diseño, desarrollo y producción, ahora nos centramos en la atención al cliente y el cumplimiento del producto. Necesitarás una manera de procesar los pedidos de los zapatos y entregárselos a tus clientes.

A medida que tu empresa crezca, necesitarás un plan para tus operaciones diarias. Debes manejar todos los problemas que surjan con la contabilidad, la cadena de suministro, los recursos humanos, y con el flujo de caja. O tal vez no.

Dependiendo de la venta, distribución, y el plan operativo, podrás estar sentado tú solo en una pequeña oficina con todos estos puestos contratados, o en medio de una oficina rodeado de tus empleados.

Servicio de atención al cliente

El servicio de atención al cliente es el contacto directo de tu empresa con el mundo exterior. Cuando un consumidor o un distribuidor llama a tu empresa, ¿quién atiende el teléfono?

Este servicio de atención al cliente depende del modelo de venta y distribución que utilices.

Atender a distribuidores

Si vendes a distribuidores, tu departamento de atención al cliente se encargará de la facturación, el envío, los créditos, y las devoluciones de los pedidos al por mayor. El personal responderá las llamadas entrantes que provengan, de tu departamento comercial, empleados, y compradores de las tiendas. Para una empresa pequeña nueva en el sector, se necesitan una o dos personas para atender las llamadas.

El equipo tendrá que manejar la organización y el mantenimiento de las cuentas de tus distribuidores. Un nuevo distribuidor necesitará solicitudes y referencias de crédito, instrucciones para el envío, etc. Si estás ofreciendo crédito aplazado a tus clientes, necesitarás a alguien que se encargue de los cobros a los distribuidores más lentos.

Atender al consumidor

Si tu venta es directa al consumidor, el equipo de atención al cliente escuchará a muchas personas llamar con los mismos problemas de facturación, envío y devolución que tienen tus distribuidores. Necesitarás tener un sistema para procesar muchos contactos de clientes, frente a unos pocos contactos de distribuidores.

E-commerce

Antes de Internet, el contacto con el cliente se realizaba mediante fax y teléfono, y cada pedido requería el tiempo de tu personal de oficina. Con el comercio electrónico actual, basado en web, la mayoría de tus pedidos se completarán automáticamente, solo será necesario personal físico para llevar peticiones especiales, o problemas. El *e-commerce* es imprescindible para la venta directa al consumidor, pero también puede funcionar para el servicio de tu distribuidor.

Almacén y logística

Antes de que tus zapatos lleguen de la fábrica, debes organizar el espacio del almacén para el envío. Tu pedido puede llenar un contenedor de 40 pies, y necesitarás un almacén seguro para proteger la mercancía; también vas a precisar de un espacio de fácil acceso para el envío.

Necesitarás más espacio que solo 40 x 8 x 8 pies. Tus zapatos se deben organizar por modelo y talla para que puedan encontrarse rápidamente para los pedidos de los clientes. Tu *parking* privado, o un contenedor de envío alquilado no será viable, ya que necesitarás espacio extra para trabajar empaquetando pedidos. El espacio de tu almacén también debe ser adecuado para que los camiones accedan a los envíos entrantes y salientes.

Estructuras operativas

Diseñar una estructura operativa para una empresa requiere la misma consideración que el diseño de tus modelos. Tu plan operativo debe adaptarse al modelo de venta y distribución.

Si vendes *online*, o si haces envíos a distribuidores, tu plan puede ser muy diferente; igual que puede variar según tu personalidad y otras circunstancias.

¿Vives en una gran ciudad con un alquiler de oficina alto y sin almacén ¿O en una ciudad pequeña donde es más barato alquilar?

¿Eres práctico y quieres estar rodeado de gente con tu empresa en crecimiento? ¿Quizá eres más planificador y prefieres los acuerdos, contratar el trabajo y trabajar en el segundo plano de una oficina tranquila?

A lo mejor tienes un presupuesto más ajustado y necesitas ahorrar cada centavo; o por lo contrario, la campaña de Kickstarter trajo millones de dólares y solo necesitas hacer el trabajo de oficina de manera rápida.

Tu plan también dependerá de lo que se te de bien y te guste hacer. Si eres un gran diseñador, enfócate en el diseño y contrata todo lo demás.

Si eres bueno con la planificación y no te gusta el diseño, contrata al diseñador y haz las operaciones tú mismo.

Hay muchas formas de organizar tus operaciones. Veremos varios planes, desde el clásico plan interno, hasta los virtuales y mixtos.

MODELO DE OPERACIONES INTERNO

Manufactura

Almacenaje

Oficina de administración

Servicio de atención al cliente

Departamento de marketing

Departamento de envío

Departamento de diseño

Departamento de ventas

Comprador de la tienda de calzado

Entregas al por mayor

Tienda de calzado retail

Usuario final

Empresa de calzado

Modelo operativo interno

El plan operativo interno tradicional es lo que te imaginas: un edificio grande, con un espacio de oficina hasta arriba de trabajo, dividido en las áreas de diseño, venta, *marketing*, y servicio de atención al cliente.

Detrás de la oficina estará el área de producción y un almacén lleno de calzado y materiales para calzado. La empresa necesitará a mucho personal para manejar todas estas funciones.

Hay algunas empresas de calzado que siguen este modelo; normalmente son marcas pequeñas que venden zapatos de alta gama, o que han invertido mucho en sistemas de fabricación automáticos.

Las principales marcas de calzado que venden millones de pares han abandonado este modelo de trabajo. Las grandes empresas necesitan a más de 100.000 trabajadores. Dirigir tantos empleados en una docena de países es casi imposible.

Solo el capital necesario de la maquinaria para crear nuevos modelos sería abrumador. Y por supuesto, ¿qué pasaría con esos 100.000 trabajadores durante la temporada baja?

El desarrollo se ralentiza si un nuevo proceso requiere la compra de una máquina nueva. Para el mundo del calzado, que se mueve tan rápido, tener tu propia fábrica es un gran desafío. La mayoría de las marcas actuales se centran en el diseño, la venta, y el *marketing* mientras subcontratan la fabricación.

MODELO DE OPERACIONES VIRTUALES

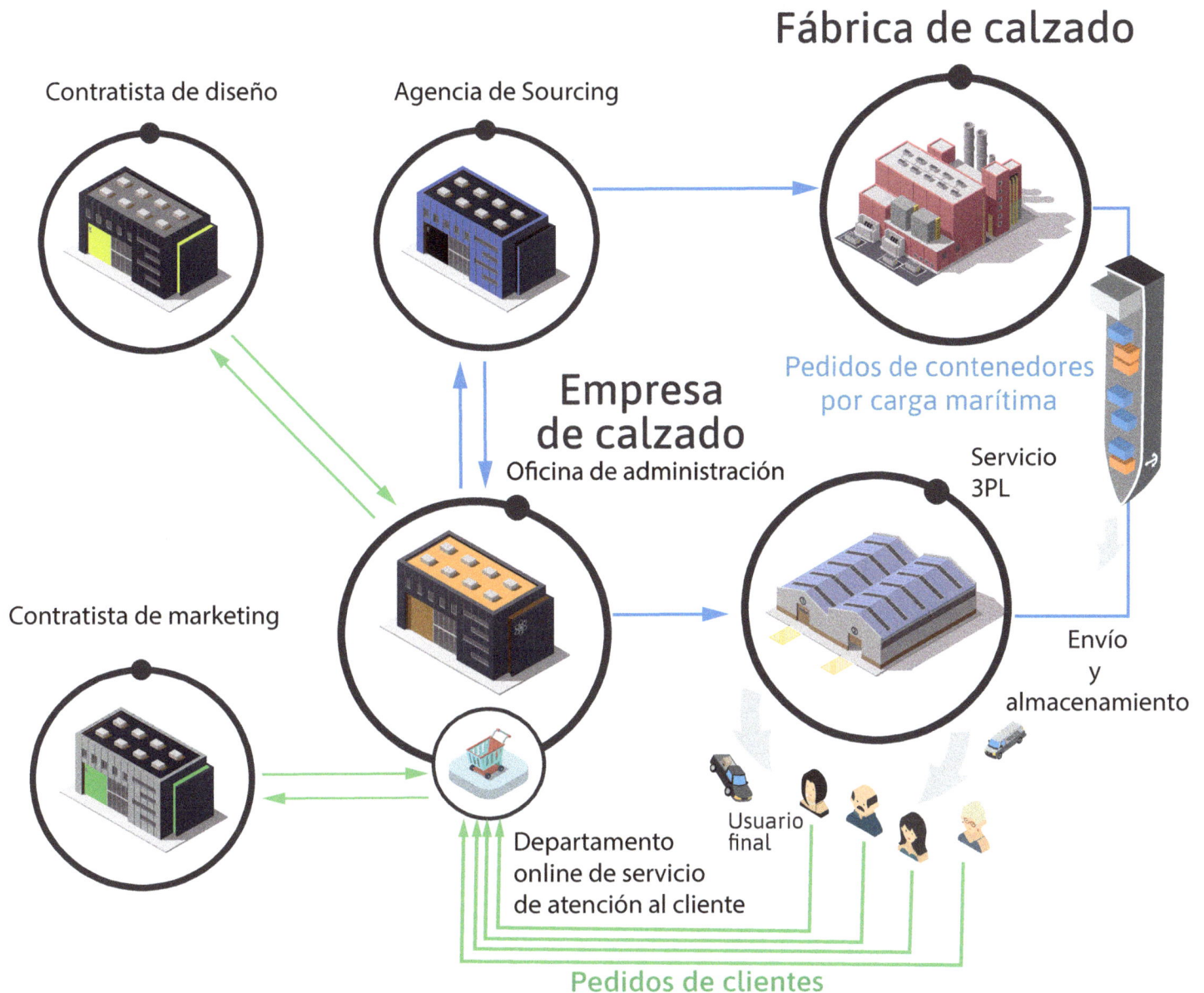

Fábrica de calzado

Contratista de diseño

Agencia de Sourcing

Pedidos de contenedores
por carga marítima

Empresa
de calzado
Oficina de administración

Servicio
3PL

Contratista de marketing

Envío
y
almacenamiento

Departamento
online de servicio
de atención al cliente

Usuario
final

Pedidos de clientes

Modelo de operaciones virtuales

Este plan cumple las mismas funciones que los planes operativos internos y mixtos tradicionales, pero reemplaza a los empleados por tecnología, o por empresas subcontratadas especializadas.

Todas las operaciones principales se subcontratan. Los zapatos pueden ser diseñados por una firma externa. El desarrollo y la relación con la fábrica lo puede llevar una empresa de *sourcing* independiente. Los agentes también pueden encargarse del envío, importación y soporte logístico.

Para las operaciones de almacenamiento y procesado de pedidos, se puede contratar a un 3PL.

En este modelo virtual, las ventas son directas al cliente a través de la página web. Las operaciones de *e-commerce* de la web puede cobrar el pago automáticamente, e indicar al 3PL que mande los zapatos directamente a los clientes. Si se organiza correctamente, el proceso es automático y no necesitará de ningún empleado para procesar los pedidos.

Las operaciones de la página web también pueden subcontratarse a una empresa de *marketing*, que también puede proporcionar SEO para páginas web y trabajos de *marketing* en redes sociales.

MODELO DE OPERACIONES MIXTO

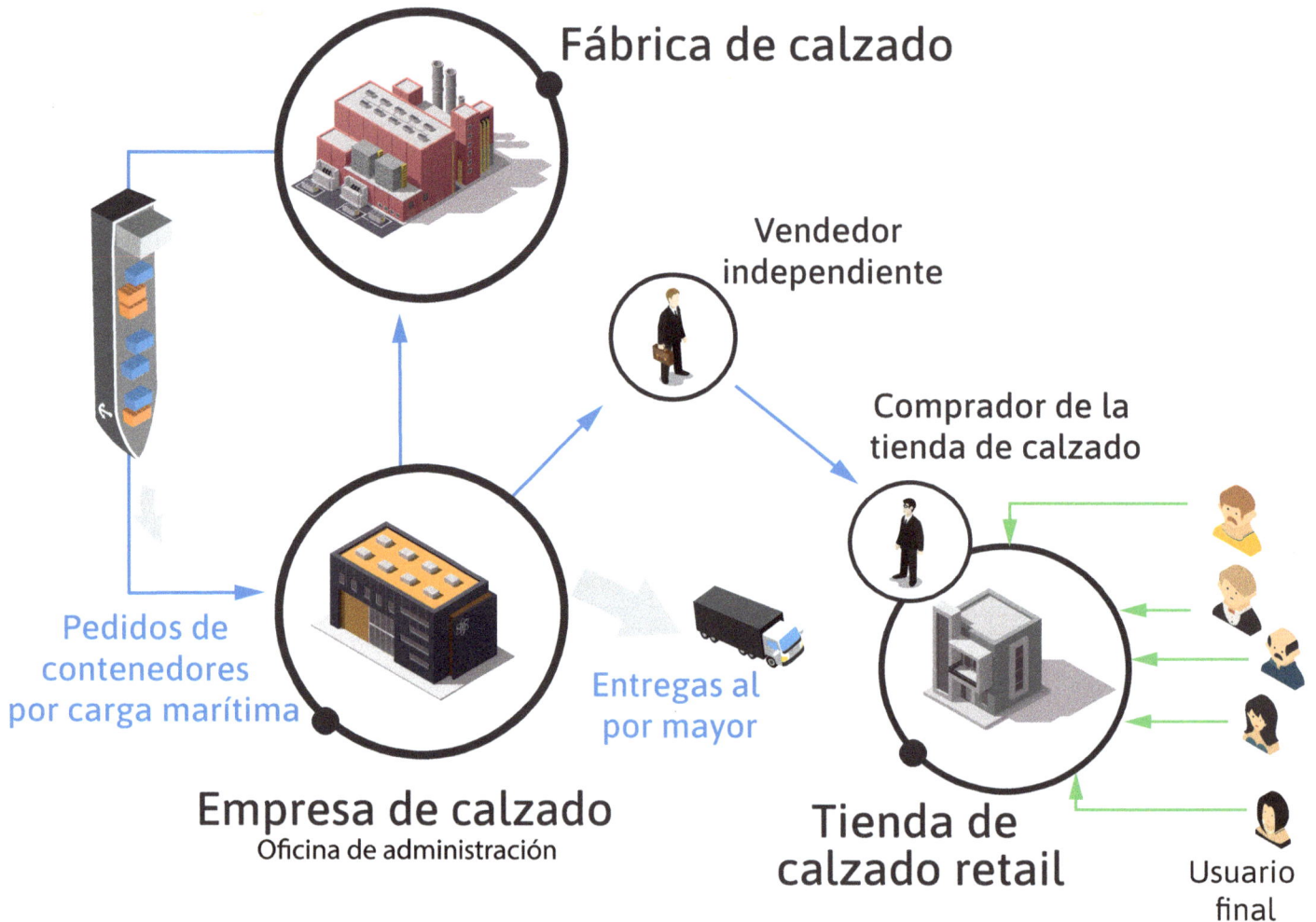

Fábrica de calzado

Vendedor independiente

Comprador de la tienda de calzado

Pedidos de contenedores por carga marítima

Entregas al por mayor

Empresa de calzado
Oficina de administración

Tienda de calzado retail

Usuario final

Modelo de operaciones mixto

La operación mixta es muy utilizada por grandes y pequeñas empresas de calzado. Aquí, la empresa puede centrarse en el diseño y en la comercialización de calzado mientras deja la difícil fabricación a la fábrica especializada en calzado.

En este modelo, el personal de venta se subcontrata, y se le paga comisión.

Empresas como Nike usan un modelo mixto; ya que el tamaño y la complejidad de sus líneas de producto requieren muchas fábricas de suministro en diferentes países.

Con una cantidad tan grande de producto, Nike necesita un ejército de agentes para llamar a los distribuidores. En una gran empresa, la fuerza de ventas puede dividirse por regiones, categorías de producto, o por redes de distribuidores.

La principal ventaja del modelo mixto, es que permite a la empresa centrarse en sus fortalezas mientras contrata otras operaciones que no son sus competencias fundamentales.

Nike puede centrarse en ser la empresa número uno del mundo en *marketing* deportivo mientras subcontrata para fabricar calzado y coser prendas.

Eva seguirá un plan operativo tradicional, pero añadiendo una página web de *e-commerce* para ayudar con el servicio de atención al cliente.

Planea hacer, y vender, 3.200 pares en su primera temporada. Si las ventas de Enigma tienen éxito, necesitará empaquetar y enviar todos estas botas en tan solo unos meses. Serían cerca de 750 pares al mes, o 175 pares a la semana. Tanto el trabajo físico, como el servicio de atención al cliente es claramente demasiado para una sola persona.

El plan de Eva necesitará de personal una vez que los pedidos empiecen ser fluidos; y tiene un grupo de amigos estudiantes que la ayudarán a tiempo parcial.

Ya que Eva venderá *online* y en tiendas de moda, los pedidos serán pequeños, seguramente de uno o dos pares. Estos pedidos requieren más tiempo para buscar, empaquetar, y enviar que los pedidos al por mayor. Las principales empresas que tienen un volumen grande, pueden exigir a los clientes que pidan los zapatos en paquetes.

Parte de la historia de la marca Enigma serán sus raíces de Boston, por lo que Eva ha alquilado un edificio de ladrillo rojo decadente. El espacio es el escenario perfecto para su campaña de *marketing*. Esta será la sede de Enigma, y Eva la llamará *safe house*. *Safe house* será almacén, oficina, estudio de diseño, y *showroom* de Enigma. Para Eva, que trabaja mucho, también le sirve para sentirse como en casa, ya que pasa muchas horas manteniendo vivo su sueño.

Enigma Safe House necesita dinero para el alquiler, reparaciones y pagos públicos. Eva necesita asegurarse de aprovechar al máximo su espacio.

Mientras que Eva plantea diseñar los modelos y venderlos ella misma, está descubriendo que también hay muchos otros trabajos que hacer.

Ricardo utilizará un plan de operaciones virtuales, con un sistema de *e-commerce* más avanzado.

También, necesitará a alguien para trabajar con su cada vez más grande red de distribuidores y agentes de ventas.

Ha subcontratado muchas de las operaciones comerciales de Arris; al igual que contrató las funciones de diseño y desarrollo de calzado, y un servicio 3PL para llevar toda la logística. Una empresa de consultoría de *e-commerce* mantiene sus páginas web, y ha contratado a un estudiante universitario para llevar sus redes sociales.

Ricardo quiere utilizar la misma plataforma de *e-commerce* para su web de venta *online*, y como apoyo a las cuentas con distribuidores.

A medida que su nueva empresa crezca, Ricardo trasladará la oficina de Arris de su casa, a un pequeño espacio alquilado. Tendrá que contratar a una o dos personas de ventas para que trabajen la atención al cliente. Con tres personas, Ricardo puede administrar la logística y los pagos a la fábrica, mientras que su personal trabajará en las dos páginas webs, y atenderá las llamadas de los clientes.

Los agentes de ventas independientes de Ricardo se dedicarán a las relaciones con los distribuidores, pero aún necesitarán el apoyo del personal interno de Arris. El 3PL de Ricardo tiene un inventario en tiempo real habilitado para la web, de forma que sus agentes de ventas puedan ver exactamente qué modelos hay en stock.

La plataforma de *e-commerce*, y la integración 3PL es lo que hace posible el plan de operaciones virtuales. Sin esta tecnología, una empresa pequeña como Arris no podría funcionar.

E-commerce

Hay muchas opciones de *e-commerce* disponibles: Shopify, BigCommerce, Wordpress, Zen Cart y Woo Commerce. Estos sitios ofrecen un nivel alto de funciones, y los utilizan grandes y pequeñas empresas. En internet puedes buscar tanto a estas plataformas de *e-commerce* como a otras opciones.

¿Es una plataforma mejor que otra? Si eliges uno de los cinco principales proveedores, deberías poder crear una web de aspecto profesional sin demasiados problemas. Si contratas a un diseñador web, asegúrate de que tenga experiencia con la plataforma de *e-commerce* que elijas.

¿Qué buscar cuando vendes calzado?

Para vender calzado *online*, tu plataforma de *e-commerce* debe poder enseñar las tallas de calzado y los colores disponibles. Necesitarás una plataforma que tenga un inventario en tiempo real de las tallas disponibles. Tu plataforma deberá poder enseñar tus modelos con fotos a color, diferentes ángulos del producto, y vídeo. ¿La plataforma da la posibilidad de añadir pestañas adicionales para la información técnica, *posts* de *blogs*, noticias, etc.?

La plataforma de *e-commerce* se vinculará con tu tarjeta de crédito; existen muchas opciones para la pasarela de pago. Las tarifas varían, consulta las opciones disponibles con tu plataforma y compara. Este servicio estará oculto en tu web, tus clientes no lo verán, pero tú sí. Busca un servicio que se adapte a ti, y haz una llamada a tu banco para asegurarte de que no tengan problemas con la pasarela de pago que elijas.

Si estás utilizando un servicio 3PL para tramitar tus pedidos, deberás asegurarte de que tu plataforma de *e-commerce* tenga una conexión electrónica configurada. Las principales plataformas de *e-commerce* han establecido estas conexiones para permitir que tu pedido sea enviado directamente a tu almacén 3PL.

Hay varios servicios que ayudan a crear esta conexión por ti: Shipwire™, Fulfillrite Order Fulfillment™ y Whiplash Fulfillment™ son algunos de los sitios que pueden conectar la tienda *online* directamente con tu stock 3PL.

Plataformas de *e-commerce*

Aquí dejamos una lista de las principales plataformas de *e-commerce* más conocidas. Proporcionan un servicio de todo incluido; cuando te registras, te proporcionan todo lo que necesitas.

La mayoría también ofrece registro de dominio web, servicios de *hosting*, software para la cesta de la compra, pasarela de pago, y enlaces a servicios de envío con 3PL.

Shopify™
Plan mensual: $14,99 a $179,99
Página web: Shopify.com

Big Commerce™
Plan mensual: $29,99 a $199,99
Página web: BigCommerce.com

Volusion™
Plan mensual: $13,00 a $249,00
Página web: Volusion.com

Squarespace™
Plan mensual: $10,00 a $30,00
Página web: Squarespace.com

3D Cart™
Plan mensual: $19,99 a $129,99
Página web: 3DCart.com

Big Cartel™
Plan mensual: Gratis a $29,99
Página web: BigCartel.com

Foxy Cart™
Plan mensual: $20,00 a $300,00
Página web: FoxyCart.com

Servicios de *hosting*

Si estás haciendo una web informativa que no requiere una cesta de la compra, hay muchos servicios que pueden alojar tu web por tan solo unos dólares al mes.

Just Host™
Plan: a partir de $2,50 al mes
Página web: JustHost.com

Blue Host™
Plan: a partir de $3,49 al mes
Página web: BlueHost.com

Green Geeks™
Plan: a partir de $3,96 al mes
Página web: GreenGeeks.com

Webhostingpad™
Plan: a partir de $1,99 al mes
Página web: Webhostingpad.com

DreamHost™
Plan: a partir de $7,95 al mes
Página web: DreamHost.com

GoDaddy™
Plan: a partir de $5,99 al mes
Página web: GoDaddy.com

HostMonster™
Plan: a partir de $4,95 al mes
Página web: MostMonster.com

HostGator™
Plan: a partir de $4,86 al mes
Página web: HostGator.com

Como dijimos anteriormente, Eva necesita una web de *e-commerce* básica para sus clientes y distribuidores. La línea de producto Enigma es relativamente pequeña, por lo que Eva elige el paquete estándar de 29,99 dólares que ofrece Big Commerce. Construye la página web por su cuenta con las plantillas gratuitas que ofrecen. El plan permite un máximo de 50.000 dólares de venta al año; cuando aumenten las ventas, actualizará el plan. Ahora está construyendo la tienda *online* y configurando la página maestra con todos los productos, tallas, y precios.

Este plan ofrece una pasarela de pago para que la configuración no sea muy difícil; y necesitará la información de la cuenta bancaria de Enigma para su configuración.

Eva no necesita de una interfaz 3PL porque que su pequeño equipo en *Enigma Safe House* estará empaquetando y enviando los pedidos.

Los requisitos de alojamiento web de Ricardo son más complicados. Necesitará dos páginas webs diferentes para llevar a cabo sus operaciones. Para Arrisrunning.com, Ricardo puede usar una página de Wordpress.com para mostrar la imagen pública de la marca Arris. Esta página también puede proporcionar un enlace para que tus distribuidores accedan al sitio de pedidos y soporte para minoristas.

Para su segunda página web, Ricardo necesitará una plataforma de *e-commerce* muy potente y flexible que le permita atender tanto a los mayoristas de Arrisrunning.com, como a los minoristas de Triathlonsupply.com. Utilizará Shopify.com, y contratará a una empresa de consultoría de *e-commerce* para ayudarlo a diseñar y construir la página web con la doble función.

Aunque Ricardo quiere mantener su empresa lo más pequeña posible, necesitará al menos un empleado a tiempo completo para automatizar los procesos de negocio de Arris.

¿Qué es un 3PL?

Una vez que la producción de tus zapatos llegue a donde estés establecido, deberás considerar cómo se enviarán a tus clientes. Como propietario de una empresa, debes pensar en contratar a un 3PL para que se encargue del envío.

¿Qué es exactamente un 3PL? Si eres nuevo en el mundo del envío y el almacenamiento, es probable que no entiendas este término. *Third party logistics*, 3PL por sus siglas en inglés, significa logística de terceros. ¿Y qué es exactamente? Un proveedor de logística de terceros es una empresa que ofrece los servicios de logística subcontratando a sus empresas clientes para parte, o la totalidad, de sus funciones en la gestión de su cadena de suministro.

¿Por qué usar un 3PL?

Una empresa 3PL se encargará de la logística de tu producto para que no tengas que hacerlo tú. Si es una buena compañía, tendrá una red de almacenes ya establecida, con empresas de envío de confianza, y control de inventario por ordenador para que puedan entregar tus zapatos de manera rápida y eficiente.

Preguntas que debes hacerle a tu 3PL

Cuando se trata de tomar una decisión consensuada sobre qué compañía de 3PL trabajará para ti, hay algunas preguntas que debes responder.

¿Cuántos almacenes tienen, y dónde están ubicados? El número y la ubicación de los almacenes asegurarán que obtengas la mejor cobertura para tu mercado local y puedas entregar de manera rápida el producto a los clientes.
Una vez recibida la orden de un pedido, ¿cuánto tardan en enviarlo? Quieres el mejor servicio para tus clientes. La gente espera entregas rápidas, y está dispuesta a pagar más si puedes ofrecer un servicio más rápido. ¿Cuántos pedidos pueden manejar al día, y cuántos al mes? Si tu negocio crece rápidamente, ¿tiene tu 3PL la capacidad de crecer contigo? Es importante saber si quieres enviar al cliente final, o a distribuidores minoristas.

¿Tienen una plataforma *online* para ver los niveles de stock y ver el estado de tus pedidos? Poder realizar un seguimiento del stock, y de los pedidos es muy importante de cara a tomar decisiones de *marketing* y reabastecimiento. Un sistema *online* hará esto más sencillo, y te permitirá verlo cuando a ti te venga mejor.

¿Tienen alertas automáticas de stock bajo? No querrás que tu 3PL se quede sin mercancía. Las alertas de stock pueden ayudarte a planificar pedidos de fábrica y coordinar entregas.

¿Puedes monitorear los números de serie, lotes, y fechas de vencimiento? La capacidad de mantenerte completamente al tanto de tus existencias proporciona control y tranquilidad.

¿Tu 3PL acepta pedidos en varios formatos? Querrás un 3PL que acepte pedidos de manera manual, o por teléfono, pedidos automáticos de tu página web, y pedidos de tus distribuidores generados electrónicamente en formato API, batch y EDI.

¿Tiene tu 3PL una manera de conectar tu cesta de la compra directamente al sistema de gestión del almacén? Debes tener un sistema de compra (cesta de compra *online*) que sea compatible con la página web del 3PL. Hay veces que gratis, y otras en las que hay que pagar mensualmente.

¿Puedes hablar con una persona si tienes algún problema? Querrás poder resolver cualquier problema de manera rápida y por completo. ¿Cobra el 3PL por hablar con un agente de cuentas? Debería estar incluido en el paquete; pero, sorprendentemente, algunas empresas cobran por este servicio.

¿Las tarifas son claras y concisas? Esto es algo importante, si en algún momento no estás seguro, pide que te entreguen una factura que incluya un desglose de tarifas. Es posible que necesites hacer un estudio del tiempo, y proporcionar esa información junto con el espacio de almacenamiento que necesitarás. Querrás conocer todos los costes asociados con el 3PL para que te ayude con la planificación y la previsión de gastos.

¿Cuánto cuesta utilizar un 3PL?

Con tantas opciones y formas diferentes de cobrar, no siempre es posible hacer una comparación directa del coste que supone un proveedor 3PL concreto. Deberás ver todos los costes que se involucran, y pedir una factura como ejemplo para comparar las opciones.

Las tarifas iniciales pueden variar en cientos de dólares, dependiendo de la complejidad de los requisitos; y será el coste que implique incluirlo en su sistema de datos.

Habrá tarifas por recibir los modelos en el almacén de 3PL. Normalmente se cobra por hora, y puede variar entre 30 y 40 dólares por hora, y por persona requerida. También habrá una tarifa por almacenar productos en sus instalaciones; entre 10 y 20 dólares al mes por palé es el coste más normal.

De cada pedido, habrá tasas para la recogida, el empaquetado, y el envío. Las tarifas del envío tendrán un descuento con respecto a las tarifas publicadas, pero incluirán un recargo de entre 5 y 10 dólares por el procesamiento.

Debes analizar todos estos costes individualmente y decidir cuál es el mejor proveedor de 3PL para tus productos.

Proveedores de servicios 3PL
Aquí dejamos unas líneas con los principales proveedores de 3PL.

Fulfilled By Amazon (FBA)
Si creyeses en todo lo que dice Amazon en su web, no irías a otro lugar que no fuese Fulfilled By Amazon (FBA). Y es verdad, es una gran empresa con una red muy grande. Cuando te unes a Amazon, obtienes el servicio completo de listado, almacenaje, empaquetado y envío de tus zapatos.

Si tus clientes se suscriben a Amazon Prime, obtienen el envío gratuito en dos días por el que Amazon es tan conocido. El equipo de atención al cliente se ocupa de cualquier problema o devolución, e incluso atienden pedidos de otros canales de ventas como eBay™, o su propia página web. Utilizar la red de distribución que Amazon ha construido durante tantos años es muy atractivo.

Como propietario de una empresa pequeña, quieres concentrarte en desarrollar tu negocio mientras Amazon se ocupa de los envíos, y de los problemas de atención al cliente.

Tienen una calculadora de tarifas en su web; puedes ver exactamente cuánto te costará. FBA no es barato, pero es un buen servicio.

Shipwire
Este proveedor de 3PL tiene una calculadora de precios muy fácil de utilizar para que sepas exactamente cuánto te costará el servicio. Añaden panfletos publicitarios por un pequeño cargo adicional, y los costes de gestión disminuyen a medida que aumenta el volumen de envío para que puedas ahorrar dinero. Al igual que la oferta de FBA, esta empresa puede ayudarte procesando las devoluciones, y dándote el servicio de atención al cliente. Shipwire tiene diez oficinas en EE.UU., dos en Europa, y cubre el servicio en Australia.

eFulfillment Service
El atractivo comercial de esta compañía, es que son de propiedad familiar y tendrás un mejor servicio de atención al cliente. No hay tarifas de puesta en marcha con ellos, y no tienen un mínimo de pedido como otros. Es un buen sitio para empezar; y, además, no cobran por el almacenamiento a largo plazo.

Verde Fulfillment
El atractivo comercial de esta empresa es que solo utilizan envases reciclados, y funcionan con energía verde. Si promocionas tu marca como sostenible con el medio ambiente, el servicio de Verde puede convertirse en una parte constructiva de tu plan de *marketing*. Sus operaciones 3PL también están muy calificadas por su rapidez y eficiencia.

One World Direct
Esta empresa hace todo lo que puedes esperar de un 3PL. Tienen tres centros de distribución en EE.UU., con centros de atención telefónica las 24 horas. Operan tanto para grandes como para pequeñas empresas. Las tarifas de puesta a punto son medio-alto, y el servicio tiene la mejor valoración.

Do it yourself
Si no vendes mucha cantidad de producto a través de Amazon, siempre existe la posibilidad de enviar tú mismo los zapatos. Esto te da la oportunidad de aportar un toque personal a cada pedido. Añade un regalo gratis, o personaliza el *packaging*. Puede llevar un poco más de tiempo, pero también ayuda a construir y a promocionar tu marca.

Este enfoque práctico te da la oportunidad de trabajar directamente con tus clientes. Trabajar con los clientes a nivel personal es una de las ventajas que tiene una marca pequeña, y en cambio, no lo tiene una gran empresa.

Envío local
Si buscas en Google, encontrarás un montón de opciones de pequeñas empresas de envío que pueden dar servicios 3PL. Es bueno utilizar compañías locales, y podrás hacer algunos vínculos que te ayudarán en el futuro. Es posible que no encuentres una empresa local que te de todas las funciones de Amazon FBA, pero lo más probable es que encuentres una compañía que aporte un toque personal para tu empresa y sus clientes; este podría ser un factor decisivo.

El servicio de logística es muy importante para clientes y distribuidores. Los pedidos que se pierdan, se retrasen, o estén mal empaquetados, dejarán una mala impresión. Necesitas un apoyo logístico adecuado que te ayude a construir la reputación positiva que quieres para tu marca.

Arris Ricardo no tiene interés ni experiencia con el funcionamiento de los almacenes. Prefiere utilizar su tiempo trabajando con atletas y diseñadores. Selecciona el modelo de operaciones virtuales para Arris evitando quebraderos de cabeza logísticos. Utilizará un 3PL para manejar todos los envíos y la logística de Arris.

Utilizará el 3PL de Shipwire, ya que tiene muchos almacenes, lo que permite a Ricardo posicionar el stock de Arris cerca de los mercados de triatlón más grandes. Las zapatillas Arris pueden enviarse rápidamente desde los almacenes en la costa este y oeste de Estados Unidos, permitiendo a Ricardo ofrecer envíos urgentes a tarifas más bajas para el cliente final, y los distribuidores de Arris.

Ricardo trabaja mucho para mantener las relaciones con los minoristas especializados en triatlón, por lo que limitará la distribución a los principales distribuidores de triatlón. Solo quiere distribuidores que den una experiencia profesional a sus clientes con el calce de sus zapatillas.

Evitará vender con Amazon por ahora, así espera que aumenten las posibilidades de obtener más apoyo de sus minoristas *target*. Las pequeñas tiendas especializadas lo tienen difícil para competir contra los productos vendidos en Amazon. Ricardo les dará la oportunidad de tener los derechos en exclusiva para vender Arris. Para mostrar su apoyo, en los términos de venta se especifica a todos los distribuidores la prohibición de revender las zapatillas Arris en Amazon.

Ricardo también escoge Shipwire porque necesita un 3PL que pueda procesar y enviar pedidos al por mayor a distribuidores, y pedidos individuales a clientes. Las tasas de gestión de Shipwire para pedidos de un solo par de zapatillas son lo suficientemente bajas como para poder vender calzado Arris directamente a los clientes de manera rentable.

Eva llevará a cabo sus propias operaciones de envío, por lo que no necesitará un 3PL por ahora. A medida que Enigma crezca, descubrirá que querrá pasar más tiempo diseñando, vendiendo, o trabajando con sus mejores distribuidores; y pasando menos tiempo haciendo el servicio de atención al cliente, procesando los pedidos, y enviando los modelos.

Echará un vistazo a las empresas de 3PL en Boston, y se tomará su tiempo para decidir si en el futuro necesitará una.

CAPÍTULO 10
¿CUÁL ES EL SIGUIENTE PASO PARA TU MARCA?

Una vez que se establezca tu nueva marca de calzado, puedes empezar a pensar en expandir tu negocio. Como empresa novel de calzado, deberás centrarte en estrategias para aumentar el crecimiento y mejorar la rentabilidad. ¿Deberías expandir tu línea de calzado? ¿Quizá apuntar a nuevos clientes? ¿Puedes aumentar la cuota de mercado, o deberías diversificar en nuevos productos y mercados?

¿Podrías vender en el mercado internacional? Es un gran paso, y existen desafíos únicos tanto con la distribución, como con los modelos directos al consumidor. Los veremos en el capítulo 11.

Estrategias de crecimiento
Para hacer crecer tu negocio, necesitarás aumentar el número de clientes y aumentar el valor de cada venta. Si sigues un modelo de distribución minorista, significará abrir más puertas y obtener más ventas por puerta. Para las estrategias basadas en páginas web, significará más visitantes a tu página, mayor tasa de conversión, y más valor por conversión.

Hay muchas formas de expandir tu negocio y el alcance de tu marca.

Incrementar la penetración de mercado

Vender productos en nuevos mercados

Ampliar la línea de productos

Diversificar la oferta de productos

Incrementar la penetración de mercado

Hay algunas formas de mejorar la participación en el mercado. Primero, estudia tus ventas. ¿Hay algún problema? Busca las brechas geográficas en la distribución. ¿Tienes ventas fuertes en Boston, y ventas débiles en Nueva York?

Es posible que debas contratar a más agentes para cubrir las zonas, o reducir el tamaño de las áreas para que tus agentes puedan visitar más tiendas. Pagar a tus representantes un bonus por crear nuevas cuentas también es una buena forma de aumentar tu participación en el mercado.

Dependiendo del tipo de calzado que estés haciendo, puedes vender en una cadena de tiendas a nivel regional, o nacional.

Otra forma de aumentar tu cuota de mercado es crear un descuento de participación a tu programa de ventas. Esto ayuda a ganar un mayor cupo de los presupuestos de los distribuidores.

Sé agresivo si ves una nueva tendencia en tu segmento de mercado. Entrar temprano en un segmento en crecimiento te ayudará a ganar rápidamente la participación en el mercado.

Si identificas una debilidad en un producto, o en la estrategia de ventas de un competidor, trabaja para explotar esa debilidad. Si un competidor tiene un problema de calidad en un modelo de 99 dólares, ofrece tu modelo rival con descuento.

¿Quizá tu competidor tiene problemas económicos? Puedes ofrecer a tus distribuidores líneas de crédito más amplias, y plazos de pago más largos para derribar a tu competidor. Puedes ganar cuota de mercado al tener mejores condiciones de crédito, y un buen servicio de atención al cliente.

Vender productos en nuevos mercados

Tu nueva marca de calzado puede buscar crecimiento fuera de los mercados objetivos. Estos nuevos sectores pueden ser mercados geográficos, o mercados de usuarios.

¿Son tus zapatillas las mejores para correr triatlones, y también son buenas para las carreras de obstáculos? Ajusta tu campaña de *marketing* y posiciona tu marca en una nueva dirección.

En los años 90, una estrella del rap usaba botas militares en lugar de zapatillas de baloncesto. Algunos fabricantes de botas militares se unieron a esta tendencia y obtuvieron ventas en un nuevo mercado urbano al que nunca planearon vender.

Mantén los ojos abiertos para las nuevas tendencias, o mejor aún, intenta crearlas.

Eva necesita convencer a sus clientes para que compren más modelos. Ha creado *"when the mood strikes you"*, una campaña *online* de publicidad. En el anuncio sale la gama de botas con diferentes *looks* para atraer a sus clientes. Está mostrando de manera clara los beneficios de tener más de un par de botas Enigma.

Sabe que el ámbito de la música punk a la que apunta es pequeño, verá si Enigma puede ir más allá del punk y entrar en otros mercados.

Puede intentar apoyar algunas causas activistas en su antiguo campus universitario, y poner sus botas frente a más clientes potenciales que no estén interesados en el punk, pero que aprecien el sentido de la moda desde un punto de vista agresivo.

Arris ¿Cómo va a hacer crecer Arris su cuota de mercado? Ricardo necesita vender más zapatillas a sus clientes actuales. La estrategia Arris se basa en que los clientes compren más de un par de zapatillas. Para mejorar su tasa de conversión, puede ofrecer descuentos cuando compran su segundo y tercer par de zapatillas Arris.

Puede incluir el reembolso por correo, o cupones junto a las zapatillas para atraer más pedidos. En la página web que lleva Ricardo, puede ofrecer descuentos paulatinos en los pedidos continuados.

También añadirá más información publicitaria al *packaging*. Imprimir en una caja de zapatos es prácticamente gratis, por lo que es un buen sitio para potenciar el sistema de productos Arris.

Ricardo decide añadir al papel que envuelve sus zapatillas el eslogan Arris *Run Race Recover.*

Las zapatillas también son muy buenas para los corredores, puede empezar a comercializarse más allá del mercado del triatlón. Ricardo puede convertir la misma estrategia de *marketing* de eventos en maratones y carreras de cross.

Ampliar tu línea de productos

Una vez que tu marca esté en un mercado con la distribución establecida, puede ser fácil añadir más productos a tu oferta. Si tienes suerte, tus clientes y distribuidores estarán diciéndote qué hacer; si no, tu departamento de ventas tendrá grandes ideas para que las tengas en cuenta.

La expansión del producto de tu marca de calzado puede incluir nuevos niveles de precio, más altos y más bajos, que tu rango actual, más colores de los artículos más vendidos, o aumentar la oferta de tallas. También puedes considerar añadir productos de hombre, mujer, e incluso niño.

Debes mirar a tus competidores para tener ideas. ¿Qué están haciendo bien? ¿Qué están haciendo mal? ¿Qué puedes hacer mejor? Pregunta a tus minoristas lo que está pasando en las tiendas.

Tu equipo de I+D debería estar visitando clientes y observando a los usuarios. Conocer el uso de tu producto lleva a nuevas funciones y productos.

Al pensar en nuevos productos, hay una estrategia llamada *adjective design*. ¿Puedes hacer un zapato más grande, más pequeño, más barato, más liviano, más suave, más rígido, o quizá solo más caro?

Ampliar tu línea de producto puede crear problemas si no se hace correctamente. Los nuevos productos pueden hacer que tu distribuidor divida las ventas en más artículos en lugar de comprar más. Tener más opciones también hacen que tu línea de productos sea más difícil de comprar para el distribuidor.

Si la línea no está claramente organizada, el comprador puede no saber qué o cómo comprar tu línea de productos.

Además, ten en cuenta que la mayoría de los distribuidores quieren, y realmente necesitan, muchas marcas en sus tiendas. Por este motivo, puedes ofrecerles una línea enorme, pero solo comprarán una parte. Recuerda que el presupuesto de crédito de una tienda limitará la cantidad de tu línea de productos que pueden comprar. El distribuidor comprará a tu competidor para aumentar su límite de presupuesto general. Tener una línea de productos más grande, también significará tener mayores costes de desarrollo, compra y almacenaje.

Una expansión razonable de la línea de producto, hará crecer el negocio. Añadir SKU de manera incorrecta puede ser contraproducente y reducir la participación en el mercado al tiempo que hace aumentar los gastos.

Arris

Ricardo necesitará ser duro cuando se trate de modelos con venta lenta. Después de la primera temporada de venta, la gama de productos Arris cambiará. Ricardo añadirá SKUs a los productos con más éxito, y trabajará de nuevo, o quitará los modelos más flojos.

Si los modelos con mayor precio se venden bien, le dará la confianza para añadir artículos más caros a su gama. También puede aumentar sus pedidos para asegurarse de tener stock adicional para la venta *online*.

Los modelos de venta lenta, están desafiando a Ricardo. Necesitará hacer una estrategia para mejorar las ventas. ¿Debería parar? Dejar estos productos de lado, y dejar de invertir tiempo y dinero en mejorarlos. Puede ser difícil para una empresa pequeña pasar tiempo fortaleciendo a los mejor vendidos, y readaptando a los menos vendidos.

Enigma

Para marcas de moda como Enigma, es fácil añadir más artículos. Se pueden desarrollar nuevos *prints*, colores, y efectos con grabados por muy poco dinero. Ya que Enigma es una marca de moda, Eva necesitará unirse a las tendencias y renovar su línea de productos a menudo para mantenerse actualizada; tendrá que tener mucho cuidado para testar los nuevos diseños antes de pedirlos. Una marca de moda que pierde una tendencia importante lo tendrá difícil para vender zapatos.

Para mantener su pequeña empresa en crecimiento, Eva también necesitará ser estricta con sus diseños. Si un modelo que le gusta mucho no se vende, tendrá que detener la producción, hacer un remarque del precio, y crear un nuevo diseño rápidamente.

Con las ventas *online*, Eva puede saber los SKU que mejor se venden. Es importante que utilice esta información para recomendar los artículos más vendidos a sus tiendas minoristas.

Diversificar la oferta de productos

La diversificación de productos puede ser una estrategia difícil y con un alto riesgo para hacer crecer tu marca; pero no tiene por qué si tienes una visión clara de las fortalezas de tu marca.

Antes de diversificarte, debes hacerte las mismas preguntas que te ayudaron a formar la estrategia de producto principal.

Este nuevo producto:
¿Lo venderá el mismo departamento de ventas?
¿Lo venderán a los mismos compradores?
¿Se venderá a los mismos distribuidores?
¿Y a la misma red de distribución?
¿Será vendido al mismo usuario final?

También debes considerar el abastecimiento y las operaciones:

¿Puedes ofrecer a tus distribuidores un límite de crédito más alto para comprar más de tus productos?

¿Tienes el personal interno para poder diseñar y desarrollar los nuevos productos?

¿Tienes subcontratada una fábrica que pueda hacer los nuevos artículos?

¿Tienes el capital para financiar el desarrollo y la compra de los nuevos diseños?

Tu plan de diversificación de productos debe empezar con una visita a tus mejores minoristas. Ve a sus tiendas y mira a tu alrededor. ¿Ves algo que puedas hacer que se relacione con tu oferta de calzado actual? ¿Notas que falte algo? ¿Ves algún producto que puedas mejorar?.

Asegúrate de estudiar a tus competidores. Debes tener un conocimiento amplio de los productos de tus competidores. Compra el producto, utilízalo, haz test de laboratorio, pruébalo, córtalo. Qué puedes aprender, estudia sus catálogos, las páginas web, su Facebook™ y el *feed* de Instagram™. Debes saber exactamente lo que están haciendo, y lo que NO están haciendo.

Diversificar o morir

Es posible que veas un problema en tu mercado objetivo actual. ¿Estás enfocándote en un nicho de mercado que está desvaneciéndose? ¿Las grandes superficies, o los minoristas de internet están cerrando sus negocios?

Si ves que se avecina una tendencia que perjudicará tu negocio, puedes verte obligado a diversificarte, o morir.

Los clientes de Eva piden que incluya accesorios para complementar las botas. Empezará a desarrollar carteras con cadenas, cinturones anchos, y pañuelos.

Para estos nuevos artículos, necesitará encontrar nuevas fábricas donde producir, pero se venderán a los mismos distribuidores. Estos artículos también tendrán un coste de desarrollo y fabricación muy bajo, por lo que sería una diversificación con un riesgo bajo. Y lo mejor de todo es que Eva ya tiene clientes que piden estos productos.

Eva ve que hay una gran tendencia en calzado vulcanizado. Su público objetivo lo está utilizando. Quizá es hora de trabajar modelos vulcanizados que puedan llevar su marca hacia nuevos mercados.

Arris Ricardo tiene grandes planes para la marca Arris. Ampliará la oferta de zapatillas. Puede añadir más tallas para hombre, y zapatillas de mujer. También añadirá más colores y precios.

Es una forma muy evidente de expandir la marca. Los nuevos artículos se venderán en el mismo mercado, a los mismos compradores, en las mismas tiendas, con las mismas campañas de *marketing* para llegar a los clientes existentes. Este es un plan de diversificación de riesgo bajo.

Ricardo no está satisfecho con esta diversificación de producto tan fácil. Puede ver que los triatletas también necesitan calzado de ciclismo. ¿Puede aplicar el sistema Arris al calzado del ciclismo? Es cierto que el desarrollo, y el abastecimiento de zapatillas para ciclismo será un nuevo desafío, podrá venderlos a los mismos compradores, en las mismas tiendas y a sus clientes existentes. Este plan de calzado de ciclismo tendrá algo de riesgo, pero no es tan malo.

La marca Arris también tiene la oportunidad de hacer ropa. Ricardo sabe que esta es una diversificación de alto riesgo, pero, para empezar, puede contratar el diseño, el desarrollo y el abastecimiento para una línea pequeña.

Estrategias de rentabilidad

Para una empresa novel, no es raro perder dinero el primer año. Las inversiones en el desarrollo del producto, la producción, y el *marketing* pueden ser difíciles de amortizar cuando eres una empresa emergente con un crecimiento rápido.

Lo importante para tu empresa es tener un plan y objetivos. Es importante actualizar los cálculos financieros con regularidad para asegurarse de que tu nuevo negocio funcione de acuerdo con el plan que se hizo. Una vez que tengas un desarrollo base de los gastos, podrás proyectar la cantidad de pares que necesitas vender para ser rentable.

Si aumentan los gastos de desarrollo, es posible que necesites aumentar el precio, comprar más pares, o atraer a más inversores para que te ayuden. Si tu precio FOB es más bajo que el plan, es posible que tengas más capital para *marketing*, o para pagar de vuelta a los inversores.

Tapar agujeros

Si sigues el modelo de distribución del distribuidor, el paso más lógico es asegurarse de que tu marca esté bien distribuida en tu país. Hacer una revisión detallada de tus distribuidores y consultar a tus agentes de ventas, te enseñará las posibles brechas. Los territorios de venta más grandes se pueden reducir para mejorar el servicio.

Tus cuentas más grandes se pueden hacer de manera interna; ya no serían atendidas por un agente de ventas externo, sino por el personal de tu oficina que asigna a un empleado para servir a cada cliente. Este caso se da cuando el *bonus* de venta hace a estos agentes los mejores pagados de la empresa. Por supuesto, tu agente de ventas estará molesto y puede renunciar; e incluso puede que tengas que dar una pequeña comisión para mantener rentable ese territorio.

Ir tras el pez gordo

Ahora que tu empresa fabrica y envía zapatos, puedes acercarte a los minoristas más grandes. Las cadenas de tiendas más grandes evitan las pequeñas empresas noveles que no tienen un historial probado para entregar calzado.

Los minoristas más grandes como Rei™, Target™ y Bass Pro™ tienen requisitos de etiquetado y logística que pueden ser difíciles de cumplir para las nuevas empresas. Los sistemas de intercambio electrónico de datos (EDI) son utilizados para procesar pedidos grandes.

Espera hasta que tengas todos estos procesos en su lugar. Ten cuidado, expandirse a minoristas más grandes puede dañar tu credibilidad con tus distribuidores actuales.

La distribución de Eva está creciendo, pero todavía tiene muchos agujeros que llenar. El plan para que ella y su amiga cubran las ventas en Estados Unidos no es muy efectivo. Puede ver que las ventas se agrupan en el mercado de Nueva York y Los Ángeles. Necesitará un nuevo plan para asegurarse de que la marca Enigma obtenga más cobertura de ventas.

El estudio también muestra que Chicago y Seattle tienen el ambiente punk perfecto para que Enigma se establezca. Eva contratará a agentes de ventas para cubrir las zonas Medio Oeste y Noroeste.

Enigma quiere seguir siendo una marca "diferente", por ahora se mantendrá alejada de los grandes minoristas de moda.

Ricardo trabaja mucho para asegurarse de tener un equipo de ventas que cubra todo EE.UU. La marca Arris tiene diez agentes de ventas que visitan las tiendas especializadas en triatlón, y las tiendas de alta gama. Ya que estas tiendas son pocas y están alejadas entre sí, diez agentes le dan a Ricardo una buena cobertura.

Se le ha acercado una pequeña cadena de tiendas de alta gama. Ricardo tendrá que revisar la ubicación de cada tienda para asegurarse de que ninguna de estas tiendas esté cerca de otra cuenta existente. Ve que la cadena de tiendas tiene una ubicación muy cercana a otro distribuidor de Arris, por lo que Ricardo decide aceptar las cadenas de tiendas, pero decide no vender en la tienda cercana a la ya existente para evitar conflicto.

Más tarde, Ricardo se da cuenta de que el nuevo distribuidor vende bien en otros puntos de venta, y decide abandonar la exclusividad. El primer distribuidor puede dejar de trabajar con él, pero ahora Ricardo tiene un distribuidor más rentable.

Ricardo esperará y pensará en las cadenas de tiendas a nivel nacional. Si pueden hacer crecer el mercado de las especialidades, puede mantener su distribución limitada hasta que esté listo para expandirse.

Fábrica de calzado

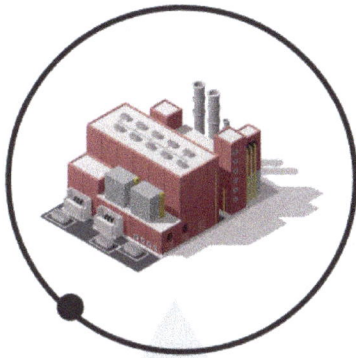

Integración vertical hacia adelante

Empresa de calzado

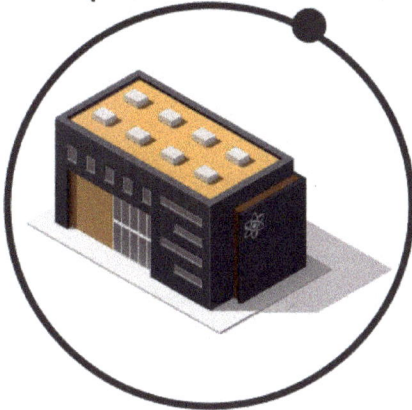

Integración vertical hacia atrás

Distribuidor minorista

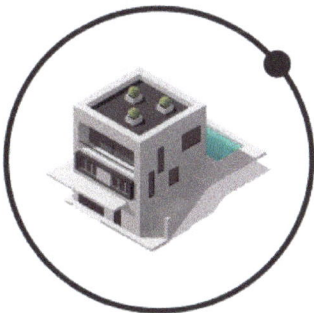

Usuario final

Integración vertical

La integración vertical es otra forma de diversificación empresarial. Si tu compañía de calzado está creciendo fuertemente, puedes empezar a mirar tu cadena de suministro y a los sectores minoristas de tu negocio. ¿Quizá puedas comprar, o construir una fábrica de calzado para hacer tus propios zapatos? Esto se llama integración hacia atrás. Ser propietario y operar una fábrica de calzado es una tarea muy difícil, podrás ver que el margen de beneficio de la fabricación está sobre el 5% y el 15%.

Aunque ser propietario de una fábrica de calzado esté más allá de la capacidad de una marca pequeña, puedes trabajar para controlar los costes de las materias primas que entran en fábrica. Puedes negociar con los proveedores de materia prima de manera directa para tratar de mejorar tus márgenes de beneficio. Esto se llama nominar proveedores, algunas fábricas cooperan con el proveedor designado, mientras que otras no.

Tu empresa también necesita fijarse en las operaciones de distribución y venta minorista. Esto se llama integración hacia adelante. Muchas nuevas empresas consiguen una diversificación posterior mediante el uso de la venta *online* operando su propia tienda minorista, o conceptual.

El peligro de la integración vertical, tanto de integración hacia atrás, como de integración hacia adelante, es la amplificación de los problemas. Si hay una ralentización, o una interrupción del mercado, tu empresa recibirá los golpes de tres maneras en lugar de una.

CAPÍTULO 11

HACERSE INTERNACIONAL

La internacionalización es una buena forma de hacer crecer tu empresa de calzado, pero con las nuevas oportunidades, vienen los nuevos desafíos. Deberás aumentar el personal para impulsar las ventas. Un agente de ventas internacional con experiencia es imprescindible para que funcione. Los vendedores internacionales, junto con una persona de atención al cliente para manejar el flujo de pedidos, pueden ayudarte a empezar sin demasiados gastos extra. Viajar puede ser caro, pero una sección internacional bien administrada puede dar un crecimiento rápido de hasta un 50% de la facturación anual.

Prepararse para el lanzamiento
Antes de que los pedidos internacionales empiecen a salir, debes prepararte. Primero, asegúrate de que la cadena de suministro de calzado esté lista. ¿Tu fábrica puede recibir más pedidos? Deberás registrar la marca en los nuevos territorios de venta. También tendrás que comprender el modelo de negocio, y las implicaciones financieras de un negocio internacional. Y lo más importante, encontrar a los distribuidores.

¿Cómo registro la patente, la marca comercial, o el copyright en el extranjero?
Las patentes y marcas registradas son territoriales, y deben presentarse en cada país donde se busca la protección. Una patente o marca registrada de EE.UU. no ofrece protección en otro país. Para más información sobre patentes y marcas registradas en un país extranjero, comunícate con la oficina de patentes de tu país. Puedes encontrar una lista con información sobre la mayoría de las oficinas de propiedad intelectual en todo el mundo, en la sede de la Organización Mundial de Propiedad Intelectual. Sin embargo, el Tratado de Cooperación en materia de Patentes (PCT) simplifica el proceso de presentación de patentes en varios países. Al presentar una solicitud ante la Oficina de Patentes y Marcas de EE.UU. (USPTO), los solicitantes estadounidenses pueden pedir protección en 143 países a la vez. Para obtener información sobre cómo presentar una solicitud de patente internacional bajo el PCT, visita la página web de USPTO.

¿Qué es el Protocolo de Madrid?

El Protocolo de Madrid facilita la solicitud de los registros de marcas en varios países. Al presentar una solicitud de registro de marca comercial ante la USPTO, los solicitantes de Estados Unidos pueden buscar protección de forma simultánea hasta en 84 países. La información sobre cómo presentar una solicitud de registro de marca internacional bajo el Protocolo de Madrid también está disponible en el sitio web de USPTO.

Proteger tus marcas en el extranjero

Antes de ingresar a un nuevo mercado, debes registrar las marcas comerciales. Sugerimos que lo hagas tú mismo, contrata a una firma de abogados en tu país de origen, o en el nuevo mercado, para tramitar el registro.

Ten cuidado: una empresa de distribución puede ofrecerte registrar tus marcas en su nombre. Deberías evitar eso. Hemos estado involucrados en varios casos en los que la empresa de distribución registra la marca y se nombra a sí misma como propietaria.

Si tu marca registrada cae en las manos equivocadas, puede ser difícil, costoso, o imposible recuperarlo. Con la marca registrada controlada por otra compañía, es posible que te veas obligado a hacer pocos negocios, o incluso quedar completamente excluido en un país extranjero. El coste del registro de marca en el extranjero puede ser grande, pero si tu empresa está creciendo, es una inversión que vale la pena, y que puede amortizarse como un gasto.

Modelos de distribución

Para vender en el extranjero, necesitas personas en el país extranjero para replicar las funciones de *marketing* y atención al cliente de tu empresa. Esto se llama distribución directa o distribución propia.

Técnicamente, es posible que una pequeña marca de calzado se instale en un país extranjero, pero casi nunca se hace. Hasta que tu empresa haya crecido un poco, necesitarás un socio distribuidor.

Hay muchas formas de crear un socio distribuidor en un nuevo mercado; lo más común es firmar un acuerdo con una empresa de distribución ya establecida. Encontrarás empresas especializadas en la distribución de marcas extranjeras en tu país de origen. Si tu empresa está creciendo rápidamente, estas empresas se acercarán a ti; si no tienes tanta suerte, tendrás que investigar un poco para encontrarlas.

Encontrar al distribuidor perfecto

Un buen distribuidor se convertirá en un socio comercial muy valioso, de confianza, propietario parcial, amigo para toda la vida, o empleado. Un distribuidor mal escogido puede causar dolores de cabeza y angustias, tómate tu tiempo y elige sabiamente.

El primer lugar para buscar pueden ser las páginas web de tus competidores; puede parecer una locura, pero no es raro que un mismo distribuidor lleve marcas a competidoras en el mercado. También debes buscar otras marcas que estén en tu categoría de mercado. Si estás haciendo calzado de senderismo, busca a las empresas de distribución que venda tiendas de campaña u otro equipamiento de camping en el país de destino.

No tengas miedo a mirar en redes como LinkedIn™, ahí podrás encontrar al director de ventas internacional de una empresa similar, y hacerle una consulta.

Qué buscar en un distribuidor

Al reunirse con un distribuidor, es importante averiguar si es una empresa establecida. ¿Cómo de grande es su equipo de ventas? ¿Con qué cuentas trabajan? ¿Qué otras marcas llevan? ¿Tienen suficiente capital para comprar tus modelos? ¿Tienen un almacén y personal para mover el producto? ¿Tiene el distribuidor un plan de *marketing*, personal y un presupuesto planeado? Debes solicitar al distribuidor que te facilite una lista de clientes y referencias de crédito.

Empezar en el extranjero

Llevar tu producto al extranjero de manera eficiente, y a precios competitivos es un desafío para grandes y pequeñas empresas; los tipos de cambio, los distribuidores del *grey market*, las tasas de importación, y los gastos de envío pueden arruinar tus planes.

A medida que tu empresa crece, tu estrategia de distribución en el extranjero evolucionará. Empieza con pedidos de LCL por transporte marítimo a un minorista grande. Si tiene varias ubicaciones, puede ser un buen punto de partida para países pequeños; esto suele darse en mercados en desarrollo.

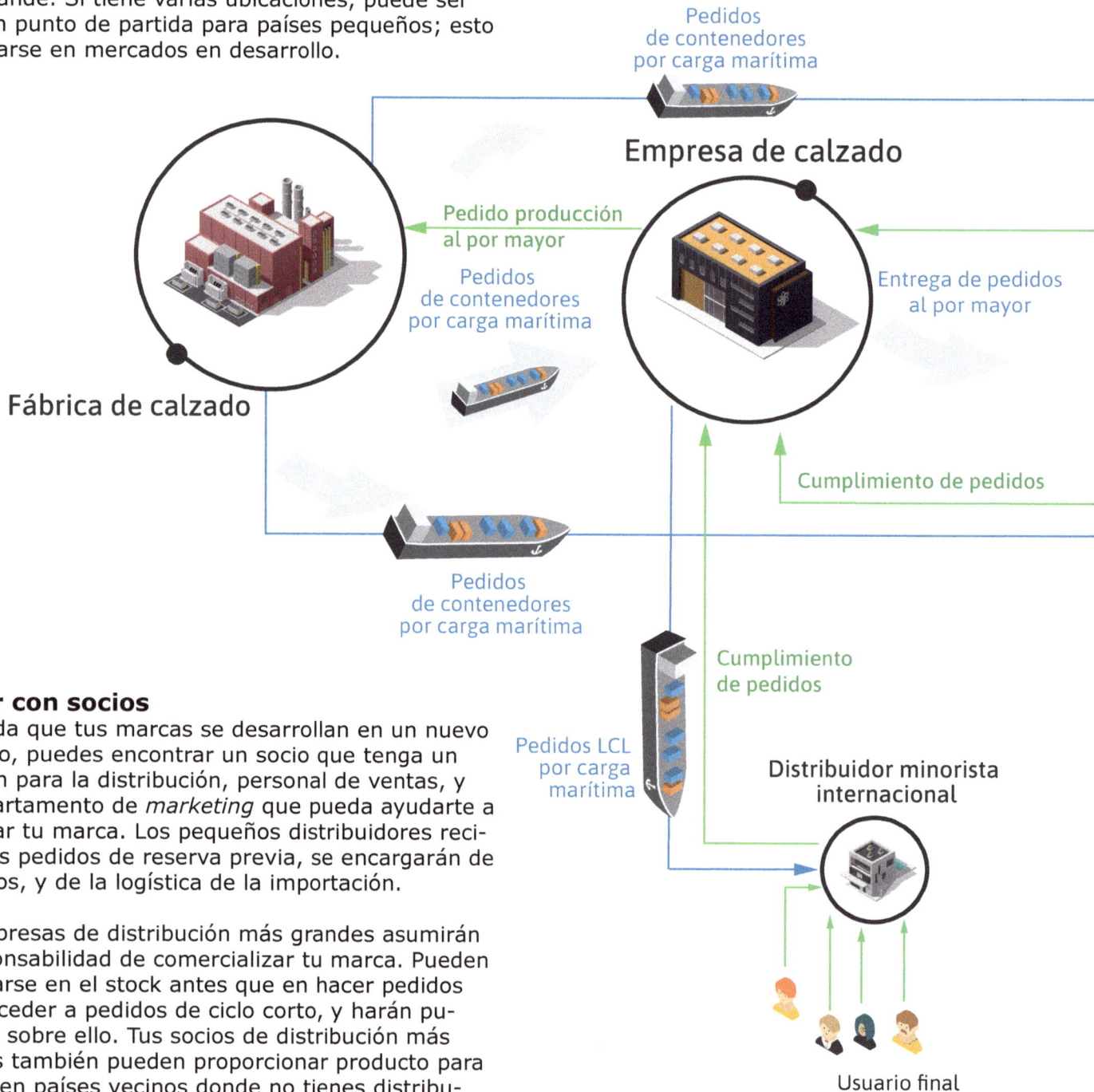

Pedidos
de contenedores
por carga marítima

Empresa de calzado

Pedido producción
al por mayor

Pedidos
de contenedores
por carga marítima

Entrega de pedidos
al por mayor

Fábrica de calzado

Cumplimiento de pedidos

Pedidos
de contenedores
por carga marítima

Cumplimiento
de pedidos

Crecer con socios

A medida que tus marcas se desarrollan en un nuevo mercado, puedes encontrar un socio que tenga un almacén para la distribución, personal de ventas, y un departamento de *marketing* que pueda ayudarte a agrandar tu marca. Los pequeños distribuidores recibirán los pedidos de reserva previa, se encargarán de los pagos, y de la logística de la importación.

Pedidos LCL
por carga
marítima

Distribuidor minorista internacional

Las empresas de distribución más grandes asumirán la responsabilidad de comercializar tu marca. Pueden interesarse en el stock antes que en hacer pedidos para acceder a pedidos de ciclo corto, y harán publicidad sobre ello. Tus socios de distribución más grandes también pueden proporcionar producto para vender en países vecinos donde no tienes distribución. Por ejemplo, un socio de distribución fuerte en un gran mercado como Alemania, puede suministrar productos a países más pequeños de Europa del Este. En Asia, un distribuidor en Singapur puede cubrir Tailandia, Filipinas, Indonesia y Malasia.

Usuario final

MODELO DE DISTRIBUCIÓN INTERNACIONAL

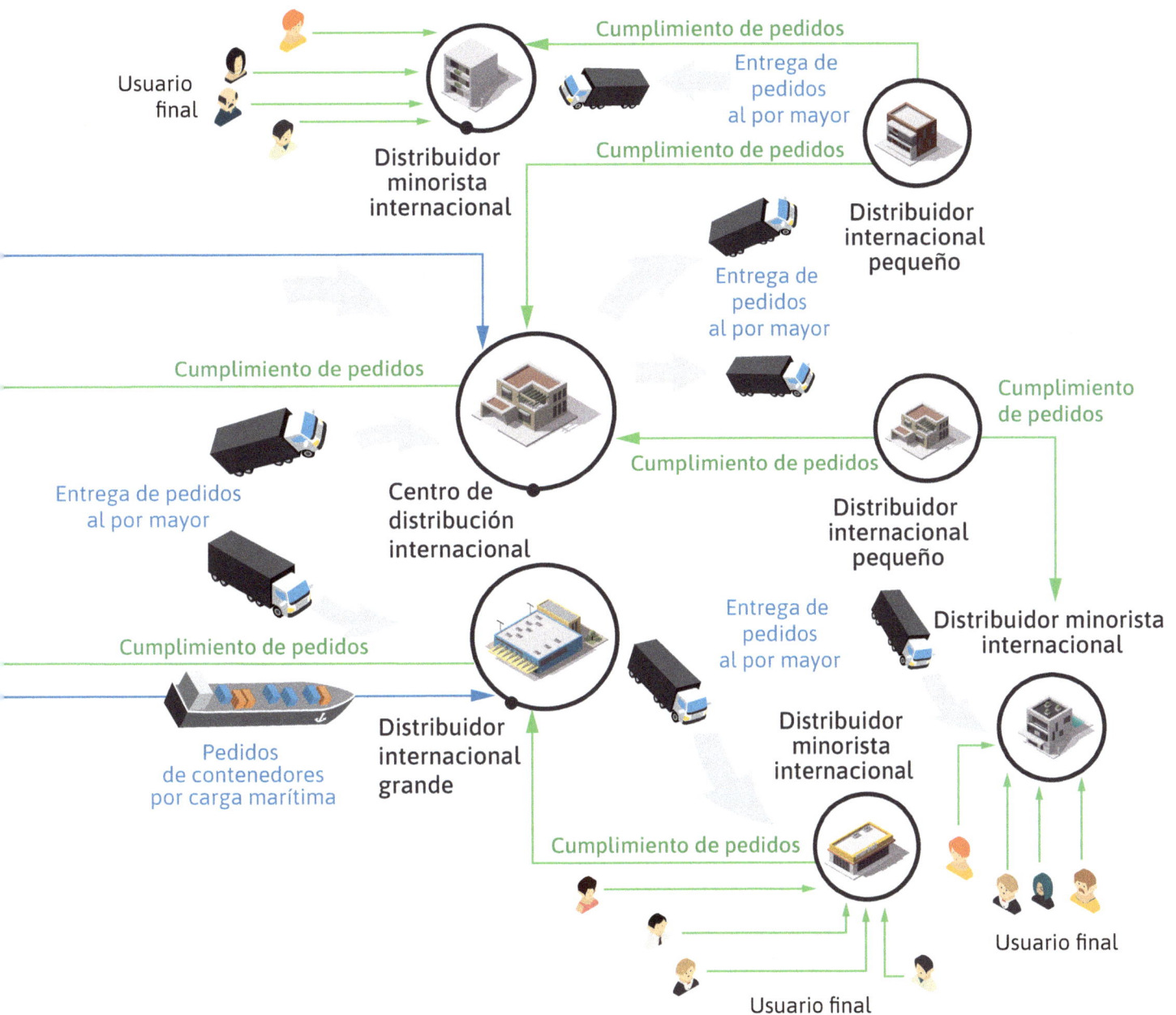

Usuario final

Distribuidor minorista internacional

Cumplimiento de pedidos

Entrega de pedidos al por mayor

Cumplimiento de pedidos

Distribuidor internacional pequeño

Entrega de pedidos al por mayor

Cumplimiento de pedidos

Cumplimiento de pedidos

Distribuidor internacional pequeño

Cumplimiento de pedidos

Centro de distribución internacional

Entrega de pedidos al por mayor

Cumplimiento de pedidos

Distribuidor minorista internacional

Entrega de pedidos al por mayor

Distribuidor internacional grande

Pedidos de contenedores por carga marítima

Distribuidor minorista internacional

Usuario final

Cumplimiento de pedidos

Usuario final

Distribución simplificada

A medida que tu negocio internacional crezca, podrás abrir o contratar un centro de distribución para dar soporte a varios países.

Todos tus clientes en la Unión Europea pueden ser atendidos por un centro de distribución. En lugar de tratar de organizar el envío a muchos países europeos, una empresa recogerá los pedidos y los enviará al por mayor a un almacén con sede en Europa. Este método simplifica y ahorra el doble de esfuerzo, tiempo, y dinero.

Querrás que tus distribuidores vendan el producto sin tener que lidiar con el papeleo de importación.

Condiciones de compra para distribuidores

Como pequeña empresa, no deberías ofrecer términos de compra o "fechar", ya que no tendrás el flujo de caja para financiar la producción del producto de tus distribuidores. Debes exigir el pago del 50% al realizar el pedido, y el 50% restante al terminar. Los envíos no se mandan hasta que se realice el pago final.

El producto de sus distribuidores se suele enviar directamente a ellos a través de tus socios de la fábrica. En comercio, a estos pedidos se los denomina pedidos de contenedor (*container orders*) o envío directo (*direct ship*). El contenedor de 40, o 20 pies es rentable para maximizar los pedidos y minimizar el envío. Puede que tus clientes más pequeños tengan un calendario diferente y tengan que coger existencias de tu almacén por medio de LCL.

Desde el primer día, debes tratar a tus distribuidores como a cualquier otra cuenta. Deben seguir tu calendario de reserva previa; no sirve de nada que un distribuidor internacional se lleve las existencias que necesitas para tus clientes nacionales.

NUNCA debes enviar producto con crédito a distribuidores, a menos que los conozcas de años y confíes en ellos. Si un distribuidor no te paga, es probable que no tengas la oportunidad de recuperar tu dinero.

Tarifas para socios de distribución

Encontrar la tarifa adecuada para tus socios de distribución puede ser un gran desafío. El objetivo es tener un precio de mercado competitivo en los nuevos mercados y obtener un beneficio razonable.

Los socios deberían hacer una investigación de mercado para que sepas el precio de productos similares. El envío, los aranceles, los tipos de cambio, y los impuestos locales tendrán un impacto en el precio de venta final.

Las perspectivas económicas de los mercados extranjeros también afectarán al precio que podrás exigir por tus productos.

Para que el precio de tus productos sea competitivo en el mercado extranjero, deberás darle a tu distribuidor un descuento sobre el precio estándar de mayorista. No hay una norma general para este descuento, pero aproximadamente, tu margen de beneficio internacional se acercará al 30% si el margen en tu país es del 50%.

Necesitarás diferentes listas de precios para Europa, Sudamérica, Asia y Australia.

Contratos de distribución en el extranjero

Cuando establezcas una alianza con un distribuidor, ambos firmaréis un contrato que establezca unas reglas básicas.
El contrato debe incluir lo siguiente:

1. Definir de manera clara el territorio de venta.

2. Aceptar no divulgar información confidencial a terceros: precios, estrategias, etc.

3. El distribuidor no se presentará como tu empresa.

4. Te comprometes a evitar vender productos a otros distribuidores en su territorio.

5. Determinar la divisa para las transacciones.

6. Acordar los términos de compra. FOB o *ex works*, etc.

7. El distribuidor pagará todos los impuestos, aranceles, depósitos, bonos y tarifas relacionados con su territorio.

8. El distribuidor es el responsable de todos los reclamos, demandas, responsabilidades, pleitos, o gastos de cualquier tipo relacionados con hacer negocios en su territorio.

9. Establecer la duración del contrato.

10. Establecer los objetivos.

11. Describir los informes de venta requeridos.

12. Describir los términos para la rescisión.

No debes escribir este contrato por ti mismo, necesitarás la ayuda de un abogado o de servicio legal con experiencia. Si miras en internet, te saldrán muchos formularios con los honorarios para los contratos de distribución en el extranjero.

Asia desconocida

En países como Japón y Corea, verás que los distribuidores minoristas están bloqueados a las redes de distribución. Estas redes pueden ser difíciles y, en el caso de Japón, puede haber otro intermediario entre tu distribuidor y el minorista. Estos subdistribuidores suelen estar vinculados a grupos de compras al por menor. Puedes pedirle a un distribuidor que llame a un cliente, pero tendrá que rechazarlo si no están vinculados al grupo de compras concreto.

Antes de firmar con un distribuidor, debes asegurarte de que puedan vender a tus cuentas minoristas *target*. También verás que los distribuidores en Japón pueden devolver todos los zapatos, independientemente de la calidad; y muchas veces sin dar ninguna razón más allá de que no se vendieron. El control de calidad es fundamental para sobrevivir en el mercado japonés.

Grey *marketing*

El *grey marketing*, también conocido como el mercado gris, es cuando un producto que se vendió a un mercado, aparece en otro mercado diferente. Por ejemplo, puedes tener un distribuidor en California que compre mercancía con descuento y luego revenda los zapatos en Japón. El importador del *grey market* puede estar evitando las tasas de importación, o vendiendo a distribuidores que entran en conflicto con tu plan de distribución. El distribuidor del *grey market* recoge las ganancias y trabaja en contra de tu marca.

Para productos con un valor elevado, puedes rastrear los artículos en el *grey market* añadiendo códigos de barras con número de serie al producto. Esto te permitirá rastrear al comprador inicial de los bienes.

Países difíciles de servir

Es posible que tengas dificultades para satisfacer la demanda de países muy pequeños y que el distribuidor sobreviva. Tu distribuidor puede atender a algunos países pequeños de Sudamérica, o Europa, en mercados más grandes. Puede que no permitas a un distribuidor brasileño vender a Bolivia o Paraguay, pero puedes permitirlo hasta que puedas crear un plan concreto.

Cada país tiene diferentes reglas a seguir. Puedes ser flexible para hacer crecer tu negocio, pero no cedas condiciones de pago a los pequeños distribuidores; es muy arriesgado y es posible que nunca te devuelvan el dinero.

Problemas con el cambio de divisas

Un cambio en las divisas puede tener un impacto negativo en el poder adquisitivo de tu distribuidor. Muchas empresas de distribución fijarán el tipo de cambio a través de un contrato de cambio monetario sobre su proyección de compra.

Si su divisa de compra cae, "ganan", ya que se ha pactado la tasa más alta.

Si la moneda de su país se fortalece, "pierden" y se quedan con la tasa más baja. El beneficio es el que puedan planificar sin el peligro de ser azotados por la devaluación de la divisa.

Con el margen de un distribuidor que ronde el 20%, una caída de las divisas puede destruir fácilmente cualquier posibilidad de rentabilidad.

CAPÍTULO 12

¿QUÉ PUEDE SALIR MAL?

Al empezar una nueva empresa, hay muchas cosas que pueden salir mal. Conocer los problemas más comunes puede ayudar a prepararte, y a estar atento a las cosas antes de que se conviertan en obstáculos.

Afrontar los retrasos
El problema más común para muchas empresas son los retrasos. En China, cualquier cosa puede salir mal. Desde intoxicaciones en la cafetería de la fábrica, el modelista en el hospital, o hasta un barco de carga en llamas y a la deriva. Muchas cosas pueden salir mal y arruinarte el calendario.

¿Cómo manejar los retrasos?
Lo único que puedes hacer es empezar temprano y dar algo de tiempo extra al lanzamiento. La demora es casi inevitable, debes tenerlo planeado. Los retrasos muy largos costarán dinero, extenderán los contratos de desarrollo, añaden salarios extra para los trabajadores, suma el alquiler, y los intereses. Todo esto puede pasar muy rápidamente si la producción se retrasa.

Adoptar medidas
Si hay pequeñas demoras al principio del proceso, estas pueden conducir a enormes retrasos más adelante. Quédate despierto hasta tarde, haz más llamadas, súbete a un avión... Si planteas un producto que tiene una ventana de lanzamiento estacional, es fundamental que cumpla el calendario. Las botas de invierno no sirven de nada si llegan en abril, y nadie comprará sandalias en octubre.

¿Cómo se pueden prevenir los retrasos?
Cuando se pone en marcha el programa de desarrollo, deberás trabajar con tu agente, o con la fábrica para asegurarte de que lo que quieres sea posible. Se necesita un *planning*, y el alcance del proyecto bien documentado para que la fábrica lo entienda por completo. Probar nuevas tecnologías, encontrar y calzar las nuevas hormas toma mucho tiempo. No siempre es fácil poder predecir cuándo algo nuevo estará listo. Lo que parece una tarea sencilla, puede torcer tus planes. Escucha a la fábrica, si los presionas demasiado puede que estén de acuerdo con el *timing* que no podrán cumplir de una manera realista.

Evitar los imprevistos
Las nuevas tecnologías no deben incluirse en un calendario de desarrollo de calzado estacional hasta que estén probadas, y listas para ser comercializadas. En un calendario de desarrollo normal, se suele dar tiempo para diseñar una nueva entresuela, pero no lo suficiente para encontrar y testar una nueva fórmula de EVA. Asegúrate de revisar los diseños con los técnicos y con los desarrolladores de la fábrica; busca los posibles problemas y planifica más tiempo, o cámbialo si es necesario.

Evitar complicaciones innecesarias

Es verdad que el diseñador puede tener buenas intenciones, y a veces un detalle puede ser más problemático de lo que vale. ¿Un *print* tiene que ser de ocho colores, o con cinco se lograría el mismo resultado? ¿Es realmente necesario ese material tan exótico de Italia, o se puede buscar más cerca de la fábrica, en China?

Asegúrate de comprobar el país de origen de los materiales. Debes evitar los materiales que sean raros, caros, frágiles, o difíciles de obtener. Mira si puedes reducir la cantidad de proveedores de los materiales, y confirma el tiempo de entrega.

Piensa dónde se encuentra la fábrica, y de dónde provienen los materiales.

Problemas en el suministro de material

Las fluctuaciones en el coste del petróleo pueden causar picos de precios en los materiales para el calzado, como el caucho sintético, el *foam* y los plásticos. Mira y asegúrese de que cualquier aumento del precio tenga sentido. Tan solo el aumento del 15% en el precio del plástico puede afectar al 30% de la materia prima del calzado.

Problemas de calidad

Los problemas de calidad pueden dejar fuera a tu empresa antes siquiera de empezar. Un mal envío puede arruinar todos los esfuerzos logrados con los minoristas. Los minoristas o clientes decepcionados no volverán a comprar.

Cuando eliges una fábrica, estás escogiendo la calidad del producto. Una fábrica de calzado solo tiene un nivel de calidad; el cuidado de los trabajadores, la ética de la calidad, y la dedicación de los *managers* va unido, independientemente de la marca que ponga en el zapato.

La calidad del calzado se puede dividir en tres puntos: calidad del material, cuidado en el aparado y la técnica de desarrollo.

La calidad del material se refiere a la adecuada selección de materiales para calzado, y hay que asegurarse de que los proveedores entreguen productos estables de alta calidad.

Una gran fábrica puede hacer zapatos muy bonitos, pero si el cuero nominado es demasiado fino, los zapatos no durarán. Asegúrate de detallar minuciosamente las especificaciones del producto para cada material y proveedor. Puedes seguir las recomendaciones de la fábrica, tendrán proveedores en los que confíen, pero asegúrate de tener los resultados de los tests, evita los "materiales misteriosos". Necesitas conocer cada componente, pieza por pieza.

Una fábrica tendrá inspecciones de llegada de mercancía para verificar la calidad del material; pero, las fábricas con pocos escrúpulos, pueden aceptar material por debajo de la calidad con descuento, para luego intentar pasarlo a *full price*.

Existen muchos tests para los materiales. Una buena fábrica de calzado tendrá un laboratorio para testar los materiales. Si ves un laboratorio con máquinas llenas de polvo, tal vez deberías buscar otra fábrica. La prueba de los materiales verificará la solidez del color, la resistencia a la rotura, la resistencia a la abrasión, la resistencia a la tracción, la resistencia a la deformación, etc.

El cuidado en el montaje de los zapatos, solo eso. ¿Lo están haciendo con buena mano? ¿Asienta bien sobre la suela? ¿Ves marcas de la presión, hilos sueltos o marcas de suciedad?

El desarrollo es un poco más complicado de explicar. Buscas un zapato diseñado para una producción de calidad ¿El corte y la suela se ajustan correctamente? Si la suela hace una forma cóncava, o está abultada en la zona inferior, quizá el material del corte no está bien ¿Ves la misma arruga en todos los modelos? ¿Un pliegue subyacente atraviesa el corte de manera extraña? Estos problemas deben resolverse en el desarrollo, pero aun así, pueden aparecer en la producción final.

Puedes pedir ayuda si tienes agentes contratados, ellos son responsables de revisar la calidad.

Asegúrate de establecer estándares de calidad. ¿Qué es una calificación A, B o C? Contrata un servicio de inspección si es necesario. Asegúrate que tanto tú como la fábrica, tengáis un par de muestras de confirmación firmadas.

No aceptes, "es solo un problema de las muestras" o, "no se preocupe, se arregla en producción". Asegúrate de ver una nueva muestra, o una foto con detalle que muestre el problema corregido antes de que empiece la producción.

Has invertido mucho dinero en cada producción, y debes intentar visitar la fábrica durante la producción para asegurarte de que sus zapatos estén bien. Si ves un problema, es posible que quieras apretar el botón rojo y parar la producción.

Es cierto que un viaje a la fábrica puede ser muy caro, pero un contenedor de zapatos con calidad baja terminará el sueño de tener tu empresa de calzado.

Las técnicas de inspección de calzado se revisan en el capítulo 24 del libro "Cómo se hacen los zapatos".

Mala venta

Hay muchas razones para tener una mala venta: el mal tiempo, no utilizar un color tendencia, un competidor más fuerte. Qué hacer dependerá de la situación de tu stock de productos. Si todavía no se ha hecho el modelo, y las reservas del producto son pocas, puede intentar cambiar el precio, el color, o intentar cancelar la producción. Si solo tienes un artículo, cancelarlo va a ser difícil, pero si tienes muchos artículos, la pérdida de uno de ellos no será un problema. Las grandes marcas de calzado pueden reducir hasta el 15% de su línea si los artículos no están siendo reservados.

Si tienes stock, deberás tomar medidas rápidamente. Primero, asegúrate de cancelar cualquier pedido del mismo producto que se encuentre en la fábrica; no querrás agrandar el problema.

Una vez que se detiene la producción, puedes intentar averiguar cuál es el problema. ¿Puedes vender los modelos con descuento? Si es una marca de calzado pequeña, es posible que debas cambiar el modelo de distribución. A lo mejor debes evitar a los compradores minoristas, e ir directamente al consumidor.

Mala rotación

Si tus zapatos están en la tienda, pero las ventas disminuyen, escucharás las quejas de los distribuidores; podrán pedirte un remarque o corte del precio (un descuento o reducción por las circunstancias). También pueden pedirte que retires la mercancía, aquí puedes ser creativo e intentar evitar perder una venta que ya has realizado. Ofrecer al distribuidor el dinero del remarque de precio como un descuento en un producto nuevo, u ofrecerle un intercambio de productos.

Tu equipo de desarrollo de producto necesitará dedicar un poco de tiempo para descubrir por qué estos productos no se vendieron bien, y necesitarán introducir artículos de reemplazo en el mercado lo antes posible.

Perder dinero

Estás vendiendo zapatos, pero perdiendo dinero. Si has calculado el margen del *landing* correctamente, deberías obtener beneficio con cada venta. Vuelve a mirar los cálculos de los cargos por la compra e importación. Lo más probable es que necesites elevar los precios.

Mira tus gastos, las comisiones de ventas, los alquileres, salarios, y los gastos de *marketing* pueden subir rápidamente. Si tienes suerte, ganarás dinero en tu primer año, pero puede que no. Asegúrate de no profundizar la deuda, ajusta el plan y pide ayuda.

Sobrestock

Una mala venta y la falta de repetición de pedidos puede dejarte con un exceso de stock que puede ser peligroso para una empresa pequeña, especialmente si tienes productos de temporada, y la temporada está terminando o tienes un flujo de caja muy ajustado. Es mejor ofrecer rebajas anticipadas para mantener el producto en movimiento a medida que el producto antiguo continúa perdiendo valor. Puedes buscar distribuidores internacionales y ofrecer ofertas *online*.

Producto agotado

Una buena posición para encontrarte, pero significa también que queda dinero sobre la mesa. Si puedes, intenta cambiar los pedidos a otros artículos. Ofrece descuentos para otros artículos que tienen una venta más lenta. Haz pedidos de servicio rápido a la fábrica, o envía por avión. Asegúrate de no introducir producto que debería llegar después de la temporada de venta; y recuerda sutilmente a los distribuidores que aumenten la compra de productos de pretemporada.

Contenedores perdidos

Los contenedores se pierden; pueden ser robados, o una tormenta puede lanzarlos por la borda. Es muy raro, y tendrás un seguro de envío. Infórmate, ya que hay que reclamar el coste de la mercancía, e incluso el beneficio perdido.

Los contenedores también pueden ser robados. La seguridad de los bienes en el país es responsabilidad del propietario de la mercancía.

Marcas perdidas

Una marca popular y con un rápido crecimiento tendrá que trabajar mucho para defender las marcas registradas. Hay compañías extranjeras que registrarán tu marca en su país. Puede que tengas que poner una demanda, pagar, o hacer un trato de algún tipo. Si los derechos tienen valor, puedes contratar a un distribuidor para pelear por las marcas registradas en tu nombre.

Maquinaria dañada

El equipo de fabricación suele ser muy resistente, y la mayoría de las herramientas bien hechas pueden soportar más de 200.000 ciclos de producción. Sin embargo, para ahorrar dinero, una fábrica puede utilizar herramientas más baratas, hechas con resina, o con un metal blando. Sirve para lanzar producto económico, pero pueden causar problemas a largo plazo.

Los moldes de resina pueden agrietarse, las herramientas fabricadas con un metal pobre pueden oxidarse, agrietarse o doblarse. Revisa las herramientas antes y después de la producción.

Minoristas en quiebra

Si está vendiendo a minoristas, tendrás clientes que quiebren. Puede que veas, o no, señales que adviertan de las dificultades; muchas veces tardarán en pagar antes de cerrar. No debes retrasar el pago, extender el crédito, o enviar antes de que se hayan cobrado los cheques. Configura la cuenta para solo obtener el pago con tarjeta de crédito. Puedes ofrecer devolver la mercancía no vendidas, o enviarlas a un agente de cobros.

Distribuidores en quiebra

Las mismas reglas se aplican a los distribuidores internacionales. Ofrece solo buenas condiciones a tus clientes de confianza. Pide el pago por adelantado de los envíos; si un distribuidor quiebra y te debe dinero, no esperes ver el producto, o el dinero adeudado. Es posible que tengas que asumir la pérdida y seguir adelante, asegúrate de protegerte desde el principio.

La mejor opción es buscar y contratar a un distribuidor que lo reemplace lo antes posible para reducir la pérdida de ventas en ese mercado. Puede que un nuevo distribuidor se haga cargo de un territorio y compre las acciones del distribuidor en quiebra.

Competidores en quiebra

Un competidor en quiebra puede crear muy buenos descuentos en tu segmento de mercado. Si otra marca hace un *dumping* en el mercado, debes estar preparado para lanzar una campaña de *marketing*, dar un mayor apoyo al distribuidor, y tal vez rebajar los artículos para mantener la venta de tus productos. Puede que también tengas que reducir los pedidos de fábrica hasta que se despeje el mercado.

Problemas con el cambio de divisas

Un cambio drástico en las tasas de cambio de divisas puede tener un impacto negativo en tu empresa. Si tu moneda de compra cae, la fábrica puede pedir un aumento del precio. Tus distribuidores pueden pedirte descuentos si la moneda local se devalúa.

Los tipos de cambio de divisas afectarán a tus competidores de la misma manera que a ti. El objetivo debe ser mantener su cuota de mercado hasta que la moneda se estabilice. Si la divisa se revaloriza, no corras a exigir el aumento a la fábricas, ya que pedirán los pagos con la misma rapidez si el cambio se vuelve en tu contra.

Se puede pacta un contrato de cambio de divisas para garantizar el tipo de cambio, pero se apuesta con, o contra el mercado de divisas; con lo cual, deben verse con mucho cuidado.

154

Responsabilidad de producto de calzado

Como empresa que vendes calzado, tienes obligaciones legales a tener en cuenta para no terminar en una situación en la que puedas enfrentar un pleito. Cualquiera que diseñe, fabrique, y venda un producto debe considerar la posibilidad de reclamos de responsabilidad del producto. Los reclamos legales pueden ser una preocupación seria en tu negocio de calzado; si te enfrentas a un reclamo, los costes judiciales y las multas podrían cerrar tu empresa.

En 2012, la cuantía media a desembolsar asignada por un jurado, en relación con esta responsabilidad, fue de más de 3,4 millones de dólares. Ahora que entendemos la importancia de este tema, veremos los pasos a seguir para ayudarte a proteger tu empresa.

Lo primero que debes saber y tener en cuenta, es que la mayoría de los defectos del calzado están sujetos a la ley, que se rige por una responsabilidad estricta. Cuando diseñas calzado, los hace un tercero y los ofreces a venta, pero tú es responsable de cualquier defecto.

Tanto si tienes la culpa de permitir el defecto, como si no, tú eres el fabricante y distribuidor, y tienes la responsabilidad del calzado que vendes. En Estados Unidos, la protección que se ofrece a los consumidores es muy elevada. Las autoridades quieren garantizar que los clientes de EE.UU. no estén expuestos a artículos peligrosos, por lo que la legislación es muy dura en cuanto a la responsabilidad de llevar el producto al mercado.

La palabra "defecto" puede abarcar diferentes tipos de problemas y la forma en que estos pueden afectar potencialmente a los clientes.

Un defecto de diseño aparece de la forma en que se planifican y se desarrollan los zapatos. Si hay algo en el diseño que es defectuoso, la ley define esto como un defecto de diseño, y tú eres el responsable. Por ejemplo, si la suela un zapato se une al corte con una grapa afilada que puede soltarse y causar lesiones, tienes un defecto de diseño en tus manos; y esto significa que cada par de zapatos que entregues a tus clientes, puede causar daños.

Puede ser una pesadilla y causar problemas importantes para cualquier empresa de calzado novel. Debes asegurarte de que la parte del proceso de diseño está claramente definida y que puedes confiar en tu fabricante para crear un producto seguro. Recuerda que hemos analizado proveedores en el extranjero, y necesitan saber qué tan importante es el producir tus modelos. Sin este nivel de control e información, podrías perder todo el empeño puesto en tu empresa.

Un defecto de fabricación difiere de un defecto de diseño, y se produce si algo sale mal durante el proceso de montado en la fábrica. Por ejemplo, lo que sucedería si se usa una temperatura incorrecta al fijar el pegamento, es que el corte se despega de la suelas.

Esto se resume en que un lote de calzado se ha fabricado de manera incorrecta, y puede causar problemas a tus clientes. Ser estricto con los sistemas de control de calidad te asegurará que no tengas estos problemas.

Un tercer tipo de defecto que puede causar problemas es el defecto de comercialización, o *marketing*. Esta responsabilidad puede ser el resultado de cómo se anuncia y se describe el producto al público. Los defectos de comercialización suelen estar vinculados a productos peligrosos, como los productos químicos, electrodomésticos, o herramientas eléctricas; pero también pueden afectar a tu empresa de calzado.

¿Has advertido de manera correcta sobre el riesgo y el uso de tu producto a través de estrategias de *marketing* y las instrucciones? No disponer de las advertencias de manera adecuada se considera un defecto, y puede desembocar en un reclamo de la responsabilidad legal del producto.

Como vendedor de calzado, tienes la responsabilidad hacia tus clientes de muchas formas. Tienes obligaciones legales, pero también tienes obligaciones morales y comerciales. No quieres ni necesitas publicidad negativa que podría agravar el defecto de tu producto. Ten cuidado al diseñar, fabricar y comercializar tus zapatos. Es importante mantener una relación sólida con los clientes y el mercado en general, y esto puede hacerse de varias maneras.

Testa tus zapatos en cada etapa del proceso de diseño y fabricación, esto te ayudará a tener un mayor control en el desarrollo. Podrá costarte al principio, pero así te asegurarás de no tener que desembolsar dinero por reclamos.

Compensa de alguna manera, y siempre que puedas, a las personas que hacen tu producto. Busca cómo incluir que asuman la responsabilidad financiera de la fabricación y el diseño en caso de que algo salga mal.

El seguro de responsabilidad civil está disponible para tu empresa, para que estés cubierto en caso de un reclamo; cubrirá las partes del proceso en las que estés implicado, y es aplicable a todas las partes involucradas en el procedimiento.

Si tomas todas las medidas correctas para asegurarte de diseñar, fabricar, y vender productos de alta calidad, las posibilidades de tener defectos disminuirán casi por completo. Esto podrá salvar la reputación de tu empresa, la seguridad de tus clientes, y te protegerá de posibles demandas y reclamos.

TÉRMINOS QUE DEBES SABER

Acta constitutiva

Al formar una sociedad de responsabilidad limitada (SL), deberás presentar un documento de acta constitutiva ante el gobierno. Los artículos organizativos son parecidos a los artículos de incorporación necesarios para crear y administrar legalmente una entidad.

Acuerdo de confidencialidad (ACD)

Se refiere a un pacto confidencial acordado entre todas las partes para proteger cualquier tipo de información confidencial y de propiedad, o secretos comerciales. También se conoce como acuerdo de no divulgación, acuerdo de privacidad, o *non-disclosure agreement* (NDA). Es un contrato a través del cual las partes acuerdan no divulgar información sujeta en el acuerdo. El ACD protege la información comercial privada.

Algunos contratos de trabajo, o acuerdos de cese, pedirán al empleado firmar un ACD o similar. Esto restringe el uso y la comunicación por parte de los empleados de la información confidencial propiedad de la empresa.

Agente y asistente de ventas

Vender zapatos es una buena manera de involucrarse con el mundo del calzado, ya que los vendedores saben de primera mano lo que el cliente busca. Esto se debe a que está en la primera línea de venta de calzado. Un buen agente de ventas puede ayudar a dar forma a la gama de producto; y también puede ascender a un puesto de director de línea de producto.

Un asistente de ventas trabaja para uno (o varios) agentes de ventas, vendiendo una o dos líneas de cada agente de ventas. El asistente puede que tenga que compartir una parte de sus incentivos con el agente de ventas; y puede actuar como un representante técnico de ventas. El agente de ventas realiza la venta al comprador de calzado, mientras que el asistente capacita al personal de venta de planta.

Alcance del proyecto

La primero a realizar cuando se empieza un nuevo proyecto es definir el alcance del proyecto. Este documento describe los requisitos y el trabajo que debe hacerse para completar el proyecto.

Amortizar

Para pagar de manera progresiva un gasto importante se trazan con cuotas o pagos periódicos. En este caso, una fábrica puede acordar repartir el coste de las herramientas añadiendo un pequeño importe a cada par de zapatos. Por ejemplo, una factura de herramientas por valor 10.000 dólares se puede amortizar, o pagar agregando 0,50 dólares a los primeros 20.000 pares vendidos.

Anchura del zapato
La anchura de un zapato se mide en letras: AAA, AA, A, B, C, D, E, EE, EEE y EEEE; 4A, 3A, 2A, A, B, C, D, E, 2E, 3E, 4E, 5E y 6E, o N (estrecho), M (mediano), R (normal) y W (ancho). Estas letras se refieren al ancho del zapato medido a partir del saliente de los dedos.

Asociación
Un único negocio en el que dos o más personas comparten la propiedad, la administración, y las ganancias o pérdidas de acuerdo con los términos de su acuerdo de asociación.

Briefing de diseño
Se trata de una descripción escrita de cualquier producto nuevo a realizar, donde se detalla el qué, el por qué, y para quién se va a hacer. Suele incluir el precio, propuesta de materiales, anotaciones de una reunión con el cliente, etc. Un buen *briefing* es fundamental para garantizar el éxito de cualquier proyecto.

Cadena de distribución
Se refiere a la red de todas las personas, empresas, recursos y actividades involucradas en la producción y distribución de un producto, desde el diseño y la fabricación, hasta la entrega al usuario final.

Cantidad mínima de pedido (MOQ)
Las fábricas de calzado y los fabricantes de materia prima, a menudo tienen una cantidad mínima de pedido basado en el tamaño del lote del tintado, o el funcionamiento de la maquinaria. Por ejemplo, una malla especial puede requerir una configuración de la máquina que lo teje, por lo tanto, el MOQ puede ser de 500 metros. Para teñir un material de stock puede que el pedido mínimo sea de 50 metros; y si hablamos del ante necesario para calzado, la carga de un bombo pequeño par teñir es de alrededor de 1.000 pies cuadrados. Un zapato básico consume 2 pies, con lo cual, la fábrica solicitará un pedido mínimo de 500 pares por color.

Carta de crédito (LC)
Una carta de crédito, en inglés *Letter of Credit* o LC, es una promesa de pago de empresas por medio de dos bancos (generalmente de diferentes países); asegura al vendedor que será pagado siempre que se cumplan las condiciones establecidas. El LC se usa en el comercio internacional.

Clasificados de la piel
Los clasificados de la piel se refieren a la calidad del producto.
A: significa que es bueno.
B: tiene algunos defectos y puede venderse con descuento.
C: no puede venderse y debe repararse, o destruirse.

Conocimiento de embarque
El conocimiento de embarque es un documento emitido por un transportista (o su agente) que sirve como acuse de recibo de un envío de carga. El conocimiento de embarque es negociable, y cumple tres funciones principales: el reconocimiento de que los bienes han sido cargados, los términos del contrato de transporte, y la titularidad de los bienes.

Consolidación
Juntar o unir diversos artículos en un paquete, o en un envío, para hacer mejor uso del espacio.

Contenedor de transporte marítimo
Un contenedor de transporte marítimo estándar de 40 pies es del mismo tamaño que un remolque de camión. En metros, las medidas aproximadas son 12 x 2,5 x 2,5 metros, y tiene capacidad para cerca de 5.000 pares de zapatos. Los modelos *best sellers* tienen una carga de contenedor completa (FCL). También existe un tamaño más pequeño de 20 pies, y el *Extra Large 40 foot High Cube* (aproximadamente 1 pie más alto que el estándar de 40).

Contrato *forward*
También conocido como contrato de divisas a plazo, es un contrato vinculante en el mercado de divisas que bloquea el tipo de cambio para la compra o venta en una fecha futura. Un cambio de divisas es una herramienta de cobertura que no implica ningún pago por adelantado.

Coordinador de muestras
Una oficina de desarrollo que esté ocupada trabajará con cientos de modelos a la vez. El coordinador de muestras es como el policía que controla el tráfico, hace un seguimiento de los zapatos. ¿Las muestras siguen en China? ¿Cuándo se enviarán?, ¿la empresa de envío necesita documentación extra para gestionar la importación? El coordinador de muestras es un puesto muy bueno para iniciarse y aprender sobre las operaciones de desarrollo y diseño de calzado.

Cortado de patrones
Se hacen patrones por secciones para el corte, forros, plantillas, tacones, suelas, refuerzos, contrafuertes y topes para la puntera. Se le añaden

los entres, o margen de montado, y se cortan las piezas en los materiales que se vayan a utilizar en la fabricación de los modelos.

Cuota de mercado
Se refiere a un fragmento de mercado controlado por una compañía o producto en particular. Una cuota de mercado del 50% significa que la mitad de los zapatos vendidos en un mercado son de una compañía.

Debilidades, Amenazas, Fortalezas y Oportunidades (DAFO)
También conocido como FODA, significa: debilidades, amenazas, fortalezas, y oportunidades. Es un marco analítico que puede ayudar a tu empresa a evaluar lo que puede, y no puede hacer, así como sus posibles oportunidades y riesgos.

Desarrollador de calzado
El trabajo del desarrollador de calzado es tomar el dibujo y convertirlo en un zapato real que sea cómodo para el usuario final. También es el responsable de escribir las especificaciones técnicas, verificar los dibujos, y comunicarse con la fábrica de calzado. Los desarrolladores son los ingenieros de los prototipos de calzado, y los encargados de seguir el calendario marcado. Para ser desarrollador puede que empieces como un diseñador, aprendiz, o asistente. Prepárate para viajar.

Descuento para nuevos distribuidores
Ofrecer a una nueva cuenta un pequeño descuento es una forma muy fácil de ayudar a tu empresa y a los agentes de ventas a abrir nuevas puertas. También puedes ofrecer a los nuevos distribuidores un plan de recompra si los zapatos no se venden.

Descuento por volumen
Un descuento por volumen es una buena manera de gratificar a tus mejores clientes, y también es una forma de dar a tus compradores más pequeños un objetivo ampliado (*stretch goal*). Puedes basar el descuento por volumen en la cantidad de pares, o en la cantidad de dólares del pedido. Por ejemplo: una cuenta de 5.000 dólares obtiene un 2% de descuento, mientras que una cuenta de 10.000 dólares puede obtener un 5% de descuento.

Descuentos de participación
Si ves que tus distribuidores solo están comprando uno o dos artículos, puedes ayudar a impulsar las ventas de otros modelos ofreciendo un descuento de representación. Por ejemplo, si un distribuidor compra cinco modelos, puedes dar un 5% de descuento.

Despiezado
El despiezado es el recorte de las piezas que conforman el diseño. El patrón debe ajustarse a la horma, por lo que diseñadores y desarrolladores tendrán que ajustar y corregir los patrones para crear un nuevo modelo.

Destinatario
El comprador, o la persona responsable de la recepción del envío. Por lo general, el receptor del envío.

Director de producto o responsables de línea de productos
En inglés se utiliza la abreviatura PM para *product manager*, cuya tarea es averiguar en qué trabajar, y poner en marcha el trabajo del desarrollador y del diseñador informando del tipo de calzado que se debe hacer. El responsable de producto trabaja con el equipo de ventas y con los clientes para averiguar lo que necesitan. El PM también tiene la tarea de ver más allá. ¿Qué necesitará la gente el año que viene? ¿Qué colores estarán de moda? Contar con experiencia en venta al por menor, cifras de ventas, y tener un título de *marketing* será muy útil para desempeñar este cargo. Es muy común que diseñadores y desarrolladores opten a ascensos para este tipo de puestos.

Briefing de diseño
El *briefing* de diseño contiene toda la información esencial para que el diseñador de calzado empiece a diseñar. Aquí, se incluye la información: para quién es el zapato, para qué deporte, cuánto costará, a qué país se enviará, etc.

Dispositivo Brannock™
Seguro que has visto esta herramienta en las tiendas de calzado, es el dispositivo estándar para medir pies. Si trabajas como desarrollador de calzado, deberás tener un dispositivo Brannock en tu oficina. Cuando una persona te menciona que un zapato le queda suelto o ajustado, lo primero que se debe hacer es medir sus pies con el dispositivo Brannock. Este dispositivo te dará las medidas de longitud y anchura, recuerda medir los pies izquierdo y derecho. También es importante medir con la cinta métrica la bola del pie.

Elaboración especial o SMU
La elaboración especial, en inglés *Special Make Up* o SMU, se refiere a una producción especial de zapatos. Los zapatos hechos por encargo pueden ser para una tienda de calzado concreta, o para un distribuidor internacional. Este tipo de calzado, generalmente, requiere un tratamiento especial de color o de material. El jefe de producto de los artículos MTO trabajará estrechamente con el jefe de ventas, el jefe de la línea de productos, los

vendedores, y los diseñadores para crear nuevos productos. Los proyectos de MTO pueden llevarse a la venta rápidamente, ya que no requieren de un período de venta o de reserva concreta. Una vez confirmado el diseño, la orden se manda a la fábrica.

Escalado de tallas
Consiste en hacer las diferentes tallas del modelo de zapato. La talla de la muestra, o la talla del desarrollo suele ser para hombres la talla 9 americana, y para mujeres la talla 7 americana. Una vez que se confirma la muestra, las tallas de los extremos se hacen, siendo las tallas 5 y 12. Después, se escalan todas las tallas intermedias. Actualmente, el escalado de tallas se realiza por software, y se revisan por el jefe patronista.

FOB (Franco a bordo)
El término Franco a bordo se refiere al punto en el que el comprador acepta la propiedad de los bienes comprados. En el sur de China, el precio del zapato suele declararse como FOB Yantian. Yantian es el puerto de carga más cercano. El vendedor es el responsable del transporte terrestre hacia el puerto de embarque, más los costes de carga del producto. Ver también el término precio en fábrica.

Fulfillment o cumplimiento de pedidos
El *fulfillment* de un pedido implica la recogida, el empaquetado, y el envío del inventario en el almacén. Se almacenan los productos hasta que llegan los pedidos; después, se recogen los artículos del inventario disponible (recogida), se empaquetan correctamente (empaquetado) y se envían al comercio, o al cliente (envío).

Incentivos
Ofrecer a los agentes de ventas un poco de dinero extra, o un incentivo por abrir nuevas cuentas es una buena manera de expandir la red de distribuidores. Un extra de 100 o 200 dólares por cada nuevo cliente es suficiente para motivarles a conducir hasta la siguiente ciudad, o hacer algunas llamadas extra para abrir nuevos clientes.

Incentivos de reserva previa
Las reservas anticipadas son muy importantes para una nueva empresa de calzado. Para alentar a los distribuidores a la reserva previa, puedes ofrecer un incentivo; tan solo un pequeño porcentaje de descuento ayudará a tu distribuidor a decidir. Sin estas reservas, es casi imposible tener la cantidad precisa del producto correcto. No regales tus ganancias, pero haz lo que puedas para tenerlos. Este descuento de reserva previa debe tener un plazo de 90 o 120 días antes de la entrega en la tienda.

Keystone
Se refiere a cualquier artículo que se venda al doble del precio por el que fue comprado o producido.

Line Planning
El calendario y la asignación de pedidos a líneas de producción individuales. La planificación tiene muy en cuenta qué tipo de calzado puede fabricar cada línea de montaje, cuándo se cargará, cuántas piezas se fabricarán, y cuándo se terminará el modelo.

Mano de obra, gastos generales y beneficios (LOP)
La mano de obra, los gastos generales, y el beneficio, es una parte fundamental en una fábrica de calzado a la hora de establecer el precio de un modelo. La fábrica sumará todos los costes de materia prima, y después agregará la tasa de mano de obra, gastos generales, y beneficio requeridos. El LOP puede ser del 30% del coste total del modelo. Algunas fábricas agregan un coste fijo, o un porcentaje sobre el precio del material para establecer el LOP; también, otras fábricas calculan cuidadosamente cada componente.

Material P.O.P. (*point of purchase*)
El lugar donde se realizan las ventas. Puede ser un área grande, como un centro comercial o un mercado, o tan pequeña como una zona en el mostrador con la caja registradora donde se unen el consumidor, el dinero y el producto. Las compras por impulso de última hora de los P.O.P. giran en torno a la zona de la caja registradora.

Nombre ficticio (DBA)
Nombre comercial, o el "*Doing business as*" (DBA). Es el nombre operativo de una empresa, diferente al nombre legal. En una empresa unipersonal, o una sociedad, puedes elegir un DBA, nombre comercial o un nombre ficticio diferente a tu nombre personal. Puede que tu ciudad o estado te solicite registrar el nombre ficticio. Los procedimientos de registro pueden variar, y algunos estados necesitan un anuncio de su nombre ficticio en un periódico local. El coste de la solicitud varía entre 10 y 100 dólares. Tu banco también puede requerir de un certificado de nombre ficticio para abrir una cuenta comercial.

On Wheels
Un acuerdo *on wheels* proporciona al distribuidor devolver la mercancía a *full price* si no se vende; esto permite al distribuidor probar el producto con menos riesgo.

Pago por transferencia (T/T)

T/T significa transferencia telegráfica o transferencia de télex; es una forma de transferencia bancaria muy simple que asegura una forma rápida y económica de transferir dinero al extranjero. En el comercio internacional tradicional es arriesgado el uso de transferencias bancarias, ya que el dinero va directo a la cuenta del proveedor antes de que el comprador haya recibido el pedido. Para empresas con un largo historial de confianza, la T/T es rápida y fácil.

Pantonera

Pantone Inc. es una sociedad con sede en Carlstadt, Nueva Jersey. La empresa es conocida por su Pantone Matching System (PMS), una guía de color exclusivo utilizado en varias industrias. Diferentes proveedores en muchos lugares utilizarán este sistema para asegurarse de ajustar los colores correctos.

Patronista o modelista

El patronista es el técnico que transforma el dibujo hecho en 2D, en un patrón en 3D que se adapta a una horma concreta. El diseñador dibuja el zapato, el patronista lo convierte en un zapato real. Un modelista profesional con experiencia puede mejorar tus diseños, mientras que un patronista novato puede arruinarlo.

Pedidos de corto plazo

También llamados pedidos de ciclo corto, o *at once orders*, son pedidos de producto realizados sin previo aviso por los distribuidores, con la expectativa de que el almacén tendrá el producto en stock para un envío inmediato. Aunque cada pedido es un buen pedido, es posible que no se tenga stock disponible para cumplir y completar los pedidos de ciclo corto. Puedes pedir un 15% más, o mover las cancelaciones de los pedidos de reserva previa para abastecer los pedidos de ciclo corto.

Planificación y surtido de mercancías

También conocido como MAP, se refiere a la planificación de surtido y mercancías es el proceso para determinar qué y cuánta mercancía se debe transportar en una categoría, grupo, o división.

Precio al por mayor

El precio al por mayor es el coste que la tienda paga por comprar un artículo a la marca de calzado, o al mayorista. El precio mayorista es, generalmente, el 50% del precio minorista. Una tienda con mucho volumen puede negociar un pequeño descuento sobre el precio del mayorista. Cuando en una tienda veas unos zapatos que han sido rebajados al 50%, piensa que con ese precio quieren cubrir los gastos.

Precio al por menor o precio *retail*

El precio al por menor es el precio que paga en la tienda de calzado por un par de zapatos.

Precio de venta al público recomendado (PVPR)

En inglés se conoce con las siglas MSRP. Se refiere al precio al que se vende al público un artículo, y sobre el cual se calculan los descuentos. También se llama precio neto.

Precio en fábrica

En inglés se conoce este término como *ex works*. Cuando se negocia el precio de un zapato con la fábrica, hay que ser claros y especificar dónde tiene que ser enviado el pedido. Precio en fábrica significa que el precio que ha dado la fábrica para el zapato no incluye envío. El comprador será responsable de recoger el producto en la fábrica.

Propuesta de diseño

Resume lo que el cliente busca, y las soluciones que ofrecerá el diseñador. La propuesta describe los pasos a seguir del proyecto en cuanto al *timing*, número de diseños, combinaciones de color, presupuesto, precio del producto, y a quién contactar.

Pullover

Con el *pullover* se verifica el patrón y el ajuste sobre la horma. El *pullover* no se hace con el color correcto, sino con cualquier color disponible por el fabricante. Durante la fase de desarrollo, se pueden ver varios *pullovers* hasta que el patrón esté correcto. También se ven *pullovers* hechos de cada talla durante la fase de preproducción; es muy común que se manden a la fábrica de suelas para asegurar que la parte inferior del modelo se ajuste correctamente.

Punto de precio

El precio minorista sugerido por el cual se venderá un artículo y se determinará que compite con los precios de otros productos.

Rainbow Line

Una gama de muestras donde se presenta cada variante de color.

Remarque o corte de precio

Un distribuidor puede exigir dinero para cubrir el coste de rebajar un producto que tiene una venta lenta.

Reserva previa

Se refiere a la venta del producto antes de la producción. La reserva previa permite a la marca de calzado planificar por adelantado los números en cuanto a producción. Cuantas más reservas previas, mejor. Algunas compañías de calzado solo aceptan pedidos con esta reserva previa para evitar fabricar y quedarse con el inventario extra, aunque esto también suponga perder ventas.

Rotación (*sell through*)

Los zapatos disponibles para comprar en una tienda tienen rotación, o *sell through*, cuando un cliente los compra. Una venta lenta, o mala, es algo perjudicial. Esta venta se suele medir en porcentaje de ventas por semana. El 30% por semana está bien, mientras que el 5% por semana significa que algo va mal.

Shoe *master carton*

El término *shoe master carton* se utiliza para designar a la caja exterior del embalaje que usan las fábricas para mandar la mercancía. Generalmente suele ser una caja donde caben entre 10 y 12 cajas de zapatos, dependiendo del tamaño de la caja y del zapato. Dentro del *shoe master carton*, las cajas interiores están colocadas para que el operario del almacén pueda ver las etiquetas de los extremos de la caja de zapatos y saber la información sobre el tamaño y el color del modelo.

Sociedad de responsabilidad limitada (SRL)

Una sociedad de responsabilidad limitada (SRL) es una compañía privada limitada; una estructura comercial que combina la imposición fiscal de una sociedad o empresa unipersonal, con la responsabilidad limitada de una corporación. Una SRL no es una corporación, es una forma legal de una empresa que da responsabilidad limitada a sus propietarios o miembros. Este tipo de empresas no necesitan estar organizadas con fines de lucro y varían según el país.

Style Master

Style Master es un software personalizable que contiene toda la información relacionada con tu proyecto, como las imágenes, colores, tallas, inventario de las materias primas, datos de producción, seguimiento, hojas de costes, documentos de importación, etc. Es imprescindible para mejorar la eficiencia y la organización.

Talla de las muestras: 9 para hombre, y 7 para mujer

La talla americana 9 para hombre, y 7 para mujer, son las tallas más proporcionadas, y las que mejor se ven en catálogos, presentaciones y publicidad. Estas dos tallas son también muy útiles a la hora de calcular los costes, ya que las tallas más grandes consumirán más material, pero las tallas más pequeñas consumirán menos, con lo cual, se utilizan estas tallas intermedias.

Tasa o índice de ventas

Los distribuidores tienen un software de seguimiento del inventario para controlar el índice de ventas de su stock de calzado. Este programa mide las ventas de los artículos durante un período de tiempo determinado. Un distribuidor bien organizado tendrá un informe donde se vea la tasa de venta de sus productos con respecto a otros productos de la misma categoría.

Transporte de carga

Una compañía que realiza envíos a entidades, con la finalidad de que el cliente o punto final de una distribución obtengan los bienes del fabricante.

Trepa

La trepa, también llamada patrón en bruto, se utiliza para crear el diseño del corte; es el patrón de calzado que cubre la superficie de la horma. El diseñador podrá dibujar sobre la trepa y pasar el dibujo hecho en la horma a papel.

Troquelado

En inglés se conoce al proceso de cortado como *clicker* por el sonido que hace la prensa hidráulica al cortar las piezas con el troquel. En castellano, el troquelado se refiere simplemente al corte de materiales de calzado. Existe un arte asociado al corte manual del cuero debido a la naturaleza de la piel.

Unidad de Almacenamiento de Stock

Unidad de almacenamiento de stock, en inglés *Stock Keeping Unit* o SKU, se refiere a un modelo, estilo, variante de color, o talla única. Comúnmente utilizado para referirse a una variante de color única. Por ejemplo, si hay 2 modelos, cada uno con 5 variantes de color, en total habrá 10 SKUs.

Variantes de color

Se refiere a las variantes de color y de material en un zapato. Un único modelo puede estar disponible en muchas variantes de color.

Ventana de reserva

Se refiere al período de tiempo desde el momento en el que los vendedores obtienen las muestras, hasta que se realiza el primer pedido en la fábrica. Suele rondar los 60 días, dependiendo del calendario de producción.

Ventas brutas

Las ventas brutas son el total de las transacciones de venta. El monto bruto de ventas no tiene deducciones por derechos de ventas, descuentos, o devoluciones.

DOCUMENTOS DE EJEMPLO

Para empezar tu nueva empresa, hay muchos impresos que necesitas para obtener los permisos y el registro de impuestos. La mayoría de los formularios se pueden descargar de la web, o rellenarlos *online*. Otros, deberás recogerlos en la oficina del correspondiente. Siempre es mejor planificarse con anticipación y saber qué información necesitas antes de ir a por ello.

Form **SS-4**
(Rev. January 2010)
Department of the Treasury
Internal Revenue Service

Application for Employer Identification Number

(For use by employers, corporations, partnerships, trusts, estates, churches, government agencies, Indian tribal entities, certain individuals, and others.)

⊠ **See separate instructions for each line.** ⊠ **Keep a copy for your records.**

OMB No. 1545-0003

EIN

Type or print clearly.

1 Legal name of entity (or individual) for whom the EIN is being requested	

2 Trade name of business (if different from name on line 1) | **3** Executor, administrator, trustee, "care of" name

4a Mailing address (room, apt., suite no. and street, or P.O. box) | **5a** Street address (if different) (Do not enter a P.O. box.)

4b City, state, and ZIP code (if foreign, see instructions) | **5b** City, state, and ZIP code (if foreign, see instructions)

6 County and state where principal business is located

7a Name of responsible party | **7b** SSN, ITIN, or EIN

8a Is this application for a limited liability company (LLC) (or a foreign equivalent)? . . . . ☐ Yes ☐ No | **8b** If 8a is "Yes," enter the number of LLC members . . . . ⊠

8c If 8a is "Yes," was the LLC organized in the United States? . . . . ☐ Yes ☐ No

9a **Type of entity** (check only one box). **Caution.** If 8a is "Yes," see the instructions for the correct box to check.

☐ Sole proprietor (SSN) _____
☐ Partnership
☐ Corporation (enter form number to be filed) ⊠ _____
☐ Personal service corporation
☐ Church or church-controlled organization
☐ Other nonprofit organization (specify) ⊠ _____
☐ Other (specify) ⊠

☐ Estate (SSN of decedent) _____
☐ Plan administrator (TIN) _____
☐ Trust (TIN of grantor) _____
☐ National Guard   ☐ State/local government
☐ Farmers' cooperative   ☐ Federal government/military
☐ REMIC   ☐ Indian tribal governments/enterprises
Group Exemption Number (GEN) if any ⊠

9b If a corporation, name the state or foreign country (if applicable) where incorporated | State | Foreign country

10 **Reason for applying** (check only one box)
☐ Started new business (specify type) ⊠ _____
☐ Hired employees (Check the box and see line 13.)
☐ Compliance with IRS withholding regulations
☐ Other (specify) ⊠

☐ Banking purpose (specify purpose) ⊠ _____
☐ Changed type of organization (specify new type) ⊠ _____
☐ Purchased going business
☐ Created a trust (specify type) ⊠ _____
☐ Created a pension plan (specify type) ⊠ _____

11 Date business started or acquired (month, day, year). See instructions. | **12** Closing month of accounting year

13 Highest number of employees expected in the next 12 months (enter -0- if none).

If no employees expected, skip line 14.

Agricultural	Household	Other

14 If you expect your employment tax liability to be $1,000 or less in a full calendar year **and** want to file Form 944 annually instead of Forms 941 quarterly, check here. (Your employment tax liability generally will be $1,000 or less if you expect to pay $4,000 or less in total wages.) If you do not check this box, you must file Form 941 for every quarter. ☐

15 First date wages or annuities were paid (month, day, year). **Note.** If applicant is a withholding agent, enter date income will first be paid to nonresident alien (month, day, year) . . . . ⊠

16 Check **one** box that best describes the principal activity of your business.
☐ Construction ☐ Rental & leasing ☐ Transportation & warehousing
☐ Real estate ☐ Manufacturing ☐ Finance & insurance
☐ Health care & social assistance ☐ Wholesale-agent/broker
☐ Accommodation & food service ☐ Wholesale-other ☐ Retail
☐ Other (specify)

17 Indicate principal line of merchandise sold, specific construction work done, products produced, or services provided.

18 Has the applicant entity shown on line 1 ever applied for and received an EIN? ☐ Yes ☐ No
If "Yes," write previous EIN here ⊠

Third Party Designee

Complete this section if you want to authorize the named individual to receive the entity's EIN and answer questions about the completion of this form.

Designee's name | Designee's telephone number (include area code) ( )

Address and ZIP code | Designee's fax number (include area code) ( )

Applicant's telephone number (include area code) ( )

Name and title (type or print clearly) ⊠

Signature ⊠ | Date ⊠ | Applicant's fax number (include area code) ( )

For Privacy Act and Paperwork Reduction Act Notice, see separate instructions.   Cat. No. 16055N   Form **SS-4** (Rev. 1-2010)

Under penalties of perjury, I declare that I have examined this application, and to the best of my knowledge and belief, it is true, correct, and complete.

164

APPLICATION FOR SELLER'S PERMIT

1. PERMIT TYPE: (check one) ☐ Regular ☐ Temporary

FOR BOE USE ONLY			

2. TYPE OF OWNERSHIP (check one)   * Must provide partnership agreement

☐ Sole Owner   ☐ Married Co-ownership

☐ Corporation   ☐ Limited Liability Company (LLC)

☐ General Partnership   ☐ Unincorporated Business Trust

☐ Limited Partnership (LP)*   ☐ Limited Liability Partnership (LLP)*
(Registered to practice law, accounting or architecture)

☐ Registered Domestic Partnership

☐ Other (describe) _____

TAX	IND	OFFICE	PERMIT NUMBER
S			

NAICS CODE   BUS CODE | A.C.C.   REPORTING BASIS   TAX AREA CODE

RETURN TYPE

PROCESSED BY   PERMIT ISSUE DATE   ☐ (1) 401-A   ☐ (2) 401-EZ

VERIFICATION

___ / ___ / ___   ☐ DL   ☐ PA   ☐ Other

3. NAME OF SOLE OWNER, CORPORATION, LLC, PARTNERSHIP, OR TRUST

4. STATE OF INCORPORATION OR ORGANIZATION

5. BUSINESS TRADE NAME/"DOING BUSINESS AS" [DBA] (if any)

6. DATE YOU WILL BEGIN BUSINESS ACTIVITIES (month, day, and year)

7. CORPORATE, LLC, LLP OR LP NUMBER FROM CALIFORNIA SECRETARY OF STATE

8. FEDERAL EMPLOYER IDENTIFICATION NUMBER (FEIN)

CHECK ONE   ☐ Owner/Co-Owners   ☐ Partners   ☐ Registered Domestic Partners   ☐ Corp. Officers   ☐ LLC Officers/Managers/ Members   ☐ Trustees/ Beneficiaries

Use additional sheets to include information for more than three individuals.

9. FULL NAME (first, middle, last)

10. TITLE

11. SOCIAL SECURITY NUMBER (corporate officers excluded)

12. DRIVER LICENSE NUMBER (attach copy)

13. HOME ADDRESS (street, city, state, zip code)

14. HOME TELEPHONE NUMBER ( )

15. NAME OF A PERSONAL REFERENCE NOT LIVING WITH YOU   **16. ADDRESS** (street, city, state, zip code)

17. REFERENCE TELEPHONE NUMBER ( )

18. FULL NAME OF ADDITIONAL PARTNER, OFFICER, OR MEMBER (first, middle, last)

19. TITLE

20. SOCIAL SECURITY NUMBER (corporate officers excluded)

21. DRIVER LICENSE NUMBER (attach copy)

22. HOME ADDRESS (street, city, state, zip code)

23. HOME TELEPHONE NUMBER ( )

24. NAME OF A PERSONAL REFERENCE NOT LIVING WITH YOU   **25. ADDRESS** (street, city, state, zip code)

26. REFERENCE TELEPHONE NUMBER ( )

27. FULL NAME OF ADDITIONAL PARTNER, OFFICER, OR MEMBER (first, middle, last)

28. TITLE

29. SOCIAL SECURITY NUMBER (corporate officers excluded)

30. DRIVER LICENSE NUMBER (attach copy)

31. HOME ADDRESS (street, city, state, zip code)

32. HOME TELEPHONE NUMBER ( )

33. NAME OF A PERSONAL REFERENCE NOT LIVING WITH YOU   **34. ADDRESS** (street, city, state, zip code)

35. REFERENCE TELEPHONE NUMBER ( )

36. TYPE OF BUSINESS (check one that best describes your business)

☐ Retail ☐ Wholesale ☐ Mfg. ☐ Repair ☐ Service ☐ Construction Contractor ☐ Leasing

37. NUMBER OF SELLING LOCATIONS (if 2 or more, see Item No. 66)

38. WHAT ITEMS WILL YOU SELL?

39. CHECK ONE   ☐ Full Time ☐ Part Time

40. BUSINESS ADDRESS (street, city, state, zip code) [do not list P.O. Box or mailing service]

41. BUSINESS TELEPHONE NUMBER ( )

42. MAILING ADDRESS (street, city, state, zip code) [If different from business address]

43. BUSINESS FAX NUMBER ( )

44. BUSINESS EMAIL ADDRESS

45. BUSINESS WEBSITE ADDRESS WWW.

46. DO YOU MAKE INTERNET SALES? ☐ Yes ☐ No

47. NAME OF BUSINESS LANDLORD

48. LANDLORD ADDRESS (street, city, state, zip code)

49. LANDLORD TELEPHONE NUMBER ( )

50. PROJECTED MONTHLY GROSS SALES $

51. PROJECTED MONTHLY TAXABLE SALES $

52. ALCOHOLIC BEVERAGE CONTROL LICENSE NUMBER (if applicable) ___ ___ - ___ ___ ___ ___ ___ ___

53. SELLING NEW TIRES AT RETAIL? ☐ Yes ☐ No

54. SELLING COVERED ELECTRONIC DEVICES? ☐ Yes ☐ No

55. SELLING TOBACCO AT RETAIL? ☐ Yes ☐ No

(continued on reverse)

56. NAME OF PERSON MAINTAINING YOUR RECORDS	57. ADDRESS (street, city, state, zip code)	58. TELEPHONE NUMBER ( )
59. NAME OF BANK OR OTHER FINANCIAL INSTITUTION (note whether business or personal)		60. BANK BRANCH LOCATION
61. NAME OF MERCHANT CREDIT CARD PROCESSOR (if you accept credit cards)		62. MERCHANT CARD ACCOUNT NUMBER
63. NAMES OF MAJOR CALIFORNIA-BASED SUPPLIERS	64. ADDRESSES (street, city, state, zip code)	65. PRODUCTS PURCHASED

ADDITIONAL SELLING LOCATIONS   (List All Other Selling Locations)

66. PHYSICAL LOCATION OR STREET ADDRESS (attach separate list, if required)

OWNERSHIP AND ORGANIZATIONAL CHANGES   (Do Not Complete for Temporary Permits)

67. ARE YOU BUYING AN EXISTING BUSINESS?

☐ Yes   ☐ No   If yes, complete items 70 through 74.

68. ARE YOU CHANGING FROM ONE TYPE OF BUSINESS ORGANIZATION TO ANOTHER (FOR EXAMPLE, FROM A SOLE OWNER TO A CORPORATION OR FROM A PARTNERSHIP TO A LIMITED LIABILITY COMPANY, ETC.)?

☐ Yes   ☐ No   If yes, complete items 70 and 71.

69. OTHER OWNERSHIP CHANGES (please describe) :

70. FORMER OWNER'S NAME	71. SELLER'S PERMIT NUMBER
72. PURCHASE PRICE $	73. VALUE OF FIXTURES & EQUIPMENT $

74. IF AN ESCROW COMPANY IS REQUESTING A TAX CLEARANCE ON YOUR BEHALF, PLEASE LIST THEIR NAME, ADDRESS, TELEPHONE NUMBER, AND THE ESCROW NUMBER

TEMPORARY PERMIT EVENT INFORMATION

75. PERIOD OF SALES FROM: ___ / ___ / ___ THROUGH: ___ / ___ / ___	76. ESTIMATED EVENT SALES $	77. SPACE RENTAL COST (if any) $	78. ADMISSION CHARGED? ☐ Yes ☐ No
79. ORGANIZER OR PROMOTER OF EVENT (if any)	80. ADDRESS (street, city, state, zip code)	81. TELEPHONE NUMBER ( )	

82. ADDRESS OF EVENT (If more than one, use line 66, above. Attach separate list, if required.)

CERTIFICATION

All Corporate Officers, LLC Managing Members, Partners, or Owners must sign below.
I am duly authorized to sign the application and certify that the statements made are correct to the best of my knowledge and belief.
I also represent and acknowledge that the applicant will be engaged in or conduct business as a seller of tangible personal property.

NAME (typed or printed)	SIGNATURE	DATE
NAME (typed or printed)	SIGNATURE	DATE
NAME (typed or printed)	SIGNATURE	DATE

FOR BOE USE ONLY

SECURITY REVIEW	FORMS	PUBLICATIONS
☐ BOE-598 ($ _____) or ☐ BOE-1009	☐ BOE-8 ☐ BOE-400-Y	☐ PUB 73 ☐ PUB DE 44
REQUIRED BY APPROVED BY	☐ BOE-162 ☐ BOE-519	_____
	☐ BOE-467 ☐ BOE-1241-D	_____
	REGULATIONS	RETURNS
	☐ REG. 1668 ☐ REG. 1698	_____
	☐ REG. 1700 ☐ _____	

1600 PACIFIC HIGHWAY, SUITE 260, SAN DIEGO, CA 92101
P.O. BOX 121750, SAN DIEGO, CA 92112-1750
(619) 237-0502

Return Mailing Address:

Name:_____

Address:_____

_____
City   State   Zip Code

THIS SPACE FOR USE OF RECORDER/COUNTY CLERK

Ernest J. Dronenburg, Jr.
County of San Diego
Recorder/County Clerk
www.sdarcc.com

__IN PERSON__

FICTITIOUS BUSINESS NAME STATEMENT

TYPE OF FILING AND FILING FEE (Check one)

☒ Original- $42.00 (FOR ORIGINAL FILING WITH ONE BUSINESS NAME ON STATEMENT)
☒ Renewal- $42.00 (NO CHANGES IN THE FACTS FROM ORIGINAL FILING)
    EACH ADDITIONAL COPY IS $2.00 AND EACH ADDITIONAL CERTIFIED COPY IS $3.00
    $5.00- EACH ADDITIONAL OWNER IN EXCESS OF ONE OWNER
    $5.00- EACH ADDITIONAL BUSINESS NAME FILED ON SAME STATEMENT, DOING BUSINESS AT SAME LOCATION.

FOR OFFICIAL USE ONLY
TYPE OF IDENTIFICATION PROVIDED: [ ] REG [ ] AGENT
[ ] DRIVER'S LICENSE   [ ] MILITARY ID   [ ] ACK
[ ] PASSPORT   [ ] OTHER_____

(1) FICTITIOUS BUSINESS NAME(S):   PLEASE NOTE: YOU WILL BE REQUIRED TO PRESENT A VALID PHOTO ID TO FILE THIS STATEMENT IN PERSON.

a._____

b._____
PRINT FICTITIOUS BUSINESS NAME(S)

(2) LOCATED AT: _____ / _____ / _____ / _____ / _____
    PHYSICAL BUSINESS ADDRESS (NO P.O. BOXES OR POSTAL FACILITIES)   CITY   STATE   COUNTY   ZIP Code

    MAILING ADDRESS:_____

(3) REGISTRANT INFORMATION: (Individual, Corp., LLC, Gen. Partner, etc.)

a._____
    If individual-spell out first and last name

_____
    Residence Address, if Corp. or LLC enter physical address (No P.O. BOXES OR POSTAL FACILITIES)   City   State   Zip Code

_____
    If Corporation or LLC – Print State of Incorporation/Organization

b._____
    If individual-spell out first and last name

_____
    Residence Address, if Corp. or LLC enter physical address (No P.O. BOXES OR POSTAL FACILITIES)   City   State   Zip Code

_____
    If Corporation or LLC – Print State of Incorporation/Organization

(4)   THIS BUSINESS IS CONDUCTED BY: (Check one)

☐ A. An Individual   ☐ E. Joint Venture   ☐ I. A Limited Liability Company
☐ B. A Married Couple   ☐ F. A Corporation   ☐ J. Limited Liability Partnership
☐ C. A General Partnership ☐ G. A Trust   ☐ K. An Unincorporated Association-Other than a
☐ D. A Limited Partnership   ☐ H. Co-Partners   ☐ L. State or Local Registered Domestic Partners

(5) THE FIRST DAY OF BUSINESS WAS: _____/_____/_____ OR IF NOT STARTED YET, CHECK HERE ☐ NOT APPLICABLE

I declare that all information in this statement is true and correct. (A registrant who declares as true any material matter pursuant to Section 17913 of the Business and Professions code that the registrant knows to be false is guilty of a misdemeanor punishable by a fine not to exceed one thousand dollars ($1,000).)

(6) Signature _____
    (Only one is required)

Typed or Printed Name _____

Title of Officer, if Limited Liability Company/Corporation_____
The form must be legible – no erasures, whiteouts, strikeovers acceptable if accompanied with initials.
THIS STATEMENT WAS FILED WITH THE RECORDER/COUNTY CLERK OF SAN DIEGO COUNTY AS INDICATED BY THE FILE STAMP ABOVE.

NOTICE: IN ACCORDANCE WITH SUBDIVISION (a) OF SECTION 17920, A FICTITIOUS NAME STATEMENT GENERALLY EXPIRES AT THE END OF FIVE YEARS (5) FROM THE DATE ON WHICH IT WAS FILED IN THE OFFICE OF THE COUNTY CLERK, EXCEPT, AS PROVIDED IN SUBDIVISION (b) OF SECTION 17920, WHERE IT EXPIRES 40 DAYS AFTER ANY CHANGE IN THE FACTS SET FORTH IN THE STATEMENT PURSUANT TO SECTION 17913 OTHER THAN A CHANGE IN THE RESIDENCE ADDRESS OF A REGISTERED OWNER. A NEW FICTITIOUS BUSINESS NAME STATEMENT MUST BE FILED BEFORE THE EXPIRATION.
THE FILING OF THIS STATEMENT DOES NOT OF ITSELF AUTHORIZE THE USE IN THIS STATE OF A FICTITIOUS BUSINESS NAME IN VIOLATION OF THE RIGHTS OF ANOTHER UNDER FEDERAL, STATE, OR COMMON LAW (SEE SECTION 14411 ET SEQ., BUSINESS AND PROFESSIONS CODE).
IF SUBMITTING THE STATEMENT IN PERSON, THE REGISTRANT OR AGENT WILL BE ASKED TO PRESENT A VALID PHOTO ID FOR ALL THE FICTITIOUS BUSINESS NAME FILINGS.
IF SUBMITTING THE STATEMENT BY MAIL, THE REGISTRANT OR AGENT MUST ATTACH A COPY OF A VALID PHOTO ID OR A NOTARIZED CERTIFICATE OF ACKNOWLEDGEMENT.
CC231M (Rev. 05/11/15)

Acuerdo de confidencialidad / No divulgación

Se entiende y acepta que el divulgante de la información confidencial, identificado abajo en el documento, puede proporcionar determinada información que es y debe mantenerse confidencial. Para garantizar la protección de dicha información y preservar la confidencialidad necesaria según las leyes de patentes y / o secretos comerciales, se acuerda que:

1. La información confidencial que se da a conocer puede describirse como, e incluye:
Descripción (es) de la invención, información técnica y comercial relacionada con ideas e inventos patentados, ideas, ideas patentables, secretos comerciales, dibujos y / o ilustraciones, búsquedas de patentes, productos y servicios existentes y / o contemplados, investigación y desarrollo, producción, costes, información de ganancias y márgenes, finanzas y medios financieros, usuarios, clientes, *marketing*, y planes y / o modelos comerciales actuales o futuros, independientemente de si dicha información se designa como "Información confidencial" en el momento de su divulgación.

2. El receptor acepta no transmitir la información confidencial obtenida del divulgante a nadie, a menos que así lo exija la ley.

3. Este acuerdo establece el acuerdo completo entre las partes con respecto a la divulgación de información confidencial. Cualquier adición o modificación a este acuerdo debe hacerse por escrito y firmarse por las partes.

4. Si se determina que alguna de las disposiciones de este acuerdo no fuera ejecutoria, se aplicará en mayor medida a su cumplimiento, y las disposiciones no exigibles se considerarán modificadas en medida limitada requerida para permitir la aplicación del acuerdo en su totalidad.

POR LO TANTO, las partes reconocen que han leído y entienden este acuerdo, y aceptan por voluntad propia los derechos y obligaciones establecidos en él.

Receptor de la información confidencial:

Nombre (escriba a mano o a máquina):

Firma:

Fecha:

Divulgante de la información confidencial:

Nombre (escriba a mano o a máquina):

Firma:

Wire Transfer Form

Member # _____ From Account _____

Member Name _____

Member Address _____

Member Phone # (_____) _____ - _____   (_____) _____ - _____

Member email _____

Amount to Be Sent $_____
All funds are sent in US Dollars

Funds Verified by:		
Fee amount:		Approved by:

WIRE TRANSFER INSTRUCTIONS - ☐ Domestic   ☐ International

Receiving Bank Name _____

Address _____

Phone # (_____) _____ - _____   Contact Person_____

ABA# _____

Further Credit To (Financial Institution name) _____

Address _____

Phone # (_____) _____ - _____   Contact Person_____

ABA# _____   Swift Code _____

BENEFICIARY INFORMATION - ☐ SELF   ☐ LEGAL OWNER   ☐ THIRD PARTY

Credit to – Beneficiary's Name _____

Address _____

Phone (_____) _____ - _____   (_____) _____ - _____

Account Number _____   Account Type _____

Special Instructions _____

_____

Member's Signature _____ Date _____ Time_____

How to Start Your Own Shoe Company — Wade Motawi

如何開發運動鞋

How Shoes are Made

Shoe Material Design Guide

Footwear Pattern Making and Last Design — Wade Motawi

Cómo empezar tu propia empresa de calzado — Wade Motawi

Cómo se hacen los zapatos — Wade Motawi

Ya disponible:
How Shoes are Made
Pattern Making And Last Design
How to Start Your Own Shoe Company
Shoe Material Design Guide
Cómo se hacen los zapatos
Cómo empezar tu propia empresa de calzado
鞋子是怎样制成的

Próximamente:
How to Design Sneakers
Guía para el diseño de materiales de calzado
Patronaje de calzado y diseño de hormas
How to Design Women's Shoes

¿Preguntas o comentarios?
ask_a_shoe_dog@sneakerfactory.net

www.ingramcontent.com/pod-product-compliance
Lightning Source LLC
Chambersburg PA
CBHW042355030426
42336CB00030B/3494